目 錄

U0082293

目錄

目錄

第十章　善用人脈，心想事成

第十一章　人際關係網，精心維護

目錄

前言

一

　　彷彿一條看不見的經脈，又彷彿一張透明的蜘蛛網，用「人際關係網」五個字來形容人與人之間錯綜複雜的交際關係最為傳神。無論是「關係」、「交情」還是「人緣」，都不及「人際關係網」來得生動、意味深長。

　　戴爾·卡內基（Dale Carnegie）在研究成功學時，得出一個結論：一個人的成功，有85%取決於人脈構建與經營的狀況。每個人都生活在盤根錯節的人際關係網中，要想生活充滿樂趣、事業一帆風順，誰也離不開他人的幫助與扶持。

二

　　從一定意義上說，這個世界一切與成功有關的「好東西」，都是給人脈高手們準備的。人脈的高手可以左右逢源，四通八達，對於他們而言，沒有趟不過的河，也沒有翻不過的山；主管解決不了的事情，可以找主管的主管；親戚解決不了的事情，可以找親戚的親戚；朋友幫不上忙，可以找朋友的朋友。再不成，找朋友的主管的親戚的鄰居，也要達到終極的目標。他們的人脈，像一條巨大的章魚那深不可測的觸鬚，幽幽地發出了牠示好的信號，從容穿過那些七折八轉的甬道，獵取到自己的獵物。

　　而那些不注重經營人脈的人，事沒少做，汗沒少流，但總是處處碰壁、事事難成。他們最後將人生的種種不如意，都歸罪於缺少機遇或者個人能力不足。他們不知道，在很多時候是別人幫你創造了機遇，能力的不足也可以靠借助他人的力量來彌補。因此，這類人其實是輸在人脈上。

前言 ─────────────────────

三

　　卡內基的結論現在已經廣為人知，但所謂「知易行難」，真正在人脈經營上表現出色的人並不多。根據一次「職場處處皆貴人」的調查結果顯示：只有 48.36% 的人是主動出擊建立自己的人際關係網，有 34.22% 的人是透過朋友介紹增加人脈，還有 9.82% 的人是被動等待別人找上門。

　　針對這種現狀，本人編寫了這本書。本書以人脈為核心，探討了人際關係網編織、完善及維護的各種技巧，相信讀者在閱讀、理解之後，妥善運用在生活及工作中，定能在人生的旅途中綱舉目張、得心應手。

編者

第一章　成事在天，「天」即人脈

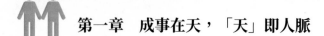
「要成大事，先要會做人；而會做人，即是善於在交往中積累人緣。若能做到圓通有術，左右逢源，進退自如，上不得罪於達官貴人，下不失信於平民百姓，中不招妒於同行朋友，行得方圓之道，人緣大樹枝繁葉茂，那成大事一定不在話下了。」

所謂「人緣」，就是我們現在所說的「人脈」。人的血脈健康通暢，則人精神煥發、充滿活力。人生成功路上也有一條「血脈」——那就是「人脈」。有了健康通暢的人脈，人生路上的你必定精神煥發、活力四射；反之，則舉步維艱、處處掣肘。

如果說人脈是一張網，那麼我們就是用這張網去捕魚的漁夫。在捕魚之前，我們會謀劃好一系列的事：在什麼樣的天氣，什麼樣的時候，到哪個地方……撒下自己寄託厚望的一網。然而，我們卻常常忽視手裡的網是否夠大、夠結實、有沒有漏洞——這種舍本逐末的做法，又如何能有理想的收穫？

於是，「人生不如意，十之八九」、「謀事在人，成事在天」之類的阿Q論調便彌漫在腦海中，並逐漸深入骨髓。其實，真正決定你成事與否的，十有八九不是「天」。如果一定要說是「天」的話，所謂的「天」就是「人脈」。

一面之交可成大業

很多人只知道比爾蓋茲成為世界首富的原因，是因為他掌握了世界知識經濟發展的大趨勢，還有他在電腦科技上過人的智慧和執著。其實比爾蓋茲之所以成功，除這些原因之外，還有一個關鍵的因素，就是比爾蓋茲的人脈資源相當豐富。

　　比爾蓋茲創立微軟公司的時候，還是一個年輕的大學生，但是在他 20 歲的時候，簽到了一份大單。這份合約是跟當時世界最強電腦公司——IBM 簽的。

　　當時，他還是一名大學生，沒有太多的人脈資源。他怎能釣到這麼大的「鯨魚」？很多人不知道，比爾蓋茲之所以可以簽到這份合約，是因為他有一個仲介人——比爾蓋茲的母親。比爾蓋茲的母親曾是 IBM 的董事，媽媽介紹兒子認識董事長，這不是理所當然的事情嗎？假如當初比爾蓋茲沒有簽到 IBM 公司的這份大單，相信他成為世界首富的路會更為艱難與曲折。

　　有這樣一個故事，一次，著名魔術大師霍華·薩斯頓（Howard Thur-ston）在百老匯上臺演出後，《創富學》的作者拿破崙·希爾（Napoleon Hill）在他的化妝室裡不停地向他請教成功的祕訣。因為 40 多年來薩斯頓——這位被公認為世界最著名的魔術大師，曾到世界各地一再地創造了精湛的幻象技巧，迷倒了成千上萬的觀眾，使大家大飽眼福，甚至驚訝得喘不過氣來。多年來先後有 6,000 萬人買票去看過他的表演，而他也賺到了 200 多萬美元的利潤。當希爾請薩斯頓先生談一談他成功的祕訣時，薩斯頓的回答令人吃驚，他的成功與求學沒有多大的關係，因為他從小就離家出走，成為一名流浪者，搭貨車、睡穀堆、沿路乞討，他是靠坐在貨車廂中向外看著鐵路沿線上車站的標誌而認識字的。那麼，他對魔術知識的掌握是否遠遠勝過別人？答案出乎意料，他告訴希爾，關於魔術手法技巧的書已經有好幾百本，而且有許多魔術師跟他懂得一樣多。但他深信有一樣東西，其他人卻沒有。那就是，薩斯頓不僅對魔術懷有極大的熱情和深厚的感情，而且對他的觀眾非常真誠。他告訴希爾，有些魔術師看著臺下的觀眾時，會對自己說：「坐在底下的那些人都是一群傻子，一群笨

蛋；我可以把他們騙得團團轉。」但薩斯頓對觀眾的態度完全不同。他每次一走上臺，就對自己說：「我很感激觀眾們，因為大家來看我表演給我鼓勵，是他們使我能夠過美好的生活。我要把他們當作朋友，並把我最高明的魔術手法，表演給他們看看。」

他宣稱，他每一次在走上臺時，總是一遍遍地對自己說：「我愛我的觀眾，我愛我的觀眾。」希爾聽完後總結，薩斯頓的成功祕方就是如此簡單，那就是富有愛心，很多觀眾甚至成為他的朋友，這就是一位有史以來最著名的魔術師成功的祕笈。

原來，薩斯頓用心澆灌了他的人脈大樹，因此他收穫了累累碩果！

有人脈就有運氣

人脈的力量是巨大的。「大」在何處？任何一個人，不管他實力有多強，如果在他的人生道路上，沒有周圍人的幫助，要想辦成一件事會比登天還難。

美國著名雜誌《人際》在 2002 年發刊詞中有這樣一段話：「如果不信，你可以回憶以往的一些經驗，就會發現原本你以為是自己獨立完成的事，事實上背後都有別人的幫助。因此，在社交場合你應該盡量表露真正的自我與自己真正的才華，他們將會給你許多有用的建議。絕不可低估人脈的力量，否則將白白失去許多有利的幫助之力。」

如果你希望自己在成功的路上快馬加鞭，就必須擁有良好的人脈。實際上，所謂的「走運」多半是由暢通的人脈展開的。一個能認同你的做法、想法與你的才華的人，一定會在將來的某一天為你帶來好運。

究竟誰會對你伸出援助之手，哪裡會有這種人呢？這個問題沒有人能夠回答。只能這麼說：任何人都有可能成為對你施予援手的友人，他可能

是你工作上的夥伴或上司，可能是學校裡的同學，甚至有可能是一位從不曾相識的陌生人。但一般來說，人脈的範圍愈廣，則開創成功未來的機率愈大。

就人脈這方面來看，機會往往是從你意想不到的地方出現的，譬如你的顧客、同事，或朋友的朋友等等。

有一個關於維克多連鎖店的故事。

維克多是從父親的手中接過這家食品店的，這是一家古老的食品店，很早以前就在鎮上很出名了。維克多希望它在自己的手中能夠發展得更加壯大。

一天晚上，維克多正在店裡收拾貨物清點帳款，隔天他將和妻子一起去度假。他打算早早地關上店門，以便為外出度假做準備。突然，他看到店門外站著一個面黃肌瘦的年輕人，他衣衫襤褸、雙眼凹陷，一看就知道是個典型的流浪漢。

維克多是個熱心的人。他走了出去，對那個年輕人說道：「年輕人，有什麼需要幫忙的嗎？」

年輕人略帶靦腆地問道：「這裡是維克多食品店嗎？」他說話時帶著濃重的墨西哥口音。「是的」

年輕人更加靦腆了，他低著頭，小聲地說道：「我是從墨西哥來找工作的，可是整整兩個月了，我仍然沒有找到一份合適的工作。我父親年輕時也來過美國，他說在你的店裡買過東西，喏，就是這頂帽子。」

維克多看見年輕人的頭上戴著一頂十分破舊的帽子，那個被汗漬弄得模模糊糊的「V」字形符號正是他店裡的標記。「我現在沒有錢回家了，也好久沒有吃過一頓飽餐了。我想……」年輕人繼續說道。

維克多知道眼前站著的人只不過是多年前一個顧客的兒子，但是，他

覺得自己應該幫助這個年輕人。於是，他把年輕人請進了店內，好好地讓他飽餐了一頓，並且還給了他一筆交通費，讓他回國。

不久，維克多便將此事淡忘了。過了十幾年，維克多的食品店越來越興旺，在美國開了許多家分店，他於是決定向海外擴展，可是由於他在海外沒有根基，要想從頭發展也是很困難的。為此維克多一直猶豫不決。

正在這時，他突然收到一位陌生人從墨西哥寄來的一封信，原來寫信人正是多年前他曾經幫助過的那個流浪青年。

此時那個年輕人已經成了墨西哥一家大公司的總經理，他在信中邀請維克多來墨西哥發展，與他共創事業。這對於維克多來說真是喜出望外，有了那位年輕人的幫助，維克多很快在墨西哥建立了他的連鎖店，而且經營發展得異常迅速。

很多人把維克多的發跡簡單地歸功於「運氣」好，這似乎也無可厚非。但我卻更樂意將維克多連鎖店的發展歸功於「人脈」——畢竟，他的運氣是人給予的。

人生的路上，有些運氣是揀來的，例如中福利彩票，但那是一種不值得提倡的博弈；有些運氣是時勢造就的，但這需要具有過人的眼光；而有些運氣則是他人給的，這只需要你在日常生活中助人為樂，廣結善緣！

有了人脈就有了財源

西元 1970 年，25 歲的美國年輕人特普曼來到丹佛市，在第 2 大道的一間小公寓裡，開始了他的創業生涯。

剛到丹佛，特普曼就徒步走遍了這個城市的每一個角落，了解、評估每一塊好的房地產的價值，計畫在這個城市發展他的房地產事業。為此，他常常去看一些土地和建案，就像是這些土地的主人。

　　初來乍到時，人們不認識特普曼。因此他必須為自己的房地產事業的道路安排好每一個步驟。他要做的第一件事就是盡快加入該市的「快樂俱樂部」，去結識那些出入該俱樂部的社會名流和百萬富翁。對特普曼這樣一個無名小卒來說，想進這樣高檔的俱樂部，實在不容易，但特普曼還是決定去大膽嘗試。

　　特普曼第一次打電話給「快樂俱樂部」，剛說完自己的姓名，電話隨著一聲斥責就被對方掛了。特普曼仍不死心，又打了兩次，結果仍遭到對方的嘲弄和拒絕。

　　「這樣堅持下去，將會毫無結果。」特普曼望著電話機喃喃自語，突然，他心生一計，又拿起了電話。這次他聲稱將有東西給俱樂部董事長。對方以為他來頭不小，連忙將董事長的電話號碼和姓名告訴了他。

　　特普曼得意地笑了，他立即打電話給「快樂俱樂部」董事長，告訴他想加入俱樂部的要求。董事長沒說同意也沒說不同意，卻讓特普曼來陪他喝酒聊天。特普曼自然答應了。

　　透過喝酒聊天，特普曼逐漸與這位董事長建立良好的關係。幾個月後，在董事長的特殊關照下，他如願以償，成為了「快樂俱樂部」中的一員。

　　在俱樂部中，特普曼結識了許多富商巨賈，建立了良好的關係網。

　　西元 1972 年，丹佛市的房地產產業陷入蕭條時，大量的壞消息使這座城市的房地產開發商們嚴重受挫，丹佛人都在為這個城市的命運擔心。然而在特普曼看來，丹佛城的困境對他來說無疑是天賜良機，從前那些對他來說是可望而不可即的好地皮，現在可以以較低的價格任意挑選收購了。

　　就在這時，特普曼從朋友得知一個消息：丹佛市中央鐵路公司委託米爾莉出售西岸河濱 50 號、40 號廢棄的鐵路站場。

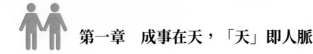

特普曼憑著自己敏銳的眼光和經驗判斷出：房地產蕭條是暫時性的，賺大錢的好機會終於降臨了。為此，他把自己擁有的幾個小公司合併起來，改稱為「特普曼集團」，使他更具實力。

第二天一早，特普曼便打電話給米爾莉，表示願意買下這些鐵路站場，並約定了在米爾莉的辦公室商談這筆買賣。

風度翩翩、年輕有才能的特普曼給米爾莉留下極好的印象。他們很快便達成協議：「特普曼集團」以 200 萬美元的價格購買了西岸河濱的那兩塊地皮。不久，房地產升溫，特普曼手中的兩塊地皮漲到了 700 萬美元。他見價格可觀，便將地皮脫手了。

經過許多人的幫助以及自己的努力，特普曼終於挖到了來到丹佛市的第一桶金 —— 500 萬美元。這是他闖蕩丹佛的第一筆大買賣，也是他第一次獨立做成的房地產生意。此後，他開始了在美國輝煌的經商生涯。

經營好你的人際關係網，然後，你就可以像「穩坐中軍帳」的蜘蛛，自然會有獵物送上門來 —— 你只需要迅速出擊就可以穩操勝券了。

人脈寬的人情報多

在這個資訊發達的時代，擁有無限發達的資訊，就擁有無限發展的可能性。資訊來自你的情報站，情報站就是你的人際關係網，你的人脈有多廣，情報就有多廣，這是你事業無限發展的平台。

商場上稱資訊為「情報」。一個生意人怎樣獲得工作上必要的情報呢？我們所知的最有效的方法是：①經常看報；②與人建立良好關係；③養成讀書習慣。其中，生意人最重要的情報來源是「人」。對他們來說，「人的情報」無疑比「紙上情報」重要得多。越是一流的經營人才，越重視這種「人的情報」，就越能為自己的發展帶來更多的方便。

　　日本三洋電器的總裁龜山太一郎就是很好的例子。他被同行喻為「情報人」，對於情報的收集別有一番心得，最有趣的是他獨樹一格的「情報槽」理論。他說：「一般彙集情報，有人和事物兩個來源。我主張多從他人那裡獲得一些情報。如此一來，資料建檔之後隨時可以靈活運用，對方也隨時會有反應，就好像把活魚放回魚槽一樣。把情報養在情報槽裡，它才能隨時吸收到足夠的營養。」

　　把人的情報比喻成魚非常有趣。一位有名的評論家也說：「我每一次訪問都像燒一條魚一樣，什麼樣的魚可以在什麼市場買到，應該怎麼烹調最好，我得先弄清楚。」對於生意人來說，如何從他人那裡得到情報及處理情報，這樣的工作，其實有時和記者的工作是一樣的。許多記者都知道，在沒有新聞時，設法找個話題和人聊聊，就能捕捉到許多新聞線索。生意人也是這樣，當你沒有辦法隨時外出時，那就利用電話來跟朋友們討教吧！

　　日本前外相宮澤喜一有個著名的「電話智囊團」。宮澤在碰到記者窮問不捨時，往往要求給他一個小時的考慮時間。如果碰巧在夜裡，則只要一通電話就可以得到滿意的答覆，這些答覆來自他的 10 名智囊團成員。這也就是我們所謂的「人的情報」。

　　現代資訊科技社會，靠一個人思考的時代已經過去了，建立品質優良的人際關係網為你提供多種情報，成了決定工作成敗的關鍵。

　　環繞在我們四周的多半是一些泛泛之交的朋友，和他們的一般交往雖然愉快，但關係並不牢固。好在我們每個人都會有一些關係密切的摯友，我們從中很容易總結出結交摯友的過程，總不外乎是因為某種緣分與別人邂逅，相互間產生好感，於是有了更多的交流，隨後就進入「熟識」階段。通常在這個階段，朋友之間無話不談，交往中總是感到很愉快。

熟識之後，開始有一種患難與共的意識，彼此間產生友誼。此時我們會期待朋友能對我們有所幫助。這個階段的友誼，連繫比較緊密，彼此間也容易產生超過利害關係的親密感。說得更具體一點，交往的本質其實也就是互相啟發和互相學習。彼此從不斷的了解和磨合中逐漸改變逐漸成長，建立起穩固而深厚的友情。在我們的工作和生活中，可以作為智囊的朋友，大抵可分為以下三類：

第一類朋友提供給我們有關工作情報和意見，稱為「情報提供者」。這種人大都從事記者、雜誌和書刊的編輯、廣告和公關工作，他們資訊來源及時廣泛即使你不頻頻請教打擾，對方也會經常提供一些寶貴的意見，像上述的「電話智囊」就是這一類。

第二類朋友提供給我們有關工作方式和生活態度的意見，稱為「顧問」。這種人多半是專家學者，甚至是本行內的權威人士，我們可以把他們視為前輩或師長。

第三類朋友則與工作無直接關係，稱為「遊伴」。原則上不是同行，通常是我們在參加各種研討會、同鄉會和各種社團時認識的朋友，有些還是「酒友」。他們不但可以成為我們掌握各行各業知識資訊情報的「提供者」，有時甚至可以成為我們的知心朋友或「監護人」。

人脈寬的人道路廣

人脈越寬，道路越寬，事情就越好辦。幾千年來，這已經被無數的經驗和教訓所驗證。一個成功的人士，往往能帶動和影響他身邊的一批人，他也善於理解和接受他們，使自己與他們之間的關係更融洽。良好的人脈是成就大事者最重要的因素，也是必備的條件之一。

當我們辦事不順或者四處碰壁的時候，你一定經常會想到，「如果我有更多的朋友和關係，一定可以更加順利地完成這件工作。」因為，只要我們和朋友中的相關人物有所聯繫，一旦有事情想要去拜託他或是與其商量討論時，總是能夠得到很好的回應。

這種時刻能與朋友中的關鍵人物取得連繫的有利條件，就是「人脈力量」。事實上，人際關係網越寬廣，做起事來就越方便。可見，善於搭建豐富有效的人際關係網，是我們到達成功彼岸的重要因素。

華特爾就職於紐約市一家大銀行，一次他奉命寫一篇有關某公司的調查報告。他知道某個人擁有他非常需要的資料。於是，華特爾先生去見那個人，他是一家大工業公司的董事長。當華特爾先生被迎進董事長的辦公室時，一個年輕的女祕書從門邊探進頭來告訴董事長，她這幾天沒有什麼郵票可以給他。

「我在為我那 12 歲的兒子搜集郵票，」董事長對華特爾解釋道。

華特爾先生說明他的來意，開始提出問題。董事長的回答很含糊、模稜兩可，可以說華特爾沒有得到什麼有用的資訊。這位董事長根本就不想把心裡的話說出來，無論怎麼試探都沒有結果。這次見面的時間很短，華特爾沒有得到任何有價值的資訊。

「坦白說，我當時真不知道怎麼辦，」華特爾先生說，「這時，我想起他的女祕書對他說的話 —— 郵票、12 歲的兒子……我想起我們銀行的外務部門可以搜集到郵票 —— 他們那裡可以得到從世界各地的信件上取下來的郵票。」

「第二天早上，我再去找他，並請女祕書傳話，我帶了一些郵票要送給他的孩子。很快我就被很熱情地請了進去。董事長帶著滿臉笑意，十分客氣。『我的喬治一定會喜歡這些』，他不停地說，一面撫弄著那些郵

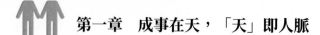

票，『瞧這張！這是一張無價之寶。』」

「我們花了一個小時談論郵票，還讓我看他兒子的照片，然後他又花了一個多小時，詳細地告訴我想要知道的全部資訊 —— 我甚至都沒要求他那麼做，然後，他又叫下屬進來，問他們一些問題。他還打電話給他的一些同行，告訴我一些事實、數據、報告和資訊。用一位新聞記者的話來說，這次我大有所獲，滿載而歸。」

事情就是這樣，當你無法與關鍵人物建立關係時，事情往往很難取得進展；可一旦你與他建立了良好的人際關係，事情就好辦多了。

別敗在「人脈」手裡

有些人很有才華和能力，卻總得不到提拔和發展，其重要原因是缺乏良好的人際關係網。「水能載舟，亦能覆舟。」人脈的「水」決定了你事業的「舟」能走多遠。

在美國，職場中流行一句話：「智商（IQ）決定錄用，情商（EQ）決定升遷」。曾有人向 2,000 多位雇主做過一個問卷調查，「請查閱貴公司最近解僱的三名員工的資料，然後回答：解僱的理由是什麼」。結果是無論什麼地區或什麼行業的雇主，70％的答覆都是：「他們是因為與別人相處不好而被解僱的。」

很多成就大事業的商界人士都意識到了人際關係對於成功的重要性。曾任美國某大鐵路公司的總裁的阿爾弗雷德·霍蘭德·史密斯（Alfred Holland Smith）說：「鐵路經營效益的 95％來自於人，5％才是鐵路。」美國鋼鐵大王及成功學大師卡內基，經過長期研究得出的結論是：「專業知識在一個人成功中的作用只占 15％，而其餘的 85％則取決於他的人際關係。」所以說，無論你從事什麼職業或專業，學會處理人際關係，你就在

成功路上走了 85％的路程，在個人幸福的路上走了 99％的路程了。無怪乎美國石油大王約翰‧D‧洛克斐勒（John D. Rockefeller）說：「我願意付出領更多的代價，去獲得與人相處的本領。」

心理學家曾從各個不同的角度作了大量研究，結果都證明：一個人若是懂得人際關係的重要性，那麼他與人交往就會越積極主動，其人際關係也會越融洽，就越能適應社會，其工作業績也越大。

傑克‧倫敦（Jack London）童年的經歷貧窮而不幸。14 歲那年，他借錢買了一條小船，開始偷捕牡蠣。可是，不久之後就被水上巡邏隊抓住，被罰去做勞動服務。傑克‧倫敦抓到空檔逃了出來，從此便走上了流浪水手的道路。

兩年以後，傑克‧倫敦隨著姐夫一起來到阿拉斯加，加入了淘金者的隊伍。在淘金者中，他結識了不少朋友。這些朋友中三教九流什麼人都有，而大多數是美國的勞苦人民，雖然他們的生活貧窮困苦，但是在他們的言行舉止中充滿了生命的活力。

傑克‧倫敦的朋友中有一位叫坎里南的中年人，他來自芝加哥，他的辛酸歷史可以寫成一部厚厚的書。傑克‧倫敦聽他的故事時經常潸然淚下，而這更加堅定了傑克‧倫敦心中的一個目標：我要寫作，寫淘金者的生活。

在坎里南的幫助下，傑克‧倫敦利用休息的時間看書、學習。西元1899 年，23 歲的傑克‧倫敦寫出了處女作《給獵人》，接著又出版了小說集《狼的兒子》（The Son of the Wolf）。這些作品都是以淘金工人的辛酸生活為主題的，因此，贏得了中下層人士們的喜愛，傑克‧倫敦漸漸走上了成功的道路，他的著作在全國暢銷，也給他帶來了巨額的財富。

剛開始的時候，傑克‧倫敦並沒有忘記與他同甘苦共患難的淘金工人

們，正是他們的生活給了他靈感與素材。他經常去看望他的窮朋友們，一起聊天，一起喝酒，回憶以往的歲月。

但是後來，傑克‧倫敦的錢越來越多，他對於錢也越來越看重。他甚至公開聲明他只是為了錢才寫作。他開始過起豪華奢侈的生活，而且大肆地揮霍。與此同時，他也漸漸地忘記了那些窮朋友們。

有一次，坎里南來芝加哥看望傑克‧倫敦，但傑克‧倫敦只是忙於應酬各式各樣的聚會、酒宴和修建他的別墅，對坎里南不理不睬，一個星期中坎里南只見了他兩面。

坎里南頭也不回地走了。就這樣，傑克‧倫敦的淘金朋友們逐漸地從他的身邊離開了。

離開了朋友，就斷了寫作的泉源，傑克‧倫敦的情緒沉悶、文思枯竭，他再也寫不出一部像樣的著作了。西元 1961 年 11 月 22 日，處於精神和金錢危機中的傑克‧倫敦在自己的寓所裡用一把左輪手槍結束了自己的生命。

傑克‧倫敦可謂「贏也人脈，輸也人脈」。他的故事發人深思。

第二章　人際關係網，點線布局

在我們生活中的每一天，都有機會見到各式各樣不同的人。經過相處、交談及互動，逐漸形成了一種基本的人脈模式。而隨著自己的年齡、經歷、學歷及居住地區的變化，你參加活動的需要與機會越來越多，人脈也就自然會像滾雪球一樣不斷地擴大，但卻又彼此產生連結。

如同蜘蛛結網一般，你親戚的朋友、朋友的親戚、朋友的朋友、同事的同事、老闆的同學、往來的協辦廠商、事業的夥伴……這些錯綜複雜卻又有脈絡可循的人脈節點慢慢地形成一條條線，並最終交織成一張大網。這張大網就被稱為「人脈」，人脈的中心點就是你自己。

大致上說，每個人至少都擁有以下三方面的人脈來源：

- **家庭背景**：父母及兩邊的親戚，兄弟姊妹及其配偶，透過家人或親戚所介紹的朋友。
- **學歷經歷**：從小到大你在學校認識的老師、同學，以及打工時或進入職場後的同事、主管、商界朋友等。
- **自我開創**：由於相同的嗜好興趣、宗教信仰、運動習慣或是透過網路交友等媒介，自我開創結識的朋友。

這三種人脈來源就是所謂的「既有的人際關係」。

假設你家裡有四個成員（不包括你），每個人都有一個經常帶到家裡來做客的朋友，而你和這些人也日漸熟悉，那就等於擁有八個既定的人脈節點了。再加上你父母的家人（爺爺、奶奶、阿姨、舅舅、大伯、小叔……），學生時代的導師、同學、摯友，寒暑假時打工的同事，社團活動時的夥伴，補習班的外校學生，步入社會後的同事、主管……就算在每一個階段，你只能記住一兩個人，日積月累，算起來也頗為可觀。這樣，你的人際關係網就會越來越寬大。

點線布局的原則

人際關係網的建構與完善，不是一朝一夕的事情，這如同編織捕魚用的漁網，有一個由點到線，由線到面的過程。下面是六個人脈布局的原則。

博採眾長

在人際交往中，人們常常受方位的鄰近性、接觸頻率的高低性和興趣的投合性影響，交往的領域往往比較狹窄。

其實，決定交往對象範圍的主要因素，應該是「需要的互補性」，透過交往去獲得「互補」的最大效益，我們應該打破各種無形的界限，根據自己生活、事業上求進步的需要，積極參加各類相應的交往活動，主動選擇有益、有效的交往對象。

如果你發現自己某方面的個性有缺陷而又對某人這方面的良好個性十分羨慕和敬佩的話，那麼為什麼不去主動找他談談，用自己的感受與苦衷去引發他介紹自己的體會與經驗呢？如果你覺得自己與某人的長短之處正宜互補的話，為什麼不可以透過推心置腹的交往來取人之長，來補己之短呢？

看準對象，抓住時機，主動「出擊」，以己之虛心誠意去廣交朋友，這對博採眾長，克己之短，拓展人脈，完善自我是很有好處的。

立體交叉

所謂「立體交叉」，即可從不同角度去理解，如從思想品德的角度說，就是不僅與比自己德高性善的人交往，也要適當與比較後進的人交往；從性格的角度上說，就是不僅與性格意趣相近者交往，還要適當與性格迥異、意趣不同者交往；從專業知識的深廣度來說，就是不只限於與同一文化層次、同一專業行當的人交往，還應發展與不同文化層次，不同專

業行業的人交往；從家鄉習俗的角度來說，就是不僅要與同鄉的人交往，還應該發展與異鄉人、外國人的交往……

　　日本組織工學研究所所長絲川英夫曾這樣談到「人際關係網上的乘法」：「透過與不同類型的各種人物交往，可以獲得大量的情報資訊，利用這些資訊，便可以進行新的創造性活動。在與各種不同類型的人交往過程中，不僅可以產生一些新的設想，而且可以使自己的思想更加活躍」。

　　他還作了這樣的對比：「假如有兩個人，A 的能力為 5，B 的能力也為 5，他們透過交流，將使兩人的能力產生如下的差別：5 —— 兩個人未交往前的能力；$5 \times 5 = 25$ —— 兩個人交換資訊後的能力。」

培養知己

　　阿爾伯特‧愛因斯坦（Albert Einstein）曾說過：「世間最美好的東西，莫過於有幾個頭腦和心地都很正直的知心朋友」，這種朋友，正如古人所說的「道義相砥，過失相規」的「畏友」和「緩急可共，生死與共」的「密友」。

　　而事實上，這種交往和友誼的形成，常常與他們之間「高層次」的交往分不開的。「高層次」的交往的朋友有著共同的遠大理恩和事業上的進取心，他們在交往中共同探索人生的意義、科學的真理，有了成績和進步，大家共用歡樂，相互鼓舞；遇到痛苦和挫折彼此分擔、互相激勵；有了分歧，以誠相見，共求真理；對方有了缺點，直言不諱，不留情面。

　　北宋時的著名文學家蘇軾與黃庭堅就是這樣的一對密友，兩人常在一起吟詩論句、切磋學問。

　　有一次，蘇軾說：「魯直，你近來寫的字越來越清勁，不過有的地方太硬瘦了，幾乎像樹梢掛蛇啊！」說罷笑了起來。

黃庭堅回答說：「師兄一語中的，令人心折。不過師兄寫的字……」

蘇軾見他猶豫不決，欲言又止，趕快說：「你為什麼吞吞吐吐，怕我吃不消嗎？」

黃庭堅於是大膽言道：「師兄的字，鐵畫銀鉤，遒勁有力。然而有時寫得有些偏淺，就如石頭壓的蛤蟆。」話音剛落，兩人笑得前俯後仰。

正是這種肝膽相照的互相砥礪，使他們之間的友誼與學問更加枝繁葉茂。這種高層次的交往，可以成為我們人脈的堅固的基礎。

老少攜手

年輕人離不開老年人的提攜和幫助。然而，由於年輕人與中、老年人在思想、感情、思考模式和心理特質上的較大差異，加上年輕人在青春發育成熟期心理上出現的成人感和獨立性，「代際交往」常被兩代人之間的心理障礙 —— 代溝所阻隔了。

但這種「代溝」是可能而且必須要填平的，因為任何社會階段都要靠各個年齡層次的人的相互說明共同作用來發展。這種作用既有選擇性的繼承，也有創造性的發展、繼承與創新。老年與青年的矛盾，也是推動社會文明進步的動力。要解決好這些矛盾，需要靠兩代人的共同努力合作，而代際交往是兩代人溝通的需要，實現能量互補的有效途徑。

要發展代際交往，年輕人必須虛心客觀地理解老年人與年輕人各自的長短優劣之處，看到代際交往對雙方缺陷的「互補」功能。

法蘭西斯・培根（Francis Bacon）就曾這樣論述過：「青年的性格如同一匹桀驁不羈的野馬，藐視既往，目空一切，好走極端，勇於改革而不去估量實際的條件和可能性，結果常常因浮躁而改革不成；而老年人經過歲月的磨難後，辦事求穩保平安，他們往往思考多於行動，議論多於果斷。

有時為了事後不後悔，寧願事前不冒險。最好的辦法是把兩者的特點結合起來。」

這樣，年輕人就可以從老年人身上學到自己正需要的那堅定的志向、豐富的經驗、深遠的謀略和深沉的感情。而且，老年人有著豐厚的人際關係資源，可以為年輕人提供廣泛的人際關係「門路」。而老年人也可從年輕人身上學習自己所缺乏的蓬勃朝氣、創新精神和純真的思想。

俗話說：「家有一老，如有一寶。」在你的人脈圈子中，老年人是必不可少的。

男女不拘

男女關係是人際關係網的一個重要方面。天地之間，陰陽互補，剛柔相濟，兩性的力量結合在一起，可以使人際關係網的能量擴大到你意想不到的程度。心理學家發現，男女在一起工作，效率能提高許多倍！

男人和女人不但在心理上，在其內在的性情特質上，也有著許多可以互補的內容：

女淳樸，男厚道；女含蓄，男直率；女婉約，男豪爽；女樸質，男信實；女純真，男忠誠；女溫柔，男寬容；女體貼，男達觀；女內秀，男聰明；女精細，男明智；女乖巧，男機智；女能幹，男精悍；女勤快，男奮勉；女端莊，男穩健；女嫻靜，男儒雅；女謙和，男平易；女豁朗，男曠達；女通理，男民主……

在行為上，兩性也各有特色。男子步態矯健，女子款步輕盈；男子舉止灑脫，女子動作優雅；男子言談似夏雨，女子說話如春風；男經歷大事能決斷，女生活小事能自主……

可見，在你的人脈圈子裡，男女的組合是不可缺少的。它可以使你的

生活充滿生氣和活力，使你在整個人際關係圈內煥發出具有生命力的吸引力和無限的能量。

在這裡需要特別指出的是，有人認為，女人太軟弱，女人愛嘮叨……簡直有數不清的缺點，身邊女性朋友多了，閒事就多，自己也會變得婆婆媽媽的。

其實這種想法是大錯特錯的。就連持這種想法的人也不得不承認一個事實：在求人辦事方面，女性的成功率往往比男性大得多。這正是因為女性發揮了她們獨特的特質，那就是溫柔和憐憫。

其實溫柔與軟弱不可同日而語。相反，溫柔更具有折服人的力量。

有一則太陽和風的寓言。一天，太陽和風在爭論誰更有力量，風說：「我來證明我更行。看到那裡有一個戴帽子的老頭嗎？我打賭我能比你更快地使他脫掉帽子。」於是太陽躲到雲後，風就開始吹起來，愈吹愈大，愈吹愈有力，簡直像一場颶風，但是風吹得愈急，老人把帽子拉得愈緊。終於，風平息下來，放棄了。這時，太陽從雲後露面，開始以它溫煦的微笑照著老人。不久，老人開始擦汗，摘掉帽子。

在生活中，我們也會常常發現這樣有趣的事：有些事情讓男人去做，結果越做越糟，而讓一位溫柔的女性來處理，反而會有意想不到的結果，事情反而解決得很圓滿。

上下兼顧

一個合理的人際關係網，必須從下至上、由低到高，由幾個不同層次組成。層次原則，反映了人際關係網內部縱向連繫上的客觀要求。

一般來說，合理的人際關係網可以分為三個不同層次，基礎層次、中間層次和最高層次。

基礎層次是指家庭關係，包括夫妻關係、父母子女關係、兄弟姐妹關係、婆媳關係、姑嫂妯娌關係及其他長幼關係。

中間層次指親友關係，包括戀愛關係、鄰里關係、朋友關係、親戚關係等。

最高層次指工作關係，包括同事關係，上下級關係等。

只有讓這三個層次組成一個寶塔形結構，一層比一層範圍更窄，一層比一層要求更高，才有利於人際關係網的合理化。

在這三個層次之中，任何一個層次都不應該受到忽視。忽視了較低層次，較高層次便成為空中樓閣，無法牢固地建立；忽視了較高層次，較低層次便成了無枝、無葉、無果的根基，發揮不了應有的功能。

因此，在完善的人際關係網過程中，過分沉醉於家庭小圈子而不思進取，或者在事業上急於建樹，而置家庭於不顧，都是不可取的。

人脈節點之一：主管

上下級關係是我們為人處世關係中一個重要的網路。在單位中，辦理工作上的事，辦理與工作有關的晉職、調薪、考核等涉及人生前途的事，都離不開上級主管。而且，由於主管交際面廣、關係多，很多我們難以辦到的生活私事也要請主管幫忙。所以，保持好與主管的上下級關係，對我們事業的發展、理想的實現、人生的幸福，有著比其他關係更直接更重要的作用。從這些意義而言，這種關係應視為我們人際關係網中的頭號網路。欲處理好與主管的上下級關係，必須要抓住一個根本，那就是盡自己最大的能力與努力，做好主管交給我們的一切工作。

應該說，與主管工作關係的優劣是你在職業生涯中能否迅速成長和發展的基礎。身為一個高水準的主管，他所欣賞的、所得意的就是能為他創

造業績、能為他帶來榮譽的下屬。只要你在他的領導下做出成績來，當你向主管要求你應該得的利益時，他會滿心歡喜答應的；如果你無所作為，無論在利益面前表現得多麼「老實」，主管也不會欣賞你器重你的。事實上，從領導藝術上講，善於駕馭下屬的主管，也善於以手中的權力作為凝聚人心、調動激發下屬積極性的一種手段。

當然，與主管關係密切還有很多工作之外的因素。也許主管是你的親戚、朋友、同鄉、世交，也許你對主管「情」到、「禮」到。儘管如此，一個公正的主管絕不會公開地拿工作上的利益來偏袒你的「情」和「禮」，但要是你的業績非常突出，在這種情況下，主管則會優先考慮你。不過，以深厚的私交請求主管為自己處理一點私事，多數情況下，主管是會盡心盡力的。諸如孩子轉學，伴侶調職，各類糾紛等，有時主管出面的確比我們自己更管用。

所以，在編織人際關係網時，上下級關係這個節點，一定要用紅顏色的絲繩強調出來。關鍵時刻，無論公私，主管出面對我們幫助都是很大的。

人脈節點之二：同事

同事是走上社會的年輕人在事業上擁有的密切的人際關係之一。在同一個單位、部門工作，為了同一個目標，為了共同的利益而共同奮鬥，自有別樣的情誼，雖然偶爾會發生工作上的衝突和摩擦，但也不會對同事關係的本質造成很大的影響。

現代社會中，同事之間更需要同舟共濟，現代管理重視團隊精神便是這個道理。特別是因為大家在一起共事，共同解決工作中的問題友誼會自然而然的產生，一個人在家中和家人相處的時間，都不一定與在單位和同事相處的時間多。

更何況有些同事關係是「生死與共」的關係，就像軍人、員警、野外工作者等等。凡是越有生命危險的工作，同事之間的關係就越可能親密無間。就像當年美國電視連續劇《神探亨特》中的亨特與他的「搭檔」迪迪‧麥考爾一樣，這種同事關係令不少年輕人羨慕不已。

同事關係是人際關係網中最直接最方便利用的關係。如果我們在處理事情時，不會利用同事關係，不但有些事辦起來會很費力，還容易讓人覺得你人緣不好。

人脈節點之三：親戚

俗話說：「是親三分近」。親戚之間大都是血緣或親緣關係，這種特定的關係決定了彼此之間的關係的親密性。這種親屬關係是提供精神、物質幫助的源頭，是一種應該能長期持續、永久性的關係。因此，人們都具有與親屬保持聯繫的義務。在平常保持好親戚密切的關係，在困難時期，求助親戚才最有利。

親戚關係「不走不親」，「常走常親」，只有經常的禮尚往來，才能溝通聯繫，深化感情，拉近親戚關係。

有人認為走親戚挺麻煩的。此話不對，純潔摯密的親戚關係，是傳統的一種人情味較濃的人際關係，不能蒙上庸俗的面紗。只有建立在親近、相互關心、常聯繫的基礎上，才能建立真誠的親戚關係，如果彼此間少了經常性的走動，那就可能會出現「遠親不如近鄰」的局面了。

「常來常往」經常到親戚家走走、看看，聊聊家常，聯絡聯絡感情，這樣是非常有益的。

劉某是一家公司的老闆，經過幾年的辛苦經營，現已擁有相當的資產，到底是什麼原因使他在短短幾年內擁有數目可觀的資產呢？

在一家報紙記者採訪他時，他說了這樣一段話：「自身的努力與勤奮固然是我成功的關鍵因素，但還有一點也是非常重要的。我的親戚很多，在我未飛黃騰達時，經常拜訪他們，以致彼此間關係都特別好。後來，在公司小有規模後，我仍不忘經常與他們保持聯繫，正是因為這種密切來往，我的親戚都對我非常不錯。剛創業的時候，資金有一半是由他們籌借來的；辦公司遇到困難時，也有他們的幫助與鼓勵；就是他們中的一些人，現在也在我的公司裡幫我的忙，是我得力的助手。總之，在各種人際關係中，我最注重的就是親戚關係，也正因為我與他們保持密切的關係，得到了他們無私的幫助和支援，我才會有今天的成就！」

在劉某的談話中，我們可以很直接地看出，常來常往在親戚關係中的重要性，但有一點，就是千萬不可有貧富貴賤之分，也不要因為自己的地位較高而不與窮親戚來往。這樣下去，親戚們自然會對你冷眼相待，那時再想處理好親戚關係，就難上加難了。

親戚與親戚之間的來往，除了一個「往」字，還要講究一個「來」字。它的意思是除了經常到親戚家走動外，也要經常邀請親戚們到自己家裡做客，利用自家的空間與親戚聯絡感情，做一回主人，熱情款待他們，既溝通了感情，又密切了親情，讓他們有一種到了自己家的感覺。那時間一久，親戚之間的關係會處得異常融洽。

也許，就是如此平常的「常來常往」，才會在以後的關鍵時刻，得到親戚的一臂之力。所以，不要以為「常來常往」是沒有用的，不必要的，無論從哪個角度來說，於情、於理都要掌握運用這個技巧。

人脈節點之四：朋友

一個人在外打拚實在不易，如果能得到朋友的幫助就如雪中送炭，如虎添翼，所以說「多個朋友多條路」實是人生的大幸。

一些天差地遠的人常在初識交往後會發出這樣的驚嘆：「這世界真是太小了！繞幾個彎，大家竟然變成熟人了。」其中奧妙就在於此。

趙、錢、孫、李四人聚會，趙和錢是好朋友，錢和孫共事多年，孫的上級主管李平時特別關照孫，孫與李既是下屬與主管的關係，又是好朋友。李與趙原本不認識，但此次相會，一談起互相認識的好朋友，一扯上關係，又成為「哥兒們」了。彼此更加熟識後便成為「資訊共用」、「資源分享」的好兄弟。

對於平時不熟悉的人，要與他一見如故，不是件容易的事。初次見面，頂多握個手，說幾句客套話，再想深聊，又沒有多少話題，多講應酬的客套話，容易使對方討厭。然而，假使你間接運用朋友的私交，抓住大家關注的話題，稍加渲染，自然會使對方興致勃勃。在適當時機提出自己的一些請求，比如再補充道：「××曾向我說及您，並叮囑我多向您請教，必能得到寶貴的指示。」這個時候，你不過分的懇求通常會有很好的收穫。

人脈節點之五：同學

俗話說：十年寒窗半生緣。可見，同窗之情如果處得好，在某種程度上要勝過手足之情、朋友之情。在這個世界中，能為同窗也算是一種緣分。這種緣分因為它純潔、樸實，有可能日後發展為長久、牢固的友誼。

同學關係有時的確能在關鍵的時刻幫上自己一個大忙。但是要值得注意的是，平時一定要注意和同學培養、聯絡感情，只有平時經常保持聯

絡，同學之情才不至於疏遠，在關鍵之時同學才會心甘情願地幫助你。如果你與同學分開之後，從來沒有聯絡過，當你去托他處理事情時，特別是辦那些比較重要的，不關乎他的利益的事情，他就很難會熱情地幫助你。

與同學保持聯繫的方式有很多。

有空給遠在異地的同學們打打電話，寫寫信，詢問一下對方近來的工作、學習情況，介紹一下自己的情況，互相交流一下，這是很有必要的，這個方法也很有效。碰上同學們的人生大事，如果有空最好親身參加，如果實在脫不開身，最好也發個 E-mail 或托人帶點什麼，不然，怎麼算得上同窗情誼。

對方有困難的時候，更應加強聯繫，許多人總喜歡向同學分享自己的喜事，而對一些困難卻不好意思開口，同窗之情完全可以去掉這些顧慮。

而當聽到同學家有人生病或遭遇不幸的事，應馬上想辦法去探望。平日儘管因工作忙、業務上沒有很多時間來往，但朋友有困難時應鼎力相助或打聲招呼表示關心，才更能顯出彼此深厚的情誼。「患難見真情」，關鍵時刻誠心幫忙，別人會銘記在心。

現代社會裡，人們都已經充分理解到同學之間交往的重要性，為了大家經常保持聯絡，加深合作，在一些大或小的城市裡，「同學會」、「校友會」已成為一種時髦，這是一種十分有效的方法。一年一小會，五年一中會，十年一大會，關係越聚越堅固，越聚越緊密，彼此互相照應，「一方有難，八方支援」，這種人際關係網路，說明了同學關係已進入了一個更高的層次，不受時間或空間所限，只要常「聚」，那份關係，那份情，將取之不盡，用之不竭。

下面，我們具體來談談在同學中拓展人際關係網的做法。

其一，雖然同學之間彼此的工作領域不同，但可以將焦點放在目前的

現狀。原則上，只要他是擁有進取心且正在奮鬥中的人，即使對方在學生時期與你交往平淡亦無妨，你必須主動地加深與其交往的程度。如果你很幸運地找到凡事均能熱心幫忙的同學，就更易與其建立良好關係了。

其二，在運用前述的方法時，也可並用另一種方法，以擴大同學之間交往的範疇。這個方法是透過同學的工作性質來加以取捨，再展開交往。

如果你在學生時期不太引人注目，想必交往的範圍也很有限。然而，現在你已大可不必受限於昔日的經驗，而使自己變得消極。因為，每個人踏入社會後，所接受的磨練是不相同的，絕大多數的人都會在工作中學會培養人際關係，豐富了社會經驗，而變得相當注意人脈資源的重要性，因此即使與完全陌生的人來往，通常也能相處得很好。由於這種緣故，再加上曾經擁有的同學關係，你可以完全重新展開人脈資源的塑造。換言之，不要太拘泥於學生時期的自己，而要以目前的身分熱情大方地來展開交往。

此外，不論本身所屬的行業領域如何，應先與最易聯絡的同學（初中、高中、大學等）建立關係。然後，從這裡擴大交往範圍。不妨多運用同學身邊的人脈資源，來為自己的成功找到助力。

人脈節點之六：同鄉

當今社會人口的流動性很大，許多人離開家鄉，到異地去求職謀生。身在陌生的環境裡，拓展人脈資源有一定的難度，那就不妨從同鄉關係入手，打破僵局。

「甜不甜家鄉水、親不親故鄉人」，故鄉存在一種特殊的感情，愛屋及烏，愛故鄉，自然也愛那裡的人。於是，同鄉之間，也就有著一種特殊的情感關係。如果都是背井離鄉、外出謀生者，則同鄉之間更是必然會互相照應的。

在某種程度上來說，鄉情本身便帶有「親情」性質或「親情」意味，故謂之「鄉親」。

同鄉關係是很特殊的，也是一種很重要的人際關係。既然是同鄉，那涉及某種實際利益的時候，則是「肥水不流外人田」，只能讓「同鄉圈子」內的人「近水樓臺先得月」。也就是說大多會按照「資源分享」的原則，給予適當的「照顧」。

如此看來，如何處理好同鄉關係是非常重要的，不僅可以多幾個朋友，最重要的是可以獲得許多有用的資訊，也許一輩子都會受益無窮。

既然同鄉觀念在人們頭腦中根深蒂固，足以影響了一個人的發展前途，那麼我們在拓展人際關係網時中就不可忽視它。

最起碼當你在有求於人時，可以提供一條「公關」的線索。對於同鄉關係，只要不走歪門邪道，沒有到「結黨營私」的程度，都是是可以運用的。

在外地的某一區域，能與眾多同鄉取得聯繫的最佳方式當然是「同鄉會」。在同鄉會中站穩了腳步，與其他同鄉關係處得不錯，就等於織了一個關係網，也許有一天，你會發現這個關係網的作用是多麼巨大且不容忽視。

齊某是個早年到外地闖蕩的遊子，現在已在異鄉成家立業，家庭生活美滿。美中不足的是齊某的人際關係網窄小 —— 這是許多闖蕩異鄉的人常見的苦惱。恰在這時，一起在這個城市的幾位同鄉，他們深感有必要成立一個同鄉會，定期聚會，加深感情，以後有什麼事大家可多加照應。

齊某一接到邀請，毫不猶豫地加入到其中並積極籌劃，聯絡同鄉，把這個同鄉會當成了自己的「家」，並成為「家」中領導者之一。

經過兩年的時間，同鄉會已發展到了具有近 300 人的規模，齊某也等

於多認識了近 300 人。這些同鄉，各行各業，貧窮富貴，相容並存，用齊某自己的話來說：「我現在辦什麼事非常方便，只要一通電話，或打聲招呼，我的同鄉都會為我幫忙，而我也會隨時幫同鄉的忙⋯⋯」

在歷史上，存在著很有趣的現象：在一個地區中出過一個顯赫人物，往往就會帶出一大群。到了近代，這個現象似乎特別明顯。大批的同鄉做了官，形成一定的勢力圈之後，這個地方便會鄰里和睦、社會安定、經濟發達，自然會被說成是「人傑地靈」。聰明的讀者，對這個有趣的現象，你能有所啟發與感悟嗎？

人脈節點之七：鄰居

俗話說得好：遠親不如近鄰，近鄰不如對門。意思是說，居家過日子，若遇到個大事小情，鄰里的幫助及時、便捷，往往要勝過親戚的幫助。因為親戚離得遠，遠水難解近渴，遠不如鄰居來得迅速。這話道出了鄰里關係友好相處的重要性。

鄰里關係若處得好，有時要勝過親戚關係。它是我們在社會上成功處理事情可利用的人際關係網。事實上，有許多成功者都是得益過鄰居幫助的。

香港富豪李嘉誠，在年輕時過著非常貧困的生活，母親要養育多個孩子，生活十分困難，鄰居出於同情，便介紹李嘉誠去一個塑膠廠做工。這個幫助對李嘉誠全家而言，真是解危難之急，使他能夠幫助家庭維持日常開銷，而這份工作又為他日後成為全世界的富豪而奠定了最初的基礎。

鄰居的幫助是適時的，也正是這個家庭所急需的，他們也許沒想到李嘉誠會以此為基礎，開創未來的事業，但他們的確提供了一個機會。

其實，我們在日常生活中，也許經常會託付鄰居幫忙處理事情，比如，出遠門了，告訴鄰居幫忙看一下家；有人生病了，拜託鄰居幫忙送到醫院；需要負重，自己一個人搬不動，請鄰居協助等等，在很多時候都是離不開鄰居的。很多處得好的鄰里都轉變成了真誠的朋友關係。

鄰里關係的重要，就在於它有時能解危難之急。

所以，想求得鄰里的幫助，我們就應該在適當的時候主動去幫助鄰居。例如詢問對方身體狀況，事業發展，家人情況等，或是記住一些對方曾經說過的話，然後向對方表示「您曾說過……」，這樣，鄰居就會感受到這種關心。

「好事同慶」，是維繫和促進鄰里關係友好的最佳時機。

鄰居辦喜事，道一聲祝賀，送一份禮；鄰居的兒子考上大學，也不失時機地說兩句祝福的話都是十分必要的。

而當自己的家中有喜事，同樣也可以請鄰居小聚，讓這樂融融的氣氛融洽彼此的關係。好事同慶就如催化劑，巧妙地有著作用，加快鄰里關係的發展。

在我身邊發生過這樣一件事。一位叫張麗萍的女士與一個叫林曉莉的女士是上下樓的鄰居，她們彼此都有一個和睦的家庭，而且孩子都已長大，年齡相近。

林女士的兒子今年上了高三，張麗萍也十分能夠體會到身為母親的苦處，平時碰面時，言語中總是充滿真摯的關懷，林女士也感到很高興，而且，慢慢地對張家喜歡大聲放音樂的習慣也沒有意見了，想起對方的關心，心裡總覺得暖暖的。

終於，林女士的兒子不負眾望，考取了知名大學，而且是熱門科系，對於母親來說，這的確是件從心底裡高興的事。

當接到通知的那一刻，全家都為之歡騰。第二天，張麗萍就提了一大包水果來到林家，隨意地說著一些祝賀話。並說起自己也是從那個「千軍萬馬過獨木橋」的年代中走過來，也是飽嘗其中的苦楚，不過看這孩子聰明好學，不像自己小時候調皮，考上好大學是意料中的事，但也確實捏了一大把汗，心裡很緊張。身為母親的林女士聽了她這一番情真意切的話後，心裡油然而生一股暖意。的確，在這個人們認為真誠已不多的世界上，能感受到這樣的熱情是非常幸福的事。

　　張麗萍這樣主動關心林女士的兒子升學考試的舉動看起來不過是人之常情，但其結果必定更促進了兩家的和睦相處。

　　其實，人們內心中都渴望與鄰里分享快樂或痛苦，只要我們認真地參與，就會像看一本精美的小說，與作者一起和主角同喜同悲，便會增添不少生活中的樂趣，同時也為促進鄰里關係邁進了一大步。

　　鄰里關係「走動」到如此好的地步，試想，如果你有事求他幫忙的話，他能不盡力嗎？

拓展人脈的要點

　　人際關係網要想更完美更有效，以下是不得不注意的要點。

制定目標，努力不懈

　　建立人際關係網最基本的原則就是：不要與人失去聯絡，不要等到有麻煩時才想到別人。人脈就像一把刀，常磨常用才不會生鏽。若是半年以上不聯繫，你可能已經失去這位朋友了。

　　此外，訂定可以變通的目標，試著每天打 5 ～ 10 個電話，不但要注意擴張自己的「人脈範圍」，還要維繫舊情誼。如果一天打 10 個電話，

一個星期就有 50 個，一個月下來，更可到達 200 個。平均一下，你的人際關係網中每個月大概都可能增加十幾個「有利人士」。

不要放棄每一個目標

大忙人雖不容易找到，並不表示絕對無法接近。不必浪費時間在上班時打電話給他們，這些人不是在開會就是在打電話，或是出外辦事了。

善於利用空檔「拉關係」的高手，認為傍晚六、七點是與這些忙人接觸的「黃金時刻」。祕書、助理等大概都走了，只剩下一些工作狂們還捨不得走，他們希望自己的「埋頭苦幹」能給老闆留下深刻的印象。此時是聯絡這些「貴人」最適當的時機。

總之，樂觀一點，不要以為位高權重者都是高不可攀的人。只要抓住竅門和時機，就能聯絡到每一個人。一些單位裡大凡有能力有地位的人，幾乎都有層層的關卡保護，若能突破這些障礙，其餘的事就不難辦了。

每個企業都有門衛，設法接近他們，跟他們建立某種「關係」，他們就能告訴你通往老闆辦公室的祕密通道。若惹火了他們，只會讓你吃不了兜著走；這種情況下，要靈活處事、化敵為友，日後才能一帆風順。

情報無所不在

街上、飯店餐廳、機場、公車站、酒吧、舞會、親友聚會，處處都有不少最新情報。不妨與人談上一、兩個小時，一定可以學到一點東西。出差、旅行也是拓展人脈的好機會。

記錄人脈的進展

像寫日記一樣，數十年如一日記錄人際交往的有關資料，這可能不容易做到；然而如果有恆心、有毅力，則一定會受益不淺。如果你很認真地

在增進自己的人脈，認識的人一定不少。要追蹤成果、找出真正的「關鍵人物」，不妨記錄每一次聯繫的情形。趁記憶猶新的時候就要趕緊寫下來，如果等到日後再來補記，效果就大打折扣了。

可記錄的要點包括：姓名、地址、電話號碼、對方的專長及愛好、你的看法以及日後聯絡方法，用不著事無巨細地像在寫一篇動人散文。

若想有收穫，一定要下不少功夫。但是，想到可以跟這麼多傑出的人士見面，也是值得的。一旦習以為常，也就不以拓展人際關係網為苦了，反而會覺得興奮、刺激。

不能急於求成

拓展人脈時，若是盲目行事，急於求成，只會使人離你越來越遠。你的積極進取在別人眼裡可能是「不擇手段」、「沒頭沒腦」的。最糟的情形，可能會使我們想親近的人紛紛躲避。

要建立真正的關係，並不像「攻城掠地」或是來個「全壘打」一般，可持續發展的人脈，應該是長久而穩固的。正如一位企業界人士的說法：「我從不相信那些在三分鐘內就跟我稱兄道弟的『朋友』。如果要聘用一個人來做重要的事，我一定要找信得過的人。」

急於拉攏關係的人會因為一點收穫而自滿，若要他們付出，得先談條件，而且不願與人分享情報。一心只想在競爭中取勝的人很難了解「互助」的真義，他們不知道自己好像是在參加一場沒有希望的比賽。

好的人脈通常要一段長時間的努力才能建立，要成為這方面的高手，至少要有一顆真誠敏感的心及寬闊的胸懷。

利用好聚會的機會

立志編織好人際關係網的人，不應該過分地依靠舊友，而要不斷地建立新的朋友圈。重要的是透過新的朋友擴大自己的人際關係網，擴大視野，可擴展到不同行業、不同職業的人，或者不同年齡段的人，層次越多越好。年輕的時候可與長輩，年長以後多與年輕人交往最好。

要積極參與公司內外的各種各樣的聚會。不僅是公司，自家親戚朋友聚會也要參加，不要嫌麻煩。如果有不同行業的交流會之類，也要主動地參與籌畫；加入有關興趣的圈子也是結交新朋友的極好機會。

性格內向的人會經常迴避這種聚會，其實這正是鍛鍊自己的場合。必須以堅強的意志克服自己消極倦怠的情緒，積極熱情地參加。要努力培養自己堅強的意志，具備「要當大人物」、「要成就事業」的願望。試著多參加一些社交活動，就會發現人生實際上是很快樂的。你總想把內心封閉起來的軀殼，一經行動便會被打破；一旦它被打破，其後的事自然就會容易得多了。

參加各種聚會時，要注意幾點。

- **互相「舔拭傷口」的聚會不要參加**：那些懷舊的、安慰的聚會上，大家一邊喝酒一邊互訴牢騷，怨天尤人互相撫慰的聚會，只會使人衰老得更快、意志更為消沉。曾見過一次這樣的同學聚會。一群工作30年的同學聚到一起，由於很久不見，見面就是一陣淚雨。談起現在的工作，幾個提前退休或離職的女同學更是抱頭痛哭，全無當年那種英姿颯爽的氣概。這種聚會百害而無一利，了解後要盡快離開。
- **努力擔任聚會的領導者**：如果只是滿足於當一般成員或聽眾，就沒有多大的意義了，也不能借聚會之機建立起廣泛良好的人緣。當然，如

果有發言的機會時，要爭取積極主動地發言，提出各種活動方案。自己不妨率先發起第二次聚會。總之，要努力使自己的存在得到參與者的擁護和好評，從而獲得聚會的主宰地位。

- **無保留地付出**：只求獲取，不願付出的人會使人感到厭惡。只要你付出了自然就會有獲取的機會，給予別人發展資訊與建議，自然也會得到別人的回饋。每逢你去參加各種類型的聚會時，與其去聽別人講、受教育，不如滿懷熱情力爭積極主動地去參與，結果不是能獲得更大的益處嗎？

再窮也要站在富人堆裡

搭乘頭等艙的乘客大都是政界人物、企業總裁、社會名流等。在他們身上可能存在許多潛在商機。也許乘坐一次頭等艙，就可能改變你的人生。

為何要搭乘頭等艙呢？是為了更舒適？享受更多的服務？還是為了比其他客早登機、早下飛機呢？或是為了更安全起見？統統不是，只不過是為了借頭等艙的高雅環境搭建自己更高層次、更高品質、更高價格的人際關係網。

人生的特質的形成，有時是取決於你所處的環境以及你所交往的人群。你要設法多與名流在一起，這樣做的好處有：

- 使你有一個見賢思齊的想法，你知道要想在這個團隊中與人相處得很愉快，你就要給自己加壓，努力學習、儘快成長。
- 可能找到學習的對象，可以向比你優秀的人士學習，使你少走彎路，進步得更快。
- 可以在你的事業成就上給你提供很多幫助。

不過，名流不是那麼容易就能結識的，特別是走紅的影、視、歌、體育明星，更是難上加難。這裡介紹一些可能與名流「搭上線」的方法。

- **提前了解名流的有關資訊**：這方面的資訊要盡力廣泛搜集，多多益善，力求全面詳細。比如他的出生地、過去的生活經歷、現在的地位狀況、家庭成員、個人興趣愛好、性格特點、處世風格、最主要的成就、最有影響力的作品（歌曲、著作……）、將來的發展潛力、他的影響力所及的範圍，總之，凡是與他有關的資訊，只要能搜集到的就盡力去搜集。當然，也許你搜集到的有些資訊是關於他的隱私的，那麼就要特別慎重，切忌不能輕易傳播出去，更不能作為日後「要脅」他的把柄，只能作為你全面地了解他的參考資料而已。

- **托人引薦**：這是比較常用的辦法，一般托那些與社會名流交往密切的人作為中間人引薦，往往會起到事半功倍的效果。因為名流對與他交往密切者所引薦來的人，自會刮目相看，鄭重地對待你。

  找中間人需要注意的是：你要讓中間人盡可能地了解你，並獲得中間人的充分信任和欣賞，這樣他才會有積極性去引薦。中間人對一個不太了解的人，或不太賞識的人，是不會輕易出面引薦的。貿然引薦，令名流不高興，也會降低了他自己在名人心目中的「印象分」。

- **自己主動結識**：這也是較多結交名人心切的男女通常採用的辦法，即「冒昧」地給名人寫信、打電話，主動提出結識要求，這種方式也不乏成功的案例。

  需要提醒一點的是：當你「冒昧」地給名人寫信，而且又希望名流能回賜佳音，那麼千萬別忘記隨信附上寫好地址、姓名並貼足郵票的信封。

- **容易結識名人的場所**：對於政界要人、影視明星、歌星、球星、巨富等名人來說，他們經常會出入一流的地方。這些一流的地方就是結交名人的理想場所，只要努力尋找，到處都有。比如高爾夫球場、高級賓館的健身娛樂場所（游泳池、保齡球館、咖啡廳）、一流的影劇院和音樂廳、高級商場等，甚至高級理髮店、酒吧都有可能是名流人物出入的地方。

  出入一流的地方，不知不覺就會培養出一流的習慣和氣質，這就是所謂近朱者赤。常去一流的地方，可了解一流場所的規矩，也可體會到一流人物的生活方式。即使未結識上名流，能學到一些東西也是值得的。

- **不要刻意尋訪名流**：一些名流不是你想結識就能結識上的，有時再費心機也是徒勞。因此，不要刻意去尋訪名流，本著自然的態度，隨緣而定，有緣分的話，你也許會在意想不到的地方與之相識；沒有緣分的話，就是近在咫尺也無緣相會。比如你想當場得到作家、歌星、球星、影視明星的親筆簽名並不難，但因此而與之相識恐怕不大可能。

  上面是告訴你如何與名人「搭上線」，下面將告訴你如何與名人「來電」。

- **要有信心和誠意**：名人的知名度和影響力取決於崇拜者的多少。一般來說，名人對於自己的崇拜者是很客氣、很歡迎、很感激的。如果想結交你所崇拜的名人，就要有「精誠所至，金石為開」的信心。比如，可以寫信請教，因為寫信很簡便，名人又能收到。當然，你的信要有獨特的地方，提的問題新鮮，甚至能啟發他思考問題，能引起名人的興趣，那肯定會得到滿意的回答。托人介紹去結識名人，或者到

有名人參加的社交場合去接近他們，結識他們，也是與名人主動交往的一種形式，更要表現出自己慕名而訪的誠意。俗話說：「心誠則靈」，只要心有誠意，總有一天能得到名人的理解和青睞的。

- **不卑不亢，稱讚不宜過分**：跟名人打交道，不要拘謹也不要太直太露。舉止言談，要落落大方，不要給人以諂媚、討好的感覺。每個人都會對名人懷有敬佩之情，如果很真實地表達你的欽佩之情，適當地奉承一下也未嘗不可，但一定要讓他感覺你的稱讚是發自內心、發自肺腑之言。因為他們聽慣了吹捧話，甚至有些麻木，你再多而又俗套的吹捧也難以打動他的心和引起他的興趣，要想衷心地讚美吹的話，不妨找些別人尚未想到的話題。

- **以平常心對待名流**：名流也是普通人，也有七情六欲，也有喜怒哀樂，也會有很多缺點，切不要把他們「神化」，風光的外表之下也許有不敢見陽光的地方。你既要想到他同樣有可能有令人失望的地方，也要理解名人的苦衷，不要因為你寫信、求見，受了名人的冷遇就橫加指責，大肆嘲弄。要知道，一個名人的社交機會太多，崇拜者也很多，因此有可能顧不過來，可能造成某種失誤、失言。如果你能體諒、支援他們，真心誠意地批評幫助他們，名人也會感激不盡的，甚至會因此跟你結為知己、至交。

- **慎重選擇話題**：交談前，一定要對你所崇拜的名人所從事的職業、專長有一定的了解。如果第一次給人留下了好印象，就為今後打交道打下良好的基礎。交談中，你的真本領會使名人刮目相看，甚至引為知己。初次交談時間不要過長。切忌班門弄斧，不懂裝懂，說些外行話。談他的成就時，一定要多談一些他最為得意的成績，而不要「抓不到重點」。最好選擇一些能顯示出你對他關心的問題，如最近去了

哪些地方？身體狀況如何等。這些話體現了你一直在關心名人，處處為名人著想。

要保持談話輕鬆，不要談起那些令人沮喪的而且純屬你個人的事。不要告訴他你在生活中遇到的各種不痛快、你的疾病，以及你所遭受的多種不公正，因為這些與名人無關的話題太沉重，太令人沮喪，又只屬於你的私事。

- **不要忽略「背運」的名流**：名流之所以成為名流，一定有他一些特殊的才識、天賦、即使此時正走「背運」，你一定不要忽略，相反這正是結識他的絕佳機會。他走下坡路時，很多崇拜者會棄他而去，正當他深感世態炎涼、人情淡漠，你此時去結識他，多說一些相信他、鼓勵他的話，會令他十分感動，所謂患難見真情，他一定會視你為知己，日後東山再起，你就是他的座上賓。

  在與「背運」的名流結識時，當你們相互還不十分熟悉時，千萬不要談及他的近況，而是把話題集中在他過去顯赫的成績上，既能把他帶到過去的輝煌時光從而受到鼓舞，又避免揭傷疤。當你們已十分熟悉後，再聊他現在的日子也不遲。

睜大眼睛尋找貴人

在我們的人際關係網中，誰都希望結識一些能夠呼風喚雨的貴人。但因大多數貴人身居要位，炙手可熱，凡人要想結識他們簡直難於上青天。這時，我們不妨「識貴人於落難之時」。

識貴人於落難之時，的確需要一定的眼力。如果你認為對方是個落難貴人，就應及時結識，多多交往。或者乘機進以忠告，指出其所有的缺失，勉勵其改過行善。如果自己有能力，更應給予適當的協助，甚至施予

物質上的救濟。而物質上的救濟，不要等他開口，應隨時取得主動。有時對方雖很急著要，卻又不肯對你直言，或故意表示無此急需。你如得知情形，更應盡力幫忙，並且不能有絲毫得意的樣子，一面使他感覺受之有愧，一面又使他有知己之感。寸金之遇，一飯之恩，都可以使他終生銘記。日後如有所需，他必奮身圖報。即使你無所需，他一朝否極泰來，也絕不會忘了你這個知己。

其實貴人落難，壯士潦倒，都是常見的事。但黃土掩不住金子的光輝，能人志士終會如落難的鳳凰般一飛衝天、一鳴驚人的。

從現在起，多注意一下你周圍的人，若有落難的貴人，千萬要主動伸出你的援助之手。

相對於「由盛而衰」的落難貴人，發現沒有發跡過的貴人就更難了。識貴人於微時，就是要在貴人還沒有發跡時去欣賞他、幫助他。如果在他已成為貴人後去奉承他，那麼他會因你的趨炎附勢而討厭你。

隋末年間，有位叫楊素的大臣終日和成群歌妓宴飲享樂，不理國務。一日，一位岸然雄偉的青年求見楊素，因沒有特殊之處，被楊素打發走了。但站在楊素後面的手拿紅拂的女子，察覺出這個青年舉止不凡，於是便連夜投奔青年，和他演繹出一齣千百年來膾炙人口的「紅拂夜奔」故事。後來，這位叫李靖的青年幫助李世民建立唐朝，最終成就了自己的偉業。

這種慧眼識貴人的投資，好比現在人們投資於地產一樣。有些人在沒有人看好的地方，大量收購荒地，然後在臨近公路的地段鋪路建樓，再擴建學校、醫院、娛樂中心、購物場所等設施。於是，原來的荒地便因附近環境的改變而身價倍增。這種獨具慧眼的投資，比起那種「貴買貴賣」的投資，真是如同天壤之別。「雪中送炭」絕對不同於「錦上添花」，我們

只有在困難時幫助人、關心人，才會達到「雪中送炭」的效果，但如果在人家得志、發跡時去關心他，就不免有拍馬屁之嫌了。慧眼識貴人於微時，需要在「微時」準確地判別其是否是貴人的料子，需要在「微時」發揮出最佳的激勵和鼓動作用，幫助其戰勝困難、走出逆境，成為名副其實的貴人。

漢朝開國皇帝劉邦，年輕時一度潦倒落魄，絲毫沒有日後發達的跡象。富有的呂公是第一個欣賞他的人。當年呂公因逃避仇人來到沛地，遇上了重情重義、性格豪放的劉邦，覺得他是一個有前途的人才，於是便不顧夫人的極力反對，將自己的女兒呂稚嫁給劉邦。事實證明，呂公的眼光很準確。

另一個看上劉邦的人，便是有識之士蕭何。在蕭何認識劉邦之初，便發覺他宅心仁厚，慷慨好施的獨特氣質，這是領袖人才天生所具有的。蕭何不顧劉邦不學無術、口出狂言的缺點，安排他當亭長，發揮他的長處，幫助他，改造他。當劉邦因沒把犯人押解到指定地方而遇到困難時，蕭何便提供一些軍餉來接濟他。而且，蕭何還編造了許多有利於劉邦的神話，將平凡的劉邦宣傳成一個順應上蒼而能當天子的人。

在另一方面，蕭何又協助劉邦廣攬天下英才。如棄暗投明的韓信，由誤會到深得劉邦信賴重用，完全是蕭何全力保舉的。正是因為這樣，劉邦才能輕易得到天下。

蕭何之所以特別欣賞劉邦，除了他具備領袖的氣質和胸襟外，還有其他的許多優點，如他有自主精神，不因娶了千金小姐而投靠岳父；當他落難山林時，也不去打擾平民，具有極強的忍耐精神；在他不得志時，受盡兄嫂白眼而委曲求全；在得到蕭何幫助後，能改過自新，追求上進，並且他還能知人善任。

以上的故事，說明蕭何由於具有極其敏銳的目光，既幫助別人成功了，也成就了自己的事業。所以，如果要想獲得事業上的成功，應該在人際關係網中結下「貴人」的善緣，同時幫助「貴人」成為名符其實的貴人。

結交一些圈外人

「求同存異，共同發展」不僅僅是處理好國與國之間政治關係的良方，也是處理好個人人際關係的妙藥。在社會化分工越來越細的現代社會，恪守「物以類聚，人以群分」的陳舊觀念的人會使自己陷入某種程度的孤立。

新光企業集團創辦人吳火獅自幼能吃苦耐勞，白手起家，歷經 50 年的勤勉自勵，終至創業有成。綜觀他的一生，他的成功哲學除了「不斷突破」之外，就是「廣結善緣」四個字。

俗話說：「小才不知有緣，不懂用緣；中才知道有緣，但不善用緣；只有大才，知緣而且善用緣。」吳火獅就是一位知緣而且善於用緣的大才。

他常說：「人腳會帶來肥水。」這句話最足以說明他的「惜緣」。他在商場縱橫數十年，平常待人謙虛周到，極少樹敵。他雖已是億萬富翁，但毫無嬌貴之氣，與三教九流都能打交道，並且相處融洽，所以他結交廣泛，人緣非常好。由於人緣好，遇有機會，別人自然會鼎力相助，這是他成功之道。

時下最流行的一種自我介紹或自我吹噓法是「圈子」法。前一段時間參加了一次校友聚會。在大家彼此自我介紹時，聽得最多的字就是：「圈」。有的人說自己是在廣告圈裡混，有的說是在設計圈，有的在行銷圈……如此種種，只要在某個職業後面加上個「圈」字，就像自己已有

了歸屬的棲息地，似乎有了些許成就感。而且如果你細心就會發現，有幸在「同圈」裡的人之間，也要較圈外的校友之間親熱了許多，更有甚者根本不與圈外的人相接觸，像是接觸了之後，自己就不再是高雅的「圈內人士」了似的！

「圈圈主義最折磨人！」這是一個在廣告界和企劃界拚殺多年的某公司企劃經理的感嘆。他解釋說：「圈子」就像孫子悟空頭頂上的緊箍咒，不但把人的想法束縛住了，也把一個人的想像空間人為地縮小了。很多人在做事的時候會因此而瞻前顧後。他會感到這樣做有難處，那樣做又不符合圈內的規矩，怎麼辦？而且，「圈子」還有一個最大的弊病，就是同一圈裡的人經常互相吹捧，總是活在自己的同溫層與舒適圈中！

其實，在我看來，「圈子」裡的人還有一個最大的弊病。就是限制了自己的視野，有了一點成績便自以為是、故步自封。

迄今為止，「物以類聚，人以群分」這句話流傳了幾千年之久。它為千千萬萬的人提供了交朋擇友的理論依據。然而隨著社會的進步，如今這個觀念顯然已經有些過時。現代社會講求的是實效與利益，而要達到這兩個目的，在社會分工越來越細的今天，在很大程度上就要借助一些「圈圈」之外的力量了。

李嘉誠先生是香港十大富豪之首，美國《財富》雜誌評估他的身價是130億美元，在2005年頒布的富比士全球富豪榜中，名列第25位。李嘉誠先生的成功，除了靠勤勞和眼光銳利之外，與他以誠待人、以信待人，在穩健中求發展息息相關。他14歲就到一家塑膠錶帶廠工作，並很快成為該廠的營業人員。20歲時，工廠提拔他為經理。但兩年後，他用7,000元的積蓄開設了自己的塑膠工廠，取名為長江塑膠廠。後來，他在為他的公司命名時，也叫長江。李嘉誠先生曾對「長江」這一名字的寓意做過這

樣的說明，他說：「如果你不要支流，你就不能匯流成河。」他希望這名字使他時常記得，經商需要許多朋友和同伴才會成功。因此，他在生意場上，非常重視與同行和平共處，也會讓一些利益給競爭對手。西元 1985 年，他決定以配售方式在倫敦出售「港燈」10%的股份，當時「港燈」快要公布年終報表，而且這一年「港燈」的業績出色。於是，李嘉誠派駐歐洲的代表馬世民建議他延後出售，這樣可以賣到更好的價錢。李嘉誠先生沒有同意。他對馬世民說：「我們現在出售會給買家帶來一些好處，將來再配售時就會更加順利。」

人們通常認為，商場如戰場，競爭就是拚殺，互相吞併。然而李嘉誠先生經常牢記「長江」的含義，秉和平共處、百川匯流的豁達，謀求求同存異、共同發展之路。

與別人交換人脈資源

你的人際關係網有多大？沒有人可以限制你的人際關係網的發展空間，唯有你自己可以決定，它可以無限大，也可以無限小，這要看你的努力程度了。

當兩個人交換一塊錢時，每個人都只有一塊錢；但當兩個人交換人脈的資源時，他們就可以都擁有更加豐富、完善的人際關係網了。每個人的人際關係網是不一樣的，你的人際關係網中的每一個節點，都能為你帶來一條人脈的線。這就如同數學的乘方，以這條的主線來建立你的人際關係網，速度是十分驚人的！

假如你認識一個人，他從來不跟你介紹他的朋友，但另外一個人說：「下星期我們有個聚會，你來參加我們的聚會吧！」你到了那個聚會，發

現這些人都是來自各行各業的人。帶了圈內朋友來的人和沒有帶來的人的附加價值是不一樣的。我們知道在人際關係網中，朋友的介紹相當於信用擔保，朋友要把你介紹給其他人時，就意味著朋友是為他做了擔保。基於這一點，你可以請你的朋友多介紹一些他的朋友給你認識。就像我們做客戶服務一樣，如果你的新客戶是一個很熟識的老客戶介紹的，這位新客戶一下子就會接受你或你的服務。

　　你會發現這樣積累人脈資源的成本是最低的，你不需要花更多的時間去做自我介紹，也不需要花更多的時間去請客吃飯，這一切都可以省下來了。

　　要靠別人壯大自己的人際關係網，首先必須有一個前提，我們所擁有的人脈資源如同做生意，也是一種平等交換。我們跟朋友之間之所以可以維持互動關係，是因為我們各自有可以提供給對方的東西，而且這種交換是不同價值的交換，是透過交換來彌補各自的需要的，而且這對雙方都有意義的。你有一個蘋果，我也有一個蘋果，如果彼此交換，還是各有一個蘋果；但是，倘若你有一種想法，我有一種想法，而彼此交流這些想法，那麼我們就各有兩種想法；你有一個非常好的人際關係網，我也有一個非常好的人際關係網，如果我們互相交換，那麼你就有兩個人際關係網，我也擁有兩個人際關係網。所以，擴展人脈資源最有效的方法就是多與別人交換人脈資源。

第三章　朋友資源，寶貴財富

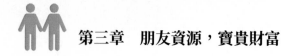

　　朋友足人脈中至關重要的組成部分。朋友對於人生的意義，怎樣形容也不過分。有太多的人因為朋友而決定了他一生的命運。一句「成也蕭何，敗也蕭何」的成語典故，令人們從 2000 年前一直感慨至今。正是這一點，使擇友、交友的話題萬古常新。

　　三年前，朋友老李經營的一家報關公司因捲入一場官司，導致一夜之間破產了。老李辛辛苦苦奮鬥了十幾年的成果，一下就付之東流了。他的心情壞到了極點。他除了每天借廉價的米酒澆愁外，想不出任何重振昔日雄風的辦法。

　　「300 多萬的公司一下子就什麼都沒了，執照被吊銷了，員工也另尋他職了，想翻身，難啊！」在一次朋友的聚會上，老李嘆著氣說。在座的朋友除了說一些安慰的話外，紛紛為他的「再戰江湖」出謀劃策。

　　「還是開報關公司，你的老客戶不是還在嗎？場地的問題我來解決，我的飯店反正也難得幾天住滿，就給你空出兩間作辦公室，租金等你賺了錢再說。」經營飯店的朋友吳總首先發言。

　　「註冊資金你先拿我手上的閒錢去用……」又一個朋友說。

　　「招聘的事你試著找原先的老員工……」

　　就這樣，我們一群朋友有錢的出錢，有力（智力）的出力，在一個月裡幫助老李從無到有，重新開了一家報關公司。

　　現在的老李，又是一個開著賓士、人稱「李總」的老闆了。

　　「什麼都沒了」的老李，因為有朋友在，所以還能重新站起來，走出人生的一片新天地來。可見，朋友實在是我們一生寶貴的財富。

不要吝惜伸出你的手

人家常說：「在家靠父母，出外靠朋友。」一點都沒有錯，你所結交的朋友，對你的成功有絕對的影響力。然而，一般人在交友問題上都是非常被動的，他們不會主動地跟別人打招呼，更不會主動去結識一些新朋友，即使到了一個新的社交場合，他也只是站在那裡，等待別人來問候他，這樣是沒有辦法成功的。

當代最偉大的籃球巨星麥可‧喬丹說過一句話：「我不相信被動會有收穫，凡事一定要主動出擊。」可是，有85％以上的人都是被動的，如果你能採取主動，你就可能掌握整個局面。所有的經驗都會告訴大家：「要不斷地主動進攻。」因為只有進攻，才會有成功的機會，如果你整天躲在家裡不出門的話，你的機會一定會比別人減少了許多。

當我們碰到失意的人，可以給他一些知識上的啟發，讓他儘快走出困境；當我們看到一個頗有成就的人，可以向他討教成功的經驗。

先從我們身邊的朋友開始，看看有哪些朋友需要你的說明，我們一定要主動出擊，相信這一定會帶給你意想不到的收穫。同時，當我們主動去幫助別人的時候，內心將會產生一股非常大的成就感，我們會覺得生命非常有意義、有價值，因為我們不斷地付出，不求回報，這就是人生快樂的泉源。難道我們沒有聽說過，「人生以服務為目的」、「助人為快樂之本」嗎？

誠如卡內基所說：如果我們想結交朋友，就要先為別人做一些事——那些需要時間、精力、體貼和奉獻才能做到的事。

永遠不要吝惜伸出你的手；也永遠不要躊躇接受別人伸出的手。

有這樣的一個故事，一個人陷進了沼澤地中，只剩下頭還在泥沼上面

露著。他扯開嗓子，用盡力氣呼喊救命。不久，一群人先後來到了出事地點。有個人打算救出這可憐的人，「把你的手伸給我，」他向陷入泥沼中的人喊：「我要把你拉出來。」但那人陷在泥中，只是拚命地喊叫，卻絲毫動彈不得。「把你的手伸給我！」上面的人又喊了幾次，但下面的人只知道喊救命。這時旁邊的一個人走過來說：「你難道沒看見他永遠不會伸出手來給你嗎！你應該把你的手伸給他，那樣你才能救他。」

所有的人都需要別人的說明，然而，許多人不想幫助別人，也從不喜歡主動去幫助別人。可是，成功的人都把幫助別人當作一種習慣，他們樂於幫助別人，也善於幫助別人，並把經常幫助別人作為生活中的樂趣，一旦他有需求的時候，別人會主動來幫助他。

要把幫助別人當作一種習慣，樂於幫助別人，只有這樣，一旦你有需要幫助的時候，別人就會主動來幫助你。當然，你說明別人的目的，並不是要求得到回報，而是你有能力為他人、為社會多付出、多貢獻一點。有了這樣的心態，你的朋友何愁不多，人脈何愁不廣！

把快樂傳遞給朋友

笑和幽默是人類獨有的特質。幽默是一種智慧的表現。具有幽默感的人無論是到何處都受歡迎，它可以化解許多人際的衝突或尷尬的情境，能使人的怒氣化為豁達，亦可帶給別人快樂。所以人們說：「笑是兩人間最短的距離」。

一個善於說笑與幽默的人，常給朋友帶來無比的歡樂，也會在人際交往中增加魅力，備受大家歡迎。一般來說，一個人在談吐中儀態自然優雅、機智詼諧、樂觀風趣、懂得自嘲、引人發笑，我們可以說他是個具有

幽默感的人。而在交談中能善用比喻，將有趣的故事導入主題，則更能令人印象深刻。

人際關係是我們生活中的重要組成部分，它包括的面十分廣泛，如上下級關係、同事關係、父子關係、夫妻關係、親戚關係、弟兄姊妹關係、同學關係、師生關係等等。在人際關係中，從來都是幽默者大顯身手的地方。一個人妙語連珠、談笑風生，很容易與對方接通感情的熱線。當人們發生誤會、摩擦、矛盾時，只有那些缺少幽默感的人，才會把事情弄得越來越僵；而如果當事人具有一定的幽默感，就會機智而又有分寸地指出別人的缺點，在微笑中表明自己的觀點，誤會很快就被消除，矛盾得到緩和。可以說，幽默風趣是調節人際關係的味精，是人與人交往中的潤滑劑。

有個關於西方世界領袖之間的軼事，從中可了解他們處理困境的智慧。

在第二次世界大戰將要結束期間，各國的首腦在埃及首都開羅召開會議。一天，美國總統羅斯福急著找當時的英國首相邱吉爾洽商要事，便逕行驅車前往邱吉爾的臨時旅館。

由於久居寒冷潮濕的英國，邱吉爾對於開羅乾燥又悶熱的氣候難以適應，尤其日間的氣溫高達 40℃ 以上，更是令他無法忍受。幾乎整個白天，邱吉爾都把自己泡在放滿冷水的浴缸中消暑。

當羅斯福匆匆趕到時，邱吉爾的隨從來不及擋駕，只好通報請邱吉爾著裝和美國總統會面。而羅斯福直接闖進了大廳之中，他找不到邱吉爾，這時聽到旁邊一個小房間傳來邱吉爾的歌聲，羅斯福順著聲音找了過去，正好撞見躺在浴缸中一絲不掛的英國首相。

兩個大國的元首在如此尷尬的情況下見了面，羅斯福馬上開口道：「我有事急著找你，這下子可好了，我們真的坦誠相見了！」

邱吉爾也立即做出反應，他在浴缸中泰然自若地道：「總統先生，在

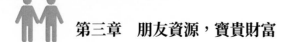
這樣的情形下會面，你應該可以相信，我對你真的是毫無隱瞞的。」

　　兩位偉大領袖人物的睿智對話，輕鬆地化解了人際關係危機，並讓後世傳為美談。從這個小事故中，我們似乎也能夠體會到幽默的無比力量。的確，幽默的力量真的是無法估量的。大到故事中的兩個領袖交鋒，小至我們每天必須面對的人際關係，恰當得體的幽默感，絕對是化解衝突危機、增進雙方情誼最佳的潤滑劑。

　　幽默感的養成，來自平時能夠適時地放鬆自己，以愉悅而達觀的眼光來看待事物，並能從不同的角度適當地給予消遣。只要不流於批評謾罵、尖酸刻薄，恰到好處地發表議論，或是對自己來一點自嘲，都會是很受歡迎的幽默方式。

　　日本企業在美國的投資日益增加，甚至有許多企業直接在美國設廠，雇用當地的人員。這固然是一項雙方互惠的對策。但由於語言不通，當日本老闆蒞臨視察時，總有一些意外發生。

　　在一家美國的日資工廠內，日方董事長遠道而來，廠內主管召集全廠員工集合於會議廳中，恭請董事長演講。

　　日方的董事長不會說英語，只得由翻譯配合，逐句譯成英文。董事長在演講當中穿插了許多笑話，可惜由於雙方文化的差異，並未博得預期的笑聲，唯獨有一個小故事，董事長用日文講了十來分鐘，而翻譯人員只用了幾句便翻譯出來，並且讓臺下眾人大笑不已，董事長對於此事印象極深刻。

　　演講結束後，日本董事長興致勃勃地詢問翻譯人員：「貴國的詞彙真是豐富，我講那個笑話用了十多分鐘，而你竟能用幾句話就將它翻譯出來，而且效果那麼好，真是不簡單。」

　　美方翻譯人員謙虛地說：「其實也沒什麼，我只是告訴他們：『老頭

子剛剛講了一個又長又不好笑的爛笑話，為了捧場，請你們大笑。』」

玲子要結婚了，一向交友廣泛的她，卻在身邊眾多追求者中選擇了李強作為交換婚戒的新郎。得知這個消息後，她的幾個好朋友大感詫異，因為李強在所有追求者當中既不是最帥的，也不是最有錢的。

「為什麼是他？」玲子的嘴角向上揚起：「很簡單，因為他最能讓我歡笑。」原來如此！他是以幽默感贏得了美人的芳心，笑出的姻緣，的確精彩。

我們都喜歡幽默的人，也喜歡被逗得哈哈大笑，而事實上，擁有良好的幽默感，是身心健康的祕密武器。

幽默感也能讓我們突發創意，從而產生出「原來如此」的頓悟效果。但最重要的是，有幽默感的人忍受挫折的能力較高，也比較容易從自我滿足中感到快樂。

老實說，你會給自己的幽默感打幾分？萬一結果有些不妙，你從小到大就是這種秉性，始終如一不善風趣，怎麼辦？先別給自己太大的壓力，我們的確很難在一夜之間就變成幽默大師。

要表達幽默感的方式其實很多，如果你說的話總是不好笑，甚至連背一段笑話都沒人欣賞，那麼就請你改變表達幽默感的策略，別急著訓練口才，而是試著先對別人的幽默毫不吝嗇地報以大笑，因為講笑話的人最喜歡的就是他的幽默引起了共鳴。而且一般的情況下，他必須是一個幽默高手，才能聽懂另一個幽默高手的笑話，所以，懂得對方幽默而會開心大笑的人，一定也是個幽默感十足的人。下回當你再聽到有趣的談話時，不妨全心全意去感受這份幽默帶來的快樂，並爽朗地大聲笑出來，以展現自己不凡的幽默功力。

一見如故的高招

俗話說：見面三分熟。人脈高手卻能將見面變成「八分」甚至「十分」熟 —— 因為他們善於與人套近乎。如何與人套近乎，以下是人脈高手的 16 個訣竅。

- **了解對方的興趣愛好**：初次見面的人，如果能用心了解與利用對方的興趣愛好，就能縮短雙方的距離，而且加深給對方的好感。例如，和中老年人談健康長壽，和少婦談孩子和減肥以及大家共同關心的寵物等，即使自己不太了解自己的人，也可以談談新聞、書籍等話題，都能在短時間內給對方留下深刻印象。

- **多說平常的話語**：某位著名作家說過：「盡量不說意義深遠及非常態的話語，而以身旁的瑣事為話題作開端，是促進人際關係成功的鑰匙。」

  一味用令人咋舌與吃驚的話，容易使人產生華而不實、鋒芒畢露的感覺。受人愛戴與信賴的人，大多並不屬於才情煥發，以驚人之語博得他人喜愛的人。

  尤其對於一個初識者，最好不要刻意顯出自己的顯赫，寧可讓對方認為你是個善良的普通人。因為一開始你就不能與他人處於共同的基礎上，對方很難對你產生好感。如果你擺出一副超人一等的樣子，別人也會用同樣的態度對待你。

- **避免否定對方的行為**：初次見面是建立良好人際關係的重要時期，在這種場合，對方往往不能冷靜地聽取意見、建議並加以判斷，而且容易產生反感。同時，初次見面的對象有時也會恐懼他人提出細微的問題來否定其觀點，因此，初次見面應該盡量避免有否定對方的行為出

現，這樣才能造成緊密的人際關係。

當然，這並不是讓你不提相反意見。你應盡可能地避免當著他的面提出，或者可以借用一般人的看法以及引用當時不在場的第三者的看法，就不會引發對方反射性的反駁，還能夠使對方接受並對你產生良好印象。

- **了解對方所期待的評價**：心理學家認為，人是這樣一種動物，他們往往不滿足自己的現狀，然而又無法加以改變，因此只能各自持有一種幻想中的形象，或期待中的盼望。他們在人際交往中，非常希望他人對自己的評價是好的，比如胖人希望看起來瘦一些，老人願意顯得年輕些，急欲提拔的人期待實現的一天。

- **注意自己的表情**：人的心靈深處的想法，都會形諸於外，在表情上顯露無遺。一般人在到達約會場所時，往往只檢查領帶正不正、頭髮亂不亂等問題，卻忽略了「表情」的重要性。如想留給初次見面的人一個好印象，不妨照照鏡子，謹慎地檢查一下自己的臉部表情是否和平常不一樣，過分緊張的話，最好先對著鏡中的自己傻笑。

- **留給對方無意識的動作**：初次見面的場合中，如果有一方想結束話題，往往會有看手錶等對方不易察覺的無意識動作。因此，當你看到交談的對方突然焦躁地看著手錶，或者望著天空詢問現在的時刻，就應該早結束話題，讓對方明瞭你不是一個毫無頭腦的人。你清楚並尊重他的想法，必能留給對方一個美好的印象。

- **引導對方談得意之事**：任何人都有自鳴得意的事情。但是，再得意、再自傲的事情，如果沒有他人的詢問，自己說起來也無興致。因此，你若能恰到好處地提出一些問題，定使他心喜，並敞開心扉暢所欲言，你與他的關係也會融洽起來。

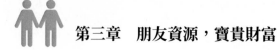

- **坐在對方的身邊**：面對面與陌生人談話，確實很緊張，如果坐在對方的身邊，自然會比較自在，既不用一直凝視對方，也避免了不必要的緊張感，而且會很快親近起來。

- **找機會接近對方的身體**：每個人都會在自己的身體周圍設定一個勢力範圍，一般只允許特別親密的人侵入。如果你侵入了，就會產生與對方有親密人際關係的錯覺。比如，推銷員往往一邊說話一邊若無其事地移動位置，直到坐在客戶的身旁，好感頓生。因此，若想早日建立起親密的關係，必須找機會去接近對方的勢力範圍。

- **以笑聲支援對方**：做個忠實的聽眾，適時地反應情緒，可以使對方摒棄陌生感、緊張感，從而發現自己的長處。尤其要發揮笑的作用，即使對方說的笑話並不很好笑，也應以笑聲支援，產生的效果或許會令你大吃一驚，因為，雙方同時笑起來，無形之中產生了親密友人一樣的氣氛。

- **找出與對方的共同點**：任何人都有這樣一種心理特徵，比如，同一故鄉或同一母校的人，往往不知不覺地因同伴意識、同族意識而親密地連結在一起，同鄉會、校友會的產生正是因此。若是女性，也常因血型、愛好相同產生共鳴。

  如果你想得到對方的好感，利用此種方法，找出與對方擁有的某種共同點，即使是初次見面，無形之中也會增加親切感。一旦接近了心理的距離，雙方很容易推心置腹。

- **表現出自己關心對方**：表現出自己關心對方，必然能贏得對方的好感。在招待他人或是主動邀請他人見面時，事先應該多少搜集對方的資料。這不僅是一種禮貌，而且可以滿足他人的自尊，使他感受到你的誠意和熱忱。

記住對方說過的話，事後再提出來當話題，也是表示關心的做法之一。尤其是興趣、嗜好、夢想等，對對方來說，是最重要、最有趣的事情，一旦提出來做話題，對方一定覺得愉快。

- **先徵求對方的意見**：不論做任何事情，事先徵求對方的意見，都是尊重對方的表示。在處理某一件事中，身分最高的人握有當時的選擇權，將選擇權讓給對方，也就是尊重對方的表示。而且，不論是誰，都希望得到他人的尊重，絕不會因此不高興或不耐煩。

- **記住對方「特別的日子」**：當你得知對方的結婚紀念日、生日時，要一一記下來，到了那天，打電話以示祝賀，雖然只是一個電話，給予對方的印象卻很強烈。尤其是本人都常忘記的紀念日，一旦由他人提起，心中的喜悅是難以形容的。

- **選擇讓對方家人高興的禮物**：俗話說：「射將先射馬」，饋贈禮物時，與其選擇對方喜歡的禮物，倒不如選擇其家人喜歡的禮物。哪怕是一件小小的禮物給對方的妻子，她對你的態度就會改變，而收到禮物的孩子們更會把你當成親密的朋友，你將得到全家人對你的歡迎。

- **直呼對方的名字**：我們都習慣在比較親密的人之間才只稱呼名字。連名帶姓地呼叫對方，表示不想與他人太過親密的心理，所以，直呼對方的名字，可以縮短心理的距離，獲得意想不到的效果。

一回生，二回熟。掌握了以上「套近乎」的訣竅，你的人際關係網中的新鮮面孔將會給你帶來無窮的活力。

一個朋友與半個朋友

從前有一個仗義的人，廣交天下英雄豪傑。他臨終前對兒子講，別看我自小在江湖闖蕩，結交的人如過江之鯽，其實我這一生只交了一個半朋友。

兒子納悶不已。他的父親就貼在他的耳朵邊交代一番，然後對他說，你照我說的去拜訪我的這一個半朋友，朋友的含義你自然就會懂得。

兒子先去了他父親認定的「一個朋友」那裡，對他說：「我是某某的兒子，現在正被朝廷追殺，情急之下投身你處，希望予以搭救！」這人一聽，不假思索，趕快叫來自己的兒子，喝令兒子速速將衣服換下，穿在了眼前這個並不相識的「朝廷要犯」身上，而自己兒子卻穿上了「朝廷要犯」的衣服。

兒子明白了：在你生死攸關時刻，那個能為你肝膽相照、甚至不惜割捨自己親生骨肉搭救你的人，可以稱作你的一個朋友。這就是「一個朋友」的選擇。

兒子又去了他父親說的「半個朋友」那裡。抱拳相乞把同樣的話敘說了一遍。這「半個朋友」聽了，對眼前這個求救的「朝廷要犯」說：「孩子，這種大事我可救不了你，我這裡給你足夠的盤纏，你遠走高飛快快逃命，我保證不會向官府告發……」

兒子了解到：在你患難時刻，那個能夠明哲保身、不落井下石加害你的人，也可稱作你的半個朋友。這也是「半個朋友」的選擇。

現代人喜歡交際，廣交朋友。一般的人，見過幾次面便可稱兄道弟，相互為友。當然，這種朋友比起那種「患難之交」、「刎頸之交」和「君子之交」來，其友情的含金量似乎要差得多。尤其在商業社會，很多人的友情是建立在共同利益之上的，一旦失去了某種利益，他們的友情也會隨

之消失。在商場上，「朋友」間相互利用和陷害的例子並不少見，社交場合也是如此。因此，我們可以將自己的朋友分個等級，然後決定如何交往，這樣一則保護了自己，二則不會使友情受到傷害。

也許你會說，我交朋友都是一片誠心，不會利用朋友，也不會欺騙朋友，但你是如此，就能保證他人也和你一樣嗎？別人是否也對你一片誠心，還是有著某種目的？如果你早知某人心存惡意，不夠誠懇，那你還能對他推心置腹嗎？這樣豈不害了自己！

所以，在不得罪「朋友」的情況下，你可以將自己的朋友歸類，在自己的心中把朋友分出不同的等級，這種等級由高到低應這樣分類：一是刎頸之交；二是推心置腹之交；三是生意往來之交；四是酒肉之交；五是泛泛之交。

分出這些等級之後，然後根據不同的等級決定自己和對方交往的密切程度以及感情的深度。這樣既可避免浪費自己的感情，也可保護自己免受傷害，甚至被人欺騙利用！

其實把朋友分等級也並不容易，因為人們的主觀上都有好惡之感，有時會把他人的一片誠心當成一肚子壞水，也會把凶狠的狼看成友善的狗，甚至在旁人提醒時還不願承認自己的錯誤，非等到被「朋友」害了才大夢初醒。所以，要十分客觀地將朋友分等級是很難的，但面對複雜的人性叢林，你非得勉強自己把朋友分等級不可。交友時有了這種心理準備，就會比較冷靜客觀，盡量減輕傷害！

有些人生性好友，性格耿直，而且感情豐富，要他們把朋友分出「等級」來，這確實比較困難，因為這種人往往在對方尚未把他當朋友時就早已投入感情，而且他覺得把朋友細分等級，自己會問心有愧。不過，任何事情都要經過學習與磨練，慢慢培養這種習慣，等你到了一定年紀，生活

的經歷比較豐富了，頭腦不再衝動，熱情自然冷卻，不用他人提醒，自然會把朋友分出等級了。

如果你確實很難將朋友分等級，或者你覺得沒必要分得那麼清楚，那也可做個簡單劃分，如「可深交級」和「不可深交級」。對於可深交之友，你可以和他分享一切；對不可深交者，則應保持一定的距離。交往之中你可能還看不透一個人，但可以看出一個人的人品，而人品會影響他的行事、判斷和價值觀，無論是交朋友，還是找合作夥伴或共事者，這都是一項重要的參考！

異性交友的分寸

結交異性朋友是當今社會開放的一種新型的社交現象。過去那種男女授受不親的時代已經過去了，我們現在經常看到社交場合中男女握手為友，彼此平等交往，共謀大業，展現了開放時代的開放精神。敞開你的心胸，開拓人脈半邊天吧！

一位女性這樣說：我很幸運，我有好幾個男性朋友 —— 我們可以撇開性別的禁忌，無拘無束地談論我們最隱私的思想和情感。如果我說出一個閃過腦際的很瑣碎的想法，諸如「我是不是該剪頭髮了？」或「你覺得我該怎麼裝潢這間屋子布置？」他們聽了不會打哈欠，也不會對我的問題避而不答。我的男性朋友們總是不帶任何評判和責備地傾聽我對他們訴說我的恐懼、我的擔心、我的各種問題和莫名其妙的煩惱，而我也是以同樣的方式對待他們。

一位男士也說：我發現我與女性朋友之間的友誼，在一定程度上要比我和女人的戀愛關係更令人滿意，因為友誼關係中沒有互相情感的糾葛，雙方都比較冷靜，能夠不為情緒所左右。而且，對我來說，與女人建立起

柏拉圖式的朋友關係，要比發生愛情糾葛容易得多。現在工作在我心中是第一位的，我拿不出足夠的時間和精力來維繫、更不能說去建立一種嚴肅的戀愛關係。但是我可以從我的朋友那裡能獲得足夠的精神支持，因此沒覺得迫切需要愛上誰。我說的朋友，既包括男人也包括女人，事實上，朋友就是朋友，我沒有看出我的男女朋友間有太大的區別。

應該承認，男女間除了愛情與親情的關係，還可以有一種真誠的友誼存在。異性朋友可以互補互敬，互相促進。

結交異性朋友首先必須解決觀念問題。在傳統社會裡，異性交往是最敏感的問題，需要中間媒介，或者第三者在場，不然會有閒話，這是封建社會的交往方式。現代社會，男女交往如果還需中間媒介，那就是保守和無能。男女之間只有採取開放平等的交往方式，才有可能真正主動自然廣泛地結交異性朋友。

結交異性朋友必須克服心理障礙。異性交往有積極的一面，也有消極的一面。積極的一面表現在異性交往可以體驗異性不同的性格和心理情感內容，雙方可達到互補；而消極的一面表現在男女之間往往很難把友誼與愛情區別開來。如果一開始就以婚姻為目的去結交異性朋友，就會使這種交往變得拘謹而庸俗，妨礙正常的交往。

結交異性朋友要有正常的理由和環境氣氛。共同的興趣和事業追求，是異性交往的自然理由，交誼活動是異性交往的理想場所。

結交異性朋友要掌握一定的分寸。異性交往畢竟不同於同性交往，要尊敬對方的生理心理特點。切忌言語粗陋，任何失態的行為就會斷送異性間的正常交往。

異性朋友的情誼往往非常珍貴，也非常真誠，只要你心地純潔，胸懷坦蕩，就會體驗到異性友誼的芬芳。

平淡似水，和而不流

交友時，掌握「平淡似水，和而不流」，便可以在處理朋友關係方面游刃有餘，其樂融融。朋友會稱讚你善解人意，謙和大方，恭儉可信，關係淡而不淡，遠而不遠。朋友相處時熱情大方，顧此相彼，甚是周全。旁觀者也會稱讚你對朋友盡心盡力，禮至心盡，無可挑剔，自然而然會使人敬佩和愛戴。

或許，任何人都有過這樣的經歷和感覺，覺得和某個人或某幾個人非常投緣，談得來，坐在一起便覺得內心充滿熱情，總有說不完的話，捨不得分開，希望能形影不離。然而，這種交往甚密的結局往往是令人傷心的分離，而且很可能造成難以癒合的創傷。其實，傷口一旦產生，無論癒合得怎樣好，也難免會留下疤痕，恰似瓷器上無論怎樣細的一道裂紋，總會留下一道陰影，抹不去，擦不掉。這不就是失了分寸的緣故嗎？

古語說：「兩情若是長久時，又豈在朝朝暮暮」。現在大多用於形容情人間的思戀，其實，這句話也可以形容那些感情親密的朋友之間的關係。相聚相守固是令人歡欣鼓舞，但是人無完人，金無足赤，再好的朋友相處，誰也免不了有這樣或那樣的缺點，而且也往往是不願為人所知或不想在別人面前顯露的。

朋友交往應該是「淡而不斷」。交往過密，便有勢利之嫌；而一旦斷了「來往」，時間便會無情地沖淡友情。特別是在生活節奏緊迫的今天，朋友之間很難有機會經常在一起聊天。朋友間的交流，需要注意友情的維護，比如平時多打一些電話，相互問候，也會起到加深感情的作用。

朋友之間超越利害關係的交往，會使雙方更加珍惜友情。有一次德國詩人哈里‧海涅（Harry Heine）收到一位友人的來信，拆開信封，裡面是

厚厚的一捆白紙，一張一張緊緊包著，他拆開一張又一張，總算看到最裡面的一張很小的信紙，上面鄭重其事地寫著一句話：「親愛的海涅，最近我身體很好，胃口大開，請君勿念。你的朋友路易。」

過了幾個月，這個叫路易的朋友收到了海涅寄來的一個很大很沉的包裹。他不得不請人把它抬進屋裡，打開一看，竟是一塊大石頭，上附一張卡片，寫道：「親愛的路易，得知你身體很好，我心上的石頭終於掉了下來。今天特地寄上，望留作紀念。」

這肯定會成為路易一生中最難忘的一封信。他給海涅的信雖有些「小題大做」，而海涅的回信卻也生動形象，他以大石頭比喻對朋友的擔憂，以「石頭落地」表示收信後的放心和輕鬆。這不僅體現了朋友之間的隨和與坦誠，更讓人感到朋友的熱情和友愛。

君子之交，是為了心靈的溝通。它最不具有功利目的性，「善於交際」是一種美德。最重要的原因就是君子之交強調的是「淡、簡、文」。

君子之交淡如水，與《中庸》上的「君子之道，淡而不厭」，是一個道理。古人的君子交友之道，如淡淡的流水，長流不息，源源流長。今人將交友比作花香。說「友誼就像花香，越淡就越持久」，與古人有異曲同工之妙。

中庸之道是一種至高的做人法則，掌握了這種方法，便會在生活中遊刃有餘。交友也講中庸，除了「淡而不厭」外，還要「簡而文」，「溫而理」，簡略但是文雅，溫和且合情理。

交朋友，不能以自我為中心，讓朋友圍繞著你的愛好轉，讓整個世界都充滿了你的色彩；也不能自我感覺良好，取笑朋友的愛好、興趣。「和而不同」，尊重自己，尊重朋友，你不必跟在朋友的後面，亦步亦趨；也不必差強人意，使人同己。客觀、冷靜、明智，才不會舉措失當。

君子之交，是一種心靈、精神的溝通，要崇尚自然平和、隨意而為，不是刻意地為交友而交友。

君子之交，就要去除功利的目的。保持一種淡泊名利、與人為善的感覺。君子能與他人以平和的態度相處，遇事不妄加爭論，但是絕不人云亦云，一再放低標準，喪失自己的見解，而與他人妥協。所以，就人際關係的學問上來說，這的確是一句至理名言。

兩個人相處與交往，友情和善的確是重要的事。但是在兩個人的交往中必須尊重和各自的獨立性也是十分重要的事。有一句話叫「和而不同」，就是指這個意思。同時，這句話也告訴我們：喪失自己的原則，與他人相交，最後一定會使自己感到疲累不堪。但是，在人們的現實交往中，卻終無法依照這個原則來處事現代人的生活，在物質方面不虞匱乏，但在精神方面卻非常貧瘠，甚至可說是喪失自我的時代。或許是由於人際關係日益複雜，使個人真實的存在日形虛浮。充滿自信的自我到底是否存在？何處可找回自我？許多現代人迷失了生活和工作的信念，人的獨立的意識較之從前已淡化了許多。

孔子「君子之交淡如水」這句話，對於現代人而言，可說是一針見血。

交友要有彈性

許多年輕人交朋友的框框很多，而都「彈性不足」，因為他們交朋友有太多原則：

- 看不順眼的不交
- 話不投機的不交
- 有過不愉快的不交

雖然這種交朋友的態度也沒有什麼不好，但是如果在異鄉行走，實在有必要更有彈性一點。不過這裡所指的是廣義的朋友，因為普通朋友和「知己」還是要有所區別的。所謂的「彈性」指：

- 沒有不能交的朋友。一些你看不順眼或話不投機的人，並不一定是「小人」，他們還有可能是對你會有所幫助的君子，你若拒絕他們，未免太可惜了。你也許會說，話不投機又看不順眼還要「應付」他們，這樣做人太辛苦了。但為了結識真正的朋友，你就是要有這樣的修養，並且不會讓他們感覺你在「應付」他們。要做到這樣，唯有敞開心胸，真誠以待。

- 相逢一笑泯恩仇。生活中經常會有某人得罪過你，或你曾得罪過某人的情況，雖說不上彼此反目成仇，但心底確實不太愉快。你有必要主動去化解矛盾打破僵局，也許你們會因此而成為好朋友，或許可以使關係不再那麼僵，至少你少了一個潛在的仇人。這一點確實很難做到，因為許多人就是拉不下臉來。其實只要你主動去做，你的風度就會贏得對方對你的尊敬，因為你給他面子了嘛。如果他還是擺架子，那是他的事。不過要化解僵局也要看場合和時機，不要太刻意，酒席上、對方離職時等比較適宜，也就是，總是要有個藉口。

- 不是敵人就是朋友。有些人認為「不是朋友就是敵人」，這樣子做會使敵人一直在增加，朋友越來越減少，最後使自己成為孤家寡人；應該改為「不是敵人，就是朋友」，這樣朋友就會越來越多，敵人越來越少！這裡我們所指的是廣義上的敵人，如執不同意見者或競爭中的對手等。

- 沒有永遠的敵人，也沒有永遠的朋友。敵人會變成朋友，朋友也會變成敵人，這是社會發展和生活中的現實。當朋友因某種緣故而成為你

75

的敵人時，你不必太憂傷感嘆，因為有一天他有可能再成為你的朋友。有這樣的認知，就能以平常心來交朋友。

我們交友要有彈性，對待朋友也應有彈性。

有個「能人」，朋友無數，三教九流都有，他也曾逢人誇耀，說他朋友之多，天下第一。後來有人問他，朋友這麼多，他都能同等對待嗎？

他沉思了一下說：「當然不可以同等對待，要分等級的！」

他說他交朋友都是誠心的，不會利用朋友，也不會欺騙朋友，但別人來和他做朋友卻不一定是誠心的。在他的朋友中，人格高尚的朋友固然很多，但想從他身上獲取一點利益，心存二意的朋友當然也不少。

「對方有壞意，不夠誠懇的朋友，我總不能也對他推心置腹吧！」這位「能人」說：「那只會害了我自己。」

他就是根據這些等級來靈活地決定和不同朋友來往的密度程度和自己打開心扉的程度。

另外，也要根據對方的特性，調整和他們交往的方式。但有一個前提必須記住，不管對方能耐多大或多有錢，一定要是個正直的「好人」才可深交，也就是說，對方和你做朋友的動機必須是純正的，不過一般人經常被對方的身分和背景所迷惑，結果常把別有用心的人也當成了好人，這是很多人無法避免的錯誤。

去除朋友中的雜草

《聊齋志異》裡有個河間生的故事，說的是河間生不務正業，交了個狐狸精朋友。狐狸精天天帶他去吃喝玩樂。一次，他和狐狸精任意取酒客的酒食，唯獨對一個穿紅衣的人避得遠遠的。河間生問狐狸精：為什麼不

去取紅衣人的酒食？狐狸精順口說：「這個人很正派，我不敢接近他。」這時，河間生恍然大悟，他想：狐狸精和我當朋友，一定是我已經走上邪道了，今後必須改邪歸正才是。他才一轉念，狐狸精就跑掉了。從此他走上了正路。

河間生的教訓生動地說明了選擇正派的人交朋友的重要性。俗語說：「近朱者赤，近墨者黑」，就是這個意思。朝夕相處，甚至形影不離的好朋友，必須在思想、言論、行動和各方面相互影響，這種耳濡目染的力量是絕不能低估的。

在你的生活中，特別是在你為成功而奮鬥之初，你可能需要尋找朋友，但是，你要注意，不要結交那些對你有害無益的朋友，不要被拖入他們的渾水之中。

我們所處的環境和結交的朋友，對我們的一生會產生很大的影響，可以說，交上怎樣的朋友，就會有怎樣的命運。

一個寓言故事說的是一隻蝨子常年住在富人的床鋪上，由於牠吸血的動作緩慢輕柔，富人一直沒有發現牠。一天，跳蚤拜訪蝨子。蝨子對跳蚤的性情、來訪目的、能否對己不利，一概不聞不問，只是一味地表示歡迎。牠還主動向跳蚤介紹說：「這個富人的血是香甜的，床鋪是柔軟的，今晚你可以飽餐一頓！」說得跳蚤口水直流，巴不得天快變黑。

當富人進入夢鄉時，早已迫不及待的跳蚤立即跳到他身上，狠狠地叮了一口。富人從夢中被咬醒，憤怒地令僕人搜查。伶俐的跳蚤逃走了，慢條斯理的蝨子成了不速之客的代罪羔羊。蝨子到死也不知道引起這場災禍的根源。

因此，在選擇朋友時，你要努力與那些樂觀真正、富於進取心、品格高尚和有才能的人交往，才能保證你擁有一個良好的學習和生活環境，獲

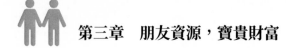
得豐富的精神食糧以及朋友的真誠幫助。這正是孔子所說的「無友不如己者」的意思。

相反，如果你擇友不慎，恰恰結交了那些思想消極、品格低下、行為惡劣的人，你會陷入這種惡劣的環境難以自拔，甚至受到「惡友」的連累，成為無辜受難的「蝨子」。

假如我們已不慎交上了壞朋友，應採取敬而遠之的態度，要知道：把一隻爛蘋果留在筐裡，會使一筐蘋果都腐爛掉。

一個人擇友一定要在「良」字上下功夫。固然，「金無足赤，人無完人」，我們選擇的朋友，儘管會有這樣那樣的不足，但必須主流是好的。他能與你坦誠相處，道義上能互相勉勵，當你有了成績能與你分享有了過錯能嚴肅規勸你。這種真誠待人的朋友可稱之為「摯友」，這種能指出你過錯的朋友又稱為「諍友」，這種能使你對真、善、美的事物更加嚮往，使你變得更高尚，更富有智慧的朋友，就是你應該尋求的，並使你終生受益的「良友」。與這樣的朋友建立起健康而真摯的友誼，會成為你前進的動力。

相反，沒有原則，是非不分，拉幫結派，甚至墮入犯罪的深淵，這種所謂的「朋友」是萬萬交不得的。

貝多芬和歌德在未曾謀面之前，就相互景仰。歌德視貝多芬為當代最偉大的音樂家。貝多芬則表示，「歌德和席勒是我在奧西安和荷馬之外最心愛的詩人！」

西元 1812 年兩位偉人在著名的避暑勝地波希米浴場首次會面。當歌德和貝多芬挽手散步時，迎面遇到了奧國皇族。此時，歌德鬆開了貝多芬的手臂，站在路旁，準備讓路，而貝多芬卻昂首闊步繼續前進。當他回頭看見歌德站在路邊向皇族脫帽彎腰的情景時，非常生氣，並毫不客氣地把歌德批評了一頓。

後來，貝多芬把這個情況寫信告訴他的朋友並指出：「儘管君王和貴族可能會造就教授和機要參贊，盡可以賞賜給這些人頭銜和勳章，但他們不能造就偉大的人物，不能造就超越庸俗社會的高尚的精神……而像我和歌德這樣兩個人在一起的時候，這些君侯貴族應該認知到我們的偉大。」

在現實生活中，確實有很多功利的朋友，他們看中的是你的權勢、關係，像這樣的人，一旦現出原形，就要及時斷絕來往，避免被拉下水。

與朋友斷交，有幾種方式，不同的情況可採用不同的斷交方式，會起到較好的效果。

- **反目成仇型**：斷交以突變、公開決裂為特徵。一旦朋友關係破裂，便會忘卻過去的情誼，態度 180 度轉變，由朋友變成仇人，甚至互相對罵、揭醜、大打出手，把對方置於死地而後快。這是下下之策。
- **漸變冷卻型**：當發現對方不夠朋友，不能再繼續交往下去，他們並不公開爭吵、決裂，而是逐步降溫、漸漸疏遠，使彼此的關係在較為平靜的情況下由朋友降為路人，心照不宣地絕交。
- **友好分手型**：雙方在決定分手時，依然不失和諧氣氛、相敬如賓，彬彬有禮，心平氣和地告別昨天，並祝福未來。這是上策。

對於心中有鬼的朋友，採用第二種方式比較好，但是如果對方事後找碴，也不要怕他。要意識到你再也不能繼續墮落下去，寧可得罪他，也不能猶豫，否則將給你帶來更大的禍患。

只有去除朋友中的雜草，你的朋友之樹才能健康、茁壯地成長。

第三章　朋友資源，寶貴財富

第四章　職場關係，巧手理順

第四章　職場關係，巧手理順

　　我們經常會聽到父母對自己剛步入職場的子女這樣說：「注意和主管同事處理好關係。」父母最關心的正是子女在工作單位中人際關係怎樣，懂不懂事，會不會做人。每個剛步入社會的年輕人，也都希望自己能與主管同事和平共處，相扶相助。他們的動機是良好的，但應該怎樣去行動才能實現我們的願望呢？

　　在同一個單位裡共事，無論身為主管幹部，還是普通職員，都同時扮演著同事的角色，同事間的交往，恐怕僅次於一個家庭成員間的交往了。因此，可以說同事關係是家庭關係之外的最重要的一種社會關係。一個部門，一個企業，如果內部關係處理得好，主管與職員間，職員與職員間關係融洽，工作中團結合作、齊心協力，工作效率必會提高，企業的面貌也一定會蒸蒸日上。如果彼此間關係很僵，經常爭吵、怨恨、排擠、報復，人際關係緊張，導致人心渙散，員工精神狀態也開始萎靡，企業內部一定會是一團糟的。

　　良好的同事關係不僅會帶給我們工作、事業上的成功與順利，還會帶給我們安寧、愉快、輕鬆、友好的心理環境，而良好同事關係的形成並非是輕而易舉、毫不費力的事情，因為在同一個單位工作，總會有晉升、調薪等事情，因此同事之間不可避免地會產生一些利害衝突，而且由於彼此的工作及思考模式不同，也往往容易產生矛盾，所以，要處理好同事關係，我們還需要提高自己的修養，腳踏實地一步步地去爭取。

　　一組統計數字表明，在現代社會的職場中，60%以上的人之所以獲得升職加薪的機會，是因為他們善於在職場中處理好各種各樣的關係，建立優秀的人脈口碑。而在那些辭職換工作的人群中，迫於處理不好同事關係而離開的，竟然存在著驚人的比例。

　　同事關係很難做到融洽。不少職場中人都有這種觀點。

的確，上下級、同事不比一般的朋友。朋友相交，彼此之間，互相都有一點興趣或需要，否則，也就不會互相吸引，互相接近。如果互相接近之後，發現彼此之間不甚投機，那也很容易處理，彼此少些來往或者根本不再接近就是了。然而，上下級、同事之間，卻沒有這麼方便。

只要一走進一個新的機構，在你辦公桌的前前後後，都是你的同事，這些人有老有少，有男有女，你每天都必須和他們相處，並且還要和他們一起工作，說不定「白頭到老」。

這些人跟你可能在性格志趣上相去甚遠。其中有些跟你投緣，有些跟你不投緣，甚至有的人好像還偏偏跟你作對。有的人品格很好，是個老實正派的人；但也有的品格不好，說話不負責任，背後說人閒話，挑撥離間，爭功諉過，欺軟怕硬。然而，為了工作，你又無法不跟他們接近，無法擺脫他們的影響，職場關係之難，就難在這裡了。

很多人，因為不善於和上下級或同事相處，以至於弄得終日不安，精神不爽，甚至被迫離開那個你本不願離開的工作單位，如果是這樣，你就成了 —— 個可憐的人，成了一個「輸在人脈」的失敗者。

關心主管的生活

人們都喜歡別人關心自己的生活狀況，這是人之常情，主管也不例外。比如主管遇到高興的事 —— 子女考上大學、提薪晉級、搬新家等等，心裡一定想找人誇耀，而如果遇到憂愁煩悶的事，也想找個人傾訴。下級在上級高興之時若能夠表示欣賞贊同，在主管憂煩之時表示同情之意，正是所謂「同甘共苦」，這樣和上級的感情連繫必將會加深。一般人遇到喜怒哀樂的事，都不願悶在心裡，而希望與朋友同喜同樂，共解哀愁。下級如果對主管能做到隨時關心，那麼上級自然會在心中將你當成朋友。

要希望與上級「親近」，下級自己首先必須採取熱情真誠的態度。「熱情」有極大的感染力，你關心別人，別人才會關心你。對於上級工作上的困難、生活上的困難，下級若能真誠地去關心，想方設法排憂解難，上級自然會樂於與之交往，也同樣會關心下級的工作和生活。

如果你的主管身體健康，精力充沛，在工作上也頗為得心應手，單位內的人都認為，他很有前途。可是，假定有一天，他顯露出悲傷的臉色，很可能是家中發生了問題。他雖不說出來，一直在努力地抑制，但總會不經意地在臉上流露出苦惱的表情。對這位主管來說，這實在是件很尷尬的事，為了不讓下屬知道，表面極力裝得若無其事。午餐後，他用呆滯的眼神望著窗外，此時，他帶著迷惑惘然的臉，顯然已失去了平日的朝氣。你對這種微妙的臉色和表情之變化，不能不予以注意。應由此作一些猜測與分析，找出主管真正苦惱的原因，並對他說：「主管，家裡還都好嗎？」不妨以假裝隨意問候的話，來開啟他的心靈。

「唉！我太太突然病倒了！」

「什麼？您太太生病了！我怎麼都不知道？現在怎麼樣？」

「其實也不需要住院，醫生讓她在家中療養。」

「別擔心，您太太一定會康復的，我們是不是去看看她，單位或您那裡有什麼事儘管吩咐，我這幾天都有空。」 「謝謝……」 相信此時這位主管一定對你的關愛與細心，深為感激，而且他還可以藉此一吐心中的苦惱，緩解心裡的壓力，或者真的請你幫一個小忙，經過此番交流，相信你們的感情會增進一大步，他一定會記住你對他的關愛並會對你格外關注。

在人性最脆弱的時候去安慰他，這才是當部下的人應有的體諒和善意。上級由於悲傷和苦惱，在心靈上也會呈現出較脆弱的一面，我們不應再去刺激他，而應該設法讓他悲傷的心情逐漸淡化。主管的苦惱，在尚不

為人知曉前，自己應主動設法了解，相信你的這份善意，即使是再嚴肅的主管也會受感動的。

當然，上下級間能有如此友誼的人並不多見，但你要記住，你的上級也是人，他也需要人性的關愛與照顧，只要你真心誠意地把他當朋友，那麼他也會給你真誠的回報。但同時要注意，下級與上級的交往畢竟還是有顧忌的。不能喪失自尊像個跟班似的跑在上級後面，大事小事都隨聲附和，連上級不願人知的隱私也去刺探，甚至為表示與上級的親近關係還四處張揚，或者是不看別人臉色，到別人家裡一坐就是半天，喋喋不休，占用上級已安排好的時間。這些與主管交往的分寸若不掌握好，成為「糾纏不清」的人，在上級面前會很不受歡迎。

所以，主管在你的人際關係網中的位置，應做到「近而不黏」。

不妨到主管家裡做做客

身為下屬，有時候難免會去主管家裡拜訪，不管是公事、私事都可以拉近與主管之間的距離。私人關係處理好了，主管也就把你當成了自己人，在涉及一些個人的利益時，第一個想到的當然是你了。

借一些重大節日之機，到主管家去拜訪，是一種相當有效的接近主管的方法。對主管而言，下屬的來訪，確是令人愉快的事。一個連自己的直屬下屬都不願親近的主管，肯定是一個有缺陷的主管。

如果到主管家拜訪做客，對主管的家人要積極給予讚美。對主管的言辭或與其家人的對話，要用比平常更有禮貌的態度，一一清楚地答對。自己舉手投足間，都要注意保持更為謙和的態度。

由於經常到主管家中拜訪，久而久之，自然會跟主管的家人逐漸熟悉

起來，這時雖然可以不必太拘小節。但不可以忽視應有的禮節，別忘了你是他的下屬，在彼此的心目中，始終有一種隱形的不平等的界限存在，這是每一個下屬必須時刻提醒自己的。

因此，不管是初次拜訪或已是座上常客，畢竟和一般訪客不同，一定要悉知禮數，切不可太隨意。

要討主管的歡心，就先收買其家人的心，尤其是主管的太太。因此，對小禮物的選擇，要以主管夫人的喜好為第一要素。偶然在主管家吃飯時，對主管太太親手做的菜餚，更別忘了要用心讚賞一番。

對主管的孩子更是應該展現親切，恰如其分地讚揚孩子聰明伶俐有天分，將來一定會後浪推前浪，能考上一個好學校。注意這種讚揚一定要具體並切合實情，說出孩子在某一方面的天賦或潛質，使主管覺得你讚揚的有道理，如果還能再提些培養孩子的合理化建議，一定會讓他對你產生更多好感。俗話云「清官難斷家務事」，在外呼風喚雨的人，在家裡的地位很可能不及老婆或孩子。下屬如果能仔細觀察，說一些恰當得體的讚揚之辭，不但能調節其家庭的和諧氣氛，還可以在主管心中為自己加分。

身為下屬同時又是主管家中的賓客，誰都希望得到主管的熱情接待和幫助，誰都不願過早地聽到對自己下「逐客令」，誰也不願成為主管家中不受歡迎的人。

那麼，怎樣才能給主管留下良好印象，做一個受人歡迎的賓客呢？

誠心誠意敬重主管

在任何人際交往中，只有敬重別人，才會贏得別人的尊重。有道是：你敬我一尺，我敬你一丈。相對主管來說，處於被動地位的下屬要想受到主管的歡迎，主動敬重主管顯得尤為重要。

可以想像，下屬不將主管放在眼裡，不聽從主管的安排，或不遵守主管家裡的規矩或所在地的風俗，乃至給主管分管的工作造成不良的影響，誰心裡會舒服？

敬重主管主要表現在：登門拜訪時不得隨便貿然闖入，而要禮貌地敲門探問，以及按照主管的指示入座；引帶新客人拜訪主管時，應先有禮貌地讓客人認識主管，然後向主管友好地介紹新客人；主管關心詢問你或與你聊天時，你要精神集中、禮貌對答，不要一邊回答問題，一邊做其他事情；請求主管給予關照、幫忙時，應做到態度誠懇、言詞懇切；向主管借或索取東西時，應與主管好言商量，在徵得主管的同意認可之後才可行事，盡量避免強人所難；告別主管時要先打招呼，客氣地道一聲「打擾了」或「麻煩您了」之類的話，以及請主管留步免送，等等。

誠然，如若你與主管情同手足，友誼深厚，也就可以隨便自如一些。不然，在上下級關係中過於講究，太彬彬有禮了，也不免讓人感到見外。

切忌喧賓奪主

身為主管都希望自己的言談舉止、所作所為，能夠顯示出堂堂正正的威嚴形象，是名副其實的主人。既然這樣，下屬的言行就不能太過分突出，不宜像在自己家裡、自己辦公室或自己主持的場合裡一樣，毫無拘束地高談闊論、洋洋自得地展現自己的高見與能耐，否則，就會出現下屬的言行過於隨便，或聲勢超過了主管的錯位場面。這樣，會使主管覺得很沒面子。比如，本應由主管決斷的事情，你偏要妄下結論；本是主管請人家吃飯，沒有請你代為敬酒，你卻顯得比主管還能喝而左敬一杯右敬一杯；在主管的妻子或女朋友面前，你居然比主管對她還殷勤⋯⋯這樣，主管肯定會不高興，即使當面不給你臉色看，也會對你耿耿於懷。這樣，主管當

然也就不那麼歡迎你了。

　　事實上，喧賓奪主難免讓人產生某些誤會而招致一些不良後果。諸如不知內情的旁人，會將「喧賓」者當成主人，而把真正的主人又看作賓客，繼而還可能會鬧出笑話來。

　　當然，接受了主管委託，得到了主管的許可後，下屬偶爾「反客為主」，那又是另外一回事了。

掌握好拜訪時間

　　時間是富有階段性的特殊概念。在「時間觀念」裡，時間的長與短、早與晚及頻繁與稀疏等，所表達的意義各不相同。所以，掌握好拜訪的時間，對能否達到良好的拜訪目的關係甚大，也就是說，只有恰當地抓準拜訪時機，主管才會歡迎。這就要求下屬最好要先了解主管的一些工作和生活習性，熟悉主管的時間安排。

　　一般而言，主管在工作及家務繁忙之時、吃飯及休息之時、情緒及身體欠佳之時，除非急事要事，盡量不要前去拜訪打擾；如與主管事先有約，應準時赴約，不應遲到，也不必早到；如有求於主管時，不宜三天兩頭去找人家；除非主管挽留，每次拜訪的時間不宜過長；碰到主管又有來客，應該長話短說，適時起身告辭。

　　誠然，同事好友之間非拜訪性的串門子，在掌握時間上大可不必這麼講究，但也不能「不知好歹」或「太不識相」了。否則，或多或少會引起主管或同事的反感和不滿，會給他人留下不好的印象。

不宜多嘴多舌

　　倘若碰到主管在與別人說話，或是在主管那裡看見或聽見其他客人在討論問題，你最好不要插嘴，尤其是除了主管之外，你與其他人員都不熟

悉時，更應該這樣。喜歡多嘴多舌，動不動就打聽別人的情況，或就有關別人的事情發表議論、見風就是雨等等，都是「不懂規矩」、「缺乏修養」或「好管閒事」的不良表現，很容易使人反感。特別是涉及一些個人的隱私和祕密的時候，下屬就更不要多嘴，不該問的不要問，不能打聽的不要打聽，不當說出去的不要說。不然，落了個「好管閒事」、「傳話筒」之類的名聲，那你在主管面前的形象，就可能會大打折扣了。

熱心為主管排憂解難

身為下屬，遇到主管事務繁忙需要援助的時候，主動地前去幫忙、照看及給意見等，主管一定會欣喜感激，你也就更加受歡迎了。比如，主管忙得不可開交，又有緊急的事情要辦。這時，你就應該主動請求主管讓自己幫忙處理其中一項事情，如自己處理不了，也可以想辦法去找別人來幫忙，哪怕由於不小心而處理得不盡如人意，主管也會為你有一顆熱誠的心而高興。比如，主管家裡來了一位遠方貴客，你恰巧也在主管家，主管又突然身體不適，不能上街買菜備酒，這時，你就不妨提出替主管出門採買，以便招待好那位貴客。對此，主管怎能不感激？

當然，在熱心為主管排憂解難之時，要注意千萬不要幫了倒忙，更不可以顧此失彼有損主管或旁人的利益。

另外，盡量不要做某些正式場合中的「不速之客」。比如，主管宴請嘉賓貴客，邀請某人處理或商討某些特殊事務等，你若前來扮演那種「不速之客」，主管往往會很為難，當著客人的面不能拒絕你，接待你又不方便。這樣會使主管陷入十分窘迫的困境。因為你的到來感到「頭痛」或「冒火」，你自然也就不受主管歡迎了。

生活中還有一種常見的現象，有人因為工作關係，為了求得主管的支

持，頻繁地往主管家裡跑，尤其在下班以後，在主管家一「泡」就是幾個小時。以為這樣，就能獲得主管的好感，事情就更容易處理。殊不知，這種做法影響了主管家中正常的生活規律，還會使人不耐煩。

為什麼不該頻繁造訪主管的住所呢？原因有三：

第一，下屬與主管是工作關係，而住所卻是一塊私人的領地。許多人工作之後要回家，並不僅僅是為了獲得食物和睡眠。回家是人們放鬆和享受親情的一種氛圍，讓人從精神到肉體完全處於鬆弛的狀態。人們工作、緊張了一天，回到家中，恰如魚回到水中，鳥回到林中，好不輕鬆，好不自在。

偏偏在這時，門鈴響了，你進來了，帶來了緊張、繁瑣的工作氣氛，破壞了別人家庭悠哉的生活節奏，這怎麼可能是受人歡迎的呢？

第二，一個家庭大多有兩個以上的成員，此時別的家庭成員對你這個只有工作關係的人介入，必然也是不滿意的。或許，主管的夫人正要與丈夫一起外出去看電影；或許，主管正希望和夫人一起靜靜地待一下子；或許，孩子正等著爸爸或媽媽輔導功課……

這樣，即使你的主管沒有對你的造訪感到厭惡，他的家庭成員也會討厭你，並把這種情緒傳染給你的主管。

第三，私下造訪主管的住所，一般而言，動機都不怎麼單純，總是企圖在彼此之間造成另一種「親密關係」，以便獲得某一些好處。這是一種喪失自信的表現。你為什麼不能透過自己的努力工作博得主管的好感呢？正直的主管必然對你的頻繁造訪產生反感，同事們也會認為你對主管另有所求。如果你得了好處，明明是努力工作而得到的，人家也許會說是「拍馬屁」生效了，你若吃了虧，人家則會說「活該」。即使有少數主管真會因此而給了你點好處，相形之下，又算得了什麼呢？

與主管相處的禁忌

　　如何處理好與主管的關係，始終是每一個下屬關心的問題。這裡，我們不再討論如何處理與主管關係的技巧，而要提醒你注意一些問題。

　　怎樣與主管保持最適當的關係呢？我們不妨換一個角度來思考一下，主管與下屬到底應是什麼樣的關係呢？

　　美國著名的職業培訓專家史蒂夫‧布朗（Steve Browne）先生提出了一個發人深思的原則：主管和下屬之間永遠應保持著業務上的關係。他認為，一個主管在與下屬在一起的時候，絕不要做他與公司的頭號顧客在一起時最不願做的事情。

　　雖然不能否定主管與下屬交朋友或是存在共同興趣，但是他們之間總是有著業務上的關係。因此，反過來，我們應該說：你與主管總是有著業務上的關係，因此無論在工作時間還是在社交場合，你的頭腦中都應該保持這樣一個觀念和警覺。主管之所以選中你做下屬，一定是由於公司業務的需要。如果你背離了你與主管這種關係的做法在更多的時候是很危險的。

不做主管的好兄弟

　　如果你的主管對待下屬非常民主，他願意聆聽下屬的意見，願意與下屬溝通交流，並保持良好的上下級關係；如果你的主管性格溫和，待人充滿溫情；如果你的主管非常器重你，經常帶你出入各種社交場所，那麼，你千萬要頭腦清醒，切不能得寸進尺，適度的距離對你是有好處的。也許你發現你正在或可能成為主管的朋友甚至好兄弟，你應該掌握好尺度。如果你當著其他人的面與主管稱兄道弟，以顯示你與主管的特殊關係，那麼這種行為是危險的。再隨和民主的主管也需要一定的威嚴。當眾與主管稱

兄道弟只能降低他的威信。這會導致其他同事也開始對主管的命令不當一回事。當主管發覺他的工作越來越難做，而最終他發現是你破壞了他應有的威嚴時，那麼，等待你的是疏遠，或者你只能離開。也許他不會表露出來。可是，終有一天，你會發現你不得不接受調職的命令。

當然，你如果能夠與主管交上朋友，這說明你已經能接近你的主管了。你應清楚地認知到，這種朋友關係的最佳狀態，是業務上的朋友和工作上的摯友。如果你能以自己的行動提高主管在公司中的地位，維護他的威信，你就是他最好的朋友。

主管任用你絕不是為了廣交朋友，而是讓你協助他工作，讓你為他服務。

不做主管的情人

這當然不是斷然否定與下級之間戀情存在的合理性 —— 如果雙方真有此意而且合法的話。

但是，更多的時候，與主管建立情人關係是對雙方都沒有好處的。如果這種超出工作以外的情人關係，或是發生在至少一方已經有合法婚姻的情況下，那就更是引火上身了。

在大多數時候，你與主管建立了情人關係，最終等待你的極可能是你在這家公司職業生涯的終結。

還有另外一種可能的結果，那就是你與主管的情人關係可能給主管帶來麻煩，當上級管理部門發現了你們之間的關係所帶來的消極影響的時候，也正是這位被丘比特之箭射中的主管喪失職務之時。男女之間的同事關係，完全可以相處或保持為正常的工作關係。如果你是男性而主管是女性，你是否也能抵擋住這個誘惑呢？要時刻留心。

不做主管的密友

如果說過多介入主管的私生活已經使你脫離了與主管的正常關係，那麼了解主管的某些個人隱私和事業上的「機密」對你更沒有什麼好處。

上下級間的確可建立友誼，但友誼要掌握一定的火候，過多地參與主管的祕密，卻是極其危險的。親密的關係有一種平等化的效應，這可能會扭曲主管與你之間正常的上下級關係。你應明白，越是親近主管，主管的要求便越多，總有一天，當你難以滿足主管的胃口時，你從此便失信了。過多地與主管周旋可能得到主管「密友」或「寵兒」的名聲。這樣一個名聲會使同事們討厭或不信任，甚至有些人會想盡一切辦法拆你的臺。他們會猜測你與主管之間神祕兮兮的樣子，是不是意味著一些陰謀或小算盤呢 —— 人們對這種不正常的上下級關係總會本能地產生反感。

不做主管的保母

過度關注主管的隱私，最嚴重的一種，便是在事實上成了主管的保母或者說是傭人。有些善於鑽營的人希望能得到提拔，所採取的方法就是千方百計地去討好主管。怎麼討好主管呢？你想周到地為主管的日常生活服務。比如，不斷地為主管端茶倒水，替主管清理辦公桌等。主管也許會對這種人表示好感。經常在外出的時候帶上你一回 —— 因為你總是願意提供一些超出職員身分的服務，這為主管帶來很多的方便。在很多時候，你更像一個跟班。你滿懷希望地等待著某一天主管突然對你說：「你是個好人，你是否願做一名管理者？」可是，這一天始終沒有到來。在主管心中，你的形象不知不覺地被定位為保母，這樣的人，永遠只適合做下屬。

如果你試圖用這種小手段打動主管的心，方向就偏了。

總之，在你和主管的關係中有一些禁忌，千萬不可冒犯。即便是主管

主動拉近與你的關係，你也要保持足夠清醒的頭腦。

如果要做朋友，也要做主管事業上的朋友。當然，如果你能因此獲得主管私人朋友的地位，將是最為完美的。但時刻都應該對自己說：「我是否注意到與主管保持正常的業務關係？」

前面我們說過，主管是一個人的人際關係網中至關重要的一個節點，需要打上紅色的警示結，來提醒自己小心謹慎處事。

欣賞你的同事

競爭和利益使得職場中的人際關係顯得尤為微妙。千萬不要以為只要得到上司的賞識，就可以飛黃騰達、萬事大吉了。在對你的工作進行正面肯定之前，上司一定會去了解你和同事的關係如何。

一家成功的保險公司經理在談到成功的祕訣時說，很重要的一條是：我們欣賞我們的那些辛勤工作的保險代理人。

欣賞能給人以信心，能讓對方充滿自信地面對生活。愛情之所以能有那麼巨大的魔力，就是因為兩個人互相欣賞對方，欣賞對方的優點，甚至欣賞對方的缺點。

許多大企業家告訴我們，他們在提升一個人之前，喜歡了解有關這個人妻子的有關情況。如果他和妻子在一起的生活是和諧愉快的，那麼將來他也將會帶給部門同樣的工作氛圍。

欣賞能使對方感到滿足，使對方興奮，而且使對方產生一種要做得更好、以討對方歡心的心理。如果一個員工想得到上司的欣賞，他肯定會盡力使自己表現得更好，而如果員工之間相互欣賞的話，合作起來就會減少摩擦，增進默契，使工作效率得到提高。

你要盡量肯定並欣賞同事的一些他自己不太自信，或不被眾人所知的優點。如果一個業績很好的壽險推銷員和你見面，你表示欣賞他的推銷業績，除了讓他一笑以外，不會產生什麼特別的感覺，而如果你表示欣賞他的風度和氣質，他會非常高興。

值得注意的是，欣賞同事不能無中生有。若對對方根本沒有的優點，而你卻大加讚賞，他會懷疑你是否在諷刺他，要麼會認為你是個善於說假話、逢迎拍馬的人。

此外，單獨誠懇地對待每個人，總能讓人有種被欣賞的感覺。當你到同事家做客時，同事向你介紹了他的三個孩子後，你不是僅僅點頭微笑，而是走過去與他們一一握手並熱情地問好，他們馬上會對你產生好感。

應對九種同事的策略

遇到口蜜腹劍的同事，不妨笑著打哈哈

面對表裡不一口蜜腹劍的同事，假如他是負責檢查你工作的人，你必須裝成似懂非懂的樣子，他讓你做什麼事情，你全都唯唯諾諾地答應。他和氣，你應該比他還要和氣。他笑著和你談事情，你應該笑著用力點頭。如果他讓你做的事情太過分了，你也不要當面回絕或者與他翻臉，你只需要笑著推諉就行了。

遇到逢迎拍馬的同事，不能和他為敵

假如你遇到逢迎拍馬的同事，要與他建立好關係，但切忌被他捧昏了頭腦，一定要心中有數。他逢迎拍馬對你無害，不能與他為敵，更不能得罪他，平日見面必須笑臉相迎。否則，你若有意孤立他或招惹他，他往往把你當成向上爬的墊腳石，暗中算計你。

遇到尖酸刻薄的同事，應保持一定距離

尖酸刻薄型的同事，在公司裡常令同事們厭惡。他的特徵就是與同事們爭執時常常挖人隱私不留餘地，同時冷嘲熱諷無所不用，讓同事們的一自尊心受損，顏面盡失。

尖酸刻薄型的同事，生就一副伶牙俐齒。因為他的行為離譜，所以在公司裡沒有什麼朋友。他之所以能在公司裡生存，不是因為別人怕他，而是因為別人不想搭理他。

假如這類同事不幸是你的搭檔，那麼你最好換個部門或換個工作。在事情還未敲定的時候，不要讓他知道。不然的話，他的各種人身攻擊，或許會讓你受不了。

假如他是你的同事，可與他保持一定的距離，不要惹他。如果聽見一兩句刺激的話，就當成耳邊風，裝作沒有聽見，絕不能動怒。

遇到挑撥離間的同事，必須謹言慎行

有的同事喜歡挑撥是非，離間同事。職場中的挑撥離間往往會把一個單位搞得七零八落，人心惶惶，人人彼此生疑。

挑撥離間的同事給公司帶來的破壞和影響是巨大的。只要稍不注意或者處理不妥，就會搞得人人自危，互不團結。應付這類同事，沒有其他什麼好辦法，只能防微杜漸，不讓他們有搬弄是非的市場，或者發現了就趕緊制止或者清除。否則的話，後果將不堪設想。

挑撥離間的人如果做了你的同事，你除了要謹言慎行與他保持距離以外，你還需要聯合其他同事，在單位中樹立正氣，宣導團結，讓他們沒有挑撥離間的機會。

遇到雄才大略的同事，虛心地學習

雄才大略的同事，見識不同於常人，其思考和邏輯方式也往往獨具特色。他們在時機不成熟的時候，能夠忍耐，即使是臥薪嚐膽，也可以欣然接受。然而，一旦時機成熟，他就會奮臂而起，就像大鵬展翅一樣直衝雲天，他們的才能和能力十分突出，通常是單位中的重要人物或技術尖兵。

遇到了雄才大略的同事，假如你們志向基本一致，大可虛心地向他們學習，攜手共創一番大事業。

遇到翻臉無情的同事，要留一手

有的人風平浪靜時尚能和睦相處，一理遇到利害衝突時，便會是另一副嘴臉。對這種翻臉不認人的同事好像是患了一種「恩將仇報病」。你對他的百般關愛，他只因一件小事就能翻臉。這類無情無義的同事到處都占便宜，被眾人所厭惡。

假如你的同事是翻臉無情的人，和他合作的時候，千萬要記住「留一個心眼」。一旦事情都做完了，你就要防範他會翻臉。

遇到牢騷滿腹的同事，睜隻眼閉隻眼

那些憤世嫉俗、牢騷滿腹的人，對社會上的某些現象看不慣，覺得世道變了，社會風氣不好，這也不順眼，那也看不慣。

與牢騷滿腹的人在一起工作，只要他不是太消極，就不要多加干涉。如果有一天這種同事對公司的制度、福利有意見的時候，他們會帶頭找主管去反映問題，你就可坐「順風車」了。他們常常能犧牲自己，為同事們的福利去據理力爭。

遇到敬業的同事，工作得賣力氣

每個單位都有十分敬業的人，因為工作態度積極以及做事方法正確，很受公司的肯定以及同事們的愛戴。他們一般具有較強的影響力，他所在的團體，都會有著不錯的業績。這種人，能夠感染其他的同事，帶動整個團隊向前發展，給大家帶來和諧的工作環境。

當公司太平無事的時候，同事們共同努力，共同分享成果；當公司不順的時候，他們會鼓動同事們咬緊牙關，再創佳績。平時沒事的時候，他往往能主動地幫助培訓新同事，培養提高團隊實力；工作忙碌的時候，他能夠以身作則，用行動影響同事，相互支援，共同度過難關。這種人，不管是你的上司、同事還是部下，在與他一起工作的時候，你要像他那樣敬業。

遇到躊躇滿志的同事，盡量順著他

一些滿懷抱負、躊躇滿志的同事，對所有的事物都有他獨到的見解，總是表現出一種從容，自得的樣子。他之所以會躊躇滿志，是由於他們確有高人一籌之長，始終處於一種非常順利的狀態下，他們大多沒有經歷過失敗的挫折。所以這種人都不懼怕失敗。

他很難接受同事們的意見，假如你比較聰明的話，也不用多和他爭辯。應該客觀地看到一個很少失敗的人，是因為他的確具有較高的智商，而絕不是他的運氣。你與他一起工作時不要隨便出點子，應該說量照著他的意思去做，為了彰顯自己的本領，他肯定會把他的意思說得非常清楚。他生怕別人說他嘴笨舌笨，因此他會多講一遍。接著，還會再問你一次，懂了嗎？只有等你回答懂了，他才能夠放下心來。有的時候，他往往出於禮貌還會向你詢問，對他的做法你有什麼意見，那你就應該立刻肯定他的做法。

處理好與同事之間的不愉快

一個人要想在工作中面面俱到誰也不得罪，恐怕是不可能的。因此，在工作中與其他同事產生某些衝突和意見是很常見的事，碰到一兩個難於相處的同事也是很正常的。

應該說，同事之間儘管可能會有矛盾，但仍然不妨礙大家在一起工作。首先，任何同事之間的意見往往都是由工作上的一些小事引起，而並不涉及個人的其他方面，事情過去之後，這種衝突和矛盾可能會由於人們思考的慣性而延續一段時間，但時間一長，也就會逐漸淡忘了。所以，不要因為過去的小意見而耿耿於懷，只要你大大方方，不把過去的衝突當一回事，對方也會以同樣豁達的態度對待你。

其次，即使對方仍對你有一定的成見，也不妨礙你與他的交往。因為在同事之間的來往中，我們所追求的不是朋友之間的那種友誼和感情，而僅僅是工作，是共事。彼此之間有矛盾沒關係，只求雙方在工作中能合作就行了。由於工作本身涉及雙方的共同利益，彼此間合作如何，事業成功與否，與雙方都有關係。如果對方是一個聰明人，他自然會想到這一點，這樣，他也會努力與你合作。如果對方執迷不悟，你不妨在合作中或共事中向他點明這一點，以有利於大家在以後的工作中進一步合作。

有時，當你與某個同事發生衝突時，你卻與大多數人的關係都很融洽，所以，你可能會覺得問題不在於你這方，你甚至發現許多同事也和他有過不愉快的經歷，於是，大家都不約而同地將矛頭指向了那個人，所以，你會認為是他造成這種不融洽局面的。

但是你並沒有多花一點時間去進一步了解對方，也沒有創造一些機會去心平氣和地與對方在一起闡述各自的看法，因而，由於相互缺乏對對方

的了解和信任，個人間的關係也就會不斷倒退。怎樣才能夠改變這種局面、改善彼此的關係呢？

你不妨嘗試著拋開過去的成見，更積極地對待這些人，至少要像對待其他人一樣對待他們。一開始，他們也許會有所顧慮，認為這是個圈套而不予理會，一定要耐心些，你要知道平息過去的積怨的確是件費功夫的事。你要堅持善待他們，一點點地改進，過了一段時間後，相互之間的誤會就會如同陽光下的水滴，一蒸發便消失了一樣。

也許還有更深層的問題，他們可能會記起你曾在某些方面怠慢過他們，也許你曾經忽視了他們提出的一個建議；也許你曾在在一些工作問題的決策時反對過他們，而他們將這些問題歸結為是個人的原因；還有可能你曾對他們的工作很挑剔，而恰好他們聽到了你的話，或是聽見了有一些人在背後的議論。

那麼，你該做些什麼呢？如果聽之任之將是很危險的，它很可能會在今後形成新的矛盾和積怨。最好的方法就是主動去找他們溝通，並承認你也許不經意地做過一些得罪了他們的事。當然，這要在你做了大量的溝通工作後，且真誠希望與對方和好，才能這樣行動。

他們可能會客氣地說，其實你並沒有得罪他們，而且會反問你為什麼有這樣的想法？你可以心平氣和地慢慢地講出自己的想法，比如你很看重和同事們都建立良好的工作關係，也許雙方存在誤會等等，並坦誠地表示如果你確實做了令他們生氣的事，你願意誠心誠意地道歉，我想持這種誠懇態度，一般人都會冰釋前嫌的。

也許他們會告訴你對一些問題，而這些問題與你心目中所想的並不一致，然而，不論他們講什麼，一定要聽他們講完。同時，為了能表示你聽了而且理解了他們講述的話，你可以用你自己的話來重述一遍那些關鍵內

容，例如，「也就是說當時我放棄了那個建議，你覺得我並沒有經過仔細考慮，所以這件事使你生氣。」現在你知道問題出在哪裡，而且可以以此為重新建立良好關係的切人點，但是，良好關係的建立應該從求同存異、真誠地道歉開始，你是否善於道歉呢？

如果同事的年齡與資格比你老，你不要在事情剛剛發生的時候當面與他對質，除非你肯定你的理由十分充分。更好的辦法是在你們雙方都冷靜下來後再慢解決。等到時機成熟後，你可以談一些相關的問題，當然，你可以用你的方式提出問題。如果你確實做了一些錯事並遭到大多數人的指責，那麼你就要重新審視那個問題，並要真誠地主動道歉。類似「這是我的錯」，這種話是可以冰釋前嫌，創造奇蹟的。

辦公室別談愛情

辦公室戀情常常導致職場倫理的扭曲和破壞，一旦產生瓜葛，往往後患無窮。曾經聽人說過這樣的一句話：「男女打情罵俏是辦公室裡不可缺少的『調味劑』。辦公室內工作的男女，動不動就春心搖動，想入非非。」

你可能對這樣的論調不予苟同，不過，自從有了共同辦公的場所，不同性別的男女共聚一室一起工作以來，彼此互相仰慕的辦公室戀情便開始流行。

沒有人能否認，辦公室的確是容易讓年輕男女培養戀情的極佳空間。假如名花無主的她每天目睹一位瀟灑的男士工作充滿自信、優秀的模樣，很難不對他產生傾慕；同樣，如果血氣方剛的年輕人看到一位儀態優雅、容貌秀麗的女士天天在眼前晃來晃去，恐怕也很難忍住不對她心動神往。

第四章　職場關係，巧手理順

　　雖然人人皆知辦公室戀情絕對存在，不過，奇怪的是這類戀情的結局大多是最後不歡而散。而且，男女主角當事人動不動就變成眾矢之的，負面的批評永遠大於正面的肯定。如果兩個人都是單身，情況還稍微好辦些，假如其中一個已婚，那局面就複雜多了！

　　辦公室戀情容易受到質疑，主要是因為有違工作倫理。因為，在工作中是否持「公平、公正、客觀」的態度和觀點，很可能會在兩人的私人關係中被質疑。此外，萬一兩人的愛情不成功，關係破裂之後，不僅影響到公司的運作，往往也會影響個人的工作與事業前途。

　　你或許會不以為然地反駁：「自己可以不受私情影響，絕對可以做到公私分明。」不過，到了那個時候，戀情是否真的會影響工作精神與做事能力，通常變得已經不重要了。重要的是，周圍的同事與上司究竟如何看待這件事，因為，他們總是把自己認定的標準當成真正的事實。

　　一般而言，多數單位不喜歡內部出現任何形式的男女戀情關係，老闆不會欣賞那些沒有把全部精力放在業務工作上的人。很多公司甚至明文規定禁止員工之間談戀愛，任何觸犯禁忌的人都要被迫調換工作。某些作風開明的公司，比如美國花旗銀行，則規定有直接親屬關係者不得在同一部門內工作，萬一真的遇到這種情況，其中一人必須調到其他部門。

　　管理專家指出，辦公室戀情之所以危險，主要是受限於工作場所的政治性和人際關係的結構。辦公室畢竟不比家裡，在一個強調級層和地位的環境中，男女戀性絕對是危險的。人際關係專家曾提出警告說：「辦公室戀情比辦公室政治更需要高明的技巧、冷靜的頭腦，否則無法潔身自好。」並列舉了九條愛情戒律，提供所有春心萌動的男女員工遵守：

- 辦公室之「友愛」不能淪為辦公室「戀愛」
- 打情罵俏已令眾人難以容忍，更不用說逾越雷池一步

- 愛情禁果，取前三思
- 保持距離，以策安全
- 務必視若天條不可觸犯
- 不要挑逗上司
- 不要挑逗屬下
- 理智看待對方，務求了解對方為人
- 使君有婦或羅敷有夫者，又相互尊重共事而遠之

收服人心的手腕

在職場上，有時你需要同時扮演下屬、同事及上司這三種角色。現在我們來談身為上司時，你如何收服人心。

如果主管在日常活動中給人留下馬虎、漫不經心的印象，就會遭到員工的輕視；反之，主管以精明的形象出現在員工面前，則會增加他們對你的敬畏。表現精明，不妨從工作中的細節做起，透過一些不引人注意的做法來「提升」自己的領導藝術。以下經驗可供主管參加。

如何帶給下屬精明的感覺

- 開始講話之前，將要講的內容擬定好幾個要點，可以使下屬對主管留下頭腦清晰靈敏的印象。
- 凡事不忘歸納成三個要點，可以顯示你具有思路迅速敏捷的歸納能力。
- 盡量把一件事情在三分鐘內敘述完畢，這是精明的主管的講話祕訣。
- 在會議的最後作好總結性的發言，可以給下屬留下主管具有善於抓住重點，掌握全域才能的印象。

- 為了使自己的話更具說服力，借用古語或名言來闡明寓意是個好辦法。
- 使用極其簡練精確的方法，可以讓下屬覺得你心思縝密。
- 探討自己專業範圍裡的話題，盡量使用通俗易懂的日常用語比較會使下屬對你產生好感。
- 對於一些暢銷書籍可以不必詳看，但必須表示出予以關注的態度，可以給下屬留下你緊跟時代潮流的印象。
- 與下屬共餐點菜時，如果猶豫、遲疑不決的話，很容易被認為是沒有決斷力的人。
- 在約定下次見面時，先看看記事簿後再決定時間，可以表現出你忙而有序的工作作風。
- 把寫滿約會事項的記事簿毫不在意地讓對方看到，可以顯示你的細心周到。
- 為了讓人看出自己是個從容不迫的「人物」，盡量放慢動作可以達到穩重的效果。
- 與別人談話時，讓對方背著光線面向自己，一方面可表示對他人的尊重（光線不會太刺眼），另一方面可以使對方對自己的表情看得更清楚，有助於與對方的溝通。
- 主管具有自己的工作範圍以外的業餘特長，會給下屬留下深刻印象。
- 為了使下屬看出自己能力不凡，在宴會等場合上應盡量與要人相鄰而坐。
- 坐著的時候，保持挺直端正的姿勢，可以顯示你是個「意志堅定者」。
- 一面注視著下屬的眼睛一面交談，能使下屬覺得你誠懇正直。

- 與人約定時間時，不約定「幾點整」，而約定「幾點幾分」，更容易被認為你是守信而有魄力的人物。

如何提高下屬對你的信賴感

- 為了表現正直的個性，可有意暴露自己的一些小缺點。

- 對自己不知道的事，應誠實地表示不知道，可以得到下屬的好感。

- 對下屬發表講話的時候，應注意講話速度要比平常慢一些。

- 打電話的時候先詢問對方是否有不方便的情況，可以吸引住對方聽話的情緒。

- 對自己不利的事情無須開場白，可直截了當地將事件緣由說出，可使人注意到你有強烈的責任感。

- 犯了過錯時，與其辯白，不如以彌補過失的行動作出表示，如此較能體現出你的誠意。

- 「嚴生威」是指嚴格管理才能提高主管的威信，為了提高下屬的忠誠態度，當工作上出現小錯誤時不妨嚴加叱責，而工作中若出現較大過失，主管要主動承擔責任，才能對下屬起到震動與感動的作用。

- 對會使對方感到不痛快的談話，一開始就事先表明，則可使對方淡化不痛快的感覺，甚至轉化為對你的好感。

- 對一個正在惱怒的下屬提出批評意見時，最好先淡化處理，然後在稍後的「空檔」裡再去以理服人。

- 重述對方所提的問題，可表示出對下屬的問題抱著相當認真、重視的態度。

- 當對下屬提出相反意見時，不要給下屬造成你持有質問對方的態度傲慢的感覺。

- 和下屬喝酒的隔天早上，你應比平常更早到公司，可顯示你的責任心。

- 對一個情緒低落的下屬，應表現出關心聆聽的態度，能夠增加他對你的信賴感。

- 即使在假日的時候拜訪下屬，也要儀容端莊，可向對方表示出主管的一片誠意。

- 對不在現場的下屬表示關心，能給人留下主管平等關心每一位員工的印象。

- 當下屬向你彙報工作時，即使你不贊同對方的意見，也不可把視線轉移到別處或下垂，以免給下屬不愉快的感覺。

如何讓下屬覺得你親切隨和

- 強調與下屬的「共同目標」，可以顯示你是一位平易近人的主管。

- 與下屬初次見面，採取並肩而坐的方式，可以使彼此消除陌生的感，很快地親近起來。

- 接近下屬，可縮短彼此距離，消除相互間的對立情緒。

- 尋找和下屬性格中的共通點，並強調一些細微的部分，可以給下屬留下坦率爽朗印象。

- 把下屬所說過的一些小事記下來，日後在適當的機會說出來，可表示出對下屬的關心程度，甚至會令其十分感動。

- 任何事都事先徵求一下別人的意見，可以顯示你的民主作風。

- 指出下屬外表服飾上的細微變化，可以顯示你對下屬的深切關心。

- 「請教你一個問題」、「想請你幫一個忙」等禮貌用語，可滿足對方自尊心的話語，可以幫助你建立親切隨和的主管形象。

- 經常用「我們」一詞來強調與下屬的同伴意識。
- 在會話中親切地頻頻呼叫下屬的名字，可以增加你與下屬的親密感。
- 記住下屬的結婚紀念日或生日，很容易給下屬留下好印象。
- 見面的時候隨時讚美一下對方，這是贏得下屬好感的最佳捷徑。
- 在節日或登門拜訪時，贈送禮物給下屬的家人，可以加強下屬對你的好感。
- 為了使下屬覺得你是個朝氣蓬勃的主管，在適當的場合不妨和年輕的下屬一樣，穿著比較時髦的服裝。
- 時常親臨下屬的座位旁與其交談，可以給下屬造成你「很好說話」的印象。
- 對於自己的長處不妨借助「第三者」的說法來表現，則不會讓下屬產生反感。
- 為了表明和公司已融合為一體，在服裝打扮上應與公司的整體氣氛相配合。
- 即使是普通的出差旅行，回來時也要買一些土特產送給同事或下屬，這樣較容易給人留下好印象。
- 在談論自己個性的時候，與其宣揚自己的成就，不如多談談自己以往的失敗和教訓。

第四章　職場關係，巧手理順

第五章　家庭成員，和諧溫馨

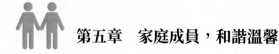

第五章　家庭成員，和諧溫馨

　　家庭是一個充滿「愛」與「溫暖」的港灣，也是人際關係網中非常重要的一個組成。潘美辰多年前的一首歌——《我想有一個家》，在道盡無家的滄桑的同時，也表達了有家的溫馨。

　　在同一片屋簷下，夫妻子女兄弟姐妹相互關愛、相互扶持、無怨無悔，只有付出、不求回饋；家中雖無刻意安排，卻十分協調地分工合作；一家人有福同享、有難共當，家庭以外再也找不到如此具有凝聚力的氣勢與力量。

　　家庭關係是如此的熟悉與親密，以至於很多人在享受家庭的溫暖與愛時會不經意地漠視怠慢家人。

　　家庭是社會的細胞，一個處理家庭關係的方式，也是他用來處理社會關係的方式。辜振甫在處理家庭關係方面，堪稱楷模。

　　富比士全球富豪榜顯示，已故「海基會」會長辜振甫先生的家族財富為 25 億美元，名列第 243 位，是臺灣第一大家族。

　　1993 年 4 月 27 日至 29 日，汪辜會談在新加坡打開了兩岸關係嶄新的一頁。當汪道涵與年近 90 歲的辜振甫先生的手緊緊握在一起的時候，這一刻注定要被載人史冊。一個陌生的臺灣人的名字很快就傳遍了大江南北、東西半球。辜振甫從一介商人躋身政壇，積 60 年之功名垂青史，這與家庭關係處理得法不無關聯。

　　辜振甫共有 8 個兄弟和 4 個姐妹，辜振甫是老五。辜振甫從小聰明伶俐，父親在他小的時候就常帶著他外出辦事，並且總喜歡向朋友炫耀，「我這個優等子」如何如何。但父親對其要求相當嚴格，4 歲開始啟蒙他學中文，也學 ABC，每天清晨 5 點就被叫起床，背誦四書五經與英文，同時還包括戶外體育運動。辜振甫長大後，果然是十八般武藝樣樣精通，詩詞歌賦琴棋書畫樣樣擅長。年僅 20 歲就繼承了父親的大部分資產，成為

7家公司的董事長。良好的家庭教育及父親的愛而不溺，給了辜振甫——一個既寬鬆又有制約的成長環境，使其具備了極好的情商，為他往後的成就打下了牢固的基礎。

俗話說：「富不過三代」，富家子弟很少有不驕奢淫逸的，但與那些動輒爆出「豪門恩怨」的家族相比，辜家卻平靜得多。甚至接辜振甫班的人不是他的兒子而是他的侄子辜濂松。

就情感上來說，辜振甫與辜濂松有別於一般叔侄的濃厚情誼。辜濂松4歲喪父，後來母親還被誣陷而身陷囹圄。家族曾予他種種歧視，這些都深深烙在他幼小的心靈裡。當時五叔（辜振甫）給予他很多的關照，他都銘記在心。辜濂松曾說過：「辜振甫是我的貴人。」他從美國紐約大學企管研究所畢業後，隨即在辜振甫身邊做事，先在「中華證券投資公司」（「中國信託公司」）當科員，直到現在擔任「中國信託」公司的董事長。先天血濃於水的血緣關係，再加上密不可分的事業夥伴關係，難怪辜家的朋友說：「辜振甫與辜濂松是血脈關係，是不能一分為二的。」但與其說是血緣關係使然，不如說是辜振甫在處理家庭關係上有其獨特的理念，使叔侄相處得如魚得水，才使得辜氏資產後繼有人。

處理好家庭關係，是辜氏家族興旺發達的根本所在。這應該是所有家庭學習的榜樣，尤其對於一些豪族而言，一個開放而不失內斂的家庭，才能培養傑出的接班人，這樣可以避免「富不過三代」的宿命。

但並不是每個家庭都像辜氏家族一樣，和諧而充滿溫馨，更多的家庭有著各種各樣的矛盾。俗話說，「家家有本難念的經」。生活在充滿矛盾的家庭中，成員間的關係將直接影響到個人的性格。當我們長大成人以後，所有關於家庭的記憶依然影響著我們。一個人的特質和性格就是他的家庭教育和成員關係真實而具體而微的縮影。

第五章　家庭成員，和諧溫馨

現代家庭的特徵

獨立門戶的小家庭，是現代家庭的一個特徵。

傳統的大家庭中成員間有相當的凝聚力，敬老尊賢、父嚴、母慈、子孝、兄友、弟恭，同時具有延續性、包容性與威權性的倫理美德，雖然少有獨立性、自主性與創造力，不過不務正業、打架鬧事的人可是少之又少！而現在「迷你型」的家庭呢？優缺點剛好相反，如你想與子女在一起吃頓晚飯聚餐，必須要先打電話約好，不然他（她）會說：「你們又不提早告訴我，我今天沒空。」

又如老李曾想買四合院式的房屋，期盼全家老小都住在一起，他的兒媳卻說：「爸，什麼時代了？我們星期日回來看你們也很好啊！」仔細想想，他（她）們說的在許多年輕人中頗具代表性。

其實，小家庭的缺點不比大家庭來得少，甚而更麻煩與傷腦筋呢！夫妻二人都忙於上班，家中孩子培養教育問題、家庭生活的開支問題、兩邊老人孝親費的分擔等問題……小家庭面臨諸如此類許多新增衝突，都需要兩夫妻親自處理，如果沒有擺平，可就很容易產生矛盾。

現代家庭第二個特徵是：情與錢的利害衝突大增。

「現實」是現代人的標籤，若想生活得比較舒適富裕，必須面對生活上許多挑戰。「贏」是每個人追求的目標，古人說：「人不為己，天誅地滅」，利己本是人的天性，尤其在當前的功利社會裡，最低限度也要做到互惠，否則，親密不是那麼容易實現的。當今家庭天天都有為了錢與情而踐踏倫理親情的家庭悲劇發生，如兒子因索錢不遂，憤而用錘子把父親打死，母親責罵兒子「沒出息」被砍20餘刀送醫不治；夫妻因感情不睦分居，老公強灌妻子農藥；也有妻子與姘夫或男友下毒把丈夫謀殺滅屍的……

　　以上這些現象，是一個講究社會公德和倫理道德的社會所難以容忍的，而問題都出在「情」與「錢」的利害衝突上！

　　現代家庭的第三個特徵是：成員間的親情逐漸淡化。

　　當今社會由於西方文化的滲入與日益激烈的競爭，大家一窩蜂地追流行趕時髦，凡事以金錢為第一，許多人為了生活離開家庭外出工作。而有的年輕人則為了擺脫家庭的束縛，早早地離開父母，客觀上使得親子相聚時間減少，親情鏈愈有距離，導致倫理不再有強有力的約束，彼此關心互動很少，情感淡化與疏離早已不足為奇。如雙薪家庭整天忙著工作，誰來照顧幼小子女？夫妻除了住在一起外，還有多少剩餘的時間相聚談心或去擁抱孩子們呢？所以有人說：「今天的社會是冷漠、憂慮，而沒有豐富感情的世界。」更有人錯誤地認為：「我們生活在一個功利主義的社會，大家為了生活而工作，不是追求幸福而工作，與父母兄弟姐妹的關係已經十分淡化，家庭只是一家不對外開放的小旅館而已。」

讓愛與溫暖遍布家庭

　　家庭是種植和培養親情的地方，是愛的園地、人間的天堂，也是父親的王國、母親的天地、兒女的樂園。它又似一首歌，由父作詞、母作曲、兒女歌唱。生活在這樣的家庭中甜蜜又溫馨，其樂融融。更有人說：「家庭是在同一屋簷下的愛」，而「無愛不成家」。家是有「愛」的地方，否則只是一間空房子。

　　要讓愛與溫暖遍布家庭，需從以下幾方面著手。

必須彼此關懷與鼓勵

　　有位朋友，人長得不怎麼樣，個子又矮，身高差他妻子一大截；而他

的妻子若蘭卻長得漂亮賢慧、待人又親切，尤其廚藝一流，每個品嚐過她手藝的朋友都讚不絕口，還想再嚐。某天，大家相聚時，一個朋友假裝不服氣地問：「若蘭，你怎麼會嫁給你先生？你覺得你們相配嗎？」她回答：「你別看他身高比我矮，他可是滿肚子學問，很管用呢！尤其他心地善良、柔情溫順，處處百般呵護著我，有時我不高興、生氣了，他還會守在身邊唱歌逗我開心，你說到哪裡去找這種老公啊？」可見，只要能夠互相尊重，大家都喜歡生活在這種心情愉快的家庭環境裡，唯有這種環境的薰陶與感染，才能使家庭更具有積極性與建設性，並促進成員間培養出相互關愛、彼此鼓勵與促進的良好人際關係網。

家人應該親密愉快共處

一個幸福溫馨的家庭中，每個成員並非勉強或被迫的，而是自然和諧地生活在一起，彼此習慣相互融合、接納，有計劃地安排生活、娛樂、工作或從事有趣的活動，使大家忘記一切煩惱，興奮、親密地互動，共同創造更多的快樂。

每到暑假令老高夫婦最高興的事情，便是遠在美國的兒子帶著媳婦與兩個孫子回國探親。老高說，只要一見到他們，心中就覺得很有成就感，與他們親暱地相處遊玩，可以忘了病痛憂愁、放鬆自己，那種毫無約束的溫馨與快樂的感覺好極了！

共同投入並相互支持

一個健全的家庭應該盡量滿足每個成員各種不同的需求，也許這需要你付出一些空閒時間，集中全部精力去投入，甚至還要犧牲些自己的興趣與愛好才能使某個成員心滿意足，如此才會減低家庭成員超載的工作壓力，只要你為家裡的成員付出和投入，你努力的結果必定讓大家變得更快樂。

彼此間保持良好的溝通

今天的社會有許多問題要處理，而每個家庭也面臨著相同的處境，大家該如何在這「忙、茫、盲」的生活時空裡，有效地解決經常遇到的家庭問題呢？我想最簡單的方法，就是把那些爭議或衝突擺到桌面來輕鬆地商量討論，也就是具有創意性、建設性地來溝通，並把重點放在用心聆聽上，如此衝突可迎刃而解，至少也會減少很多的爭議！

團結互信並具有應付危機能力

梅子的先生在一家外商公司擔任經理，他們結婚已經十年，有一個活潑可愛的小女兒，一年前家裡生活還過得很融洽、平靜快樂。可是近來有了改變，她的先生每天不但很晚回家，而且回來時還帶著醉意，梅子如果關心地問：「又到哪裡去喝酒了？看你這個失態的樣子……」話還沒完，就會聽到他先生很生氣地說：「你少嘮叨好不好？我愛到哪裡就到哪裡！你管得著嗎？」梅子先是一愣，心想：「先生從來沒有這種態度對過自己，怎麼這些日子，他像是變了一個人呢？」（後來才知道他被公司炒魷魚了）這是一個警訊：梅子的先生一定發生什麼事情，面對這種情況，為了家庭的幸福，雙方都必須冷靜地處理好相互的關係，否則再繼續發展下去，後果就更難測矣！其實，我們每個生活的階段均有危機存在，為了過得快樂，就必須小心應對，誰不希望在怨恨時聽到一句貼心理解的話，在痛苦中得到對方的安慰呢？所以遇到危機時，成員應該彼此信賴、相互理解，不畏縮、不怕失敗，跌倒後儘快站起來，才能相互支持突破困境。

幸福家庭是孕育健康個人與社會的根基，有美好溫馨的家庭，就能培養出積極正派，在社交、人際關係網都很成功的成員。而家庭的潛力無限，它所發揮的影響力更是無與倫比，由於每個人均來自你的家庭，因此

更應該多加用心經營，讓每個家庭成員的未來比今天更美的。

夫妻相處之道

　　家庭關係首先是夫妻關係。夫妻之情建立在兩情相悅的基礎之上，交往過程完全像是交朋友。從這個意義上講，夫妻相處應以朋友關係相待，雙方都應該像對待朋友一樣來善待對方。夫妻關係一經建立，便意味著雙方要共同生活在一起，同住一個屋簷下。時間久了，由於個人性格的不同及處事方式的差異，相互之間難免產生摩擦。這時只要你善於用欣賞的眼光正確地看待你的妻子或丈夫，就一定能找到他或她身上的閃光點，於是，你就會越來越感覺到這就是你一生的所愛，就是你無悔的選擇。

　　有一對貧窮夫妻在結婚紀念日的晚上，丈夫典當了心愛的手錶，為妻子美麗的長髮買了一個髮夾，回到家裡後，才發現太太已把剪去的那頭美麗長髮變賣了，而妻子替丈夫心愛的手錶配一個好錶帶。彼此在錯愕與感動中，相擁依偎在幸福的夜晚。這個故事說明「夫妻的幸福不一定來自豐衣足食、功成名就，而是來自心中的一點愛的關懷。」若要讓「愛的事業」維持永恆，就必須透過雙方齊心的努力、耕耘與灌溉，所謂夫妻之間相敬如賓，如鼓琴瑟，如此才能分享愛的豐收與喜悅。

共同創造一個美好的未來

　　結婚是為了共創美好的未來，包括生育子女、傳宗接代、事業前途、成就輝煌、夫妻恩愛、家庭美滿等……所以夫妻是生命共同體，有著強烈的欲望，依照共同設定的目標並遵行你們既定的方向，才能引領小家庭走向幸福與光明。一個沒有未來的婚姻，生活是很悲凄的；而倉促的婚姻更

是一種浪費，接踵而來的將是不斷的衝突與紛爭，終至離婚。所以，若想維持一個健康美滿的婚姻，彼此應有共同的認知，把眼光放遠些，使理想與現實融合成為一個整體，如此在婚姻的道路上才不會出現障礙。卡內基說：「婚姻不是兩個人互相對視，而是兩人一致向同一方向展望。」所以夫妻必須相互依賴、分工合作，才能共同創造美好的前景。

持續維護溝通管道的順暢

有一對職場夫妻，某天太太提早下班回到家，心裡一直為了老闆批評她的事很不舒服，此時老公電話打回來了，習慣性地大聲問道：「老婆，今晚吃什麼呀？」電話那頭傳出回應：「吃！吃你的頭呀！」她先生一聽到這個不尋常的語調，赫然感到危機四伏，於是立即反應：「太太，晚飯不用等我了，你慢慢吃吧！」

由此可知，溝通是通往愛的橋梁，此路障礙，那麼親密關係可能中斷、甚而鬧出人命！所以為了維護溝通管道順暢，雙方必須具備以下共同認知：培養忍耐、尊重、坦誠、憐惜與同理的情感。

具備家庭責任各半的觀念

傳統的家庭觀念是男主外、女主內，認為妻子應在家中相夫教子；可是現代社會開放、男女平等，許多職業女性朝九晚五地忙碌在不同的工作職位上！做家事的責任如果全放在女主人肩上，負擔就會太重而有顧此失彼之感，因此，如何平衡雙方心態並讓家庭氣氛平等和諧，便亟須雙方攜手共同努力。在小家庭流行的今天，如果雙方不分工合作、共同操持家事，那麼家裡也就不需要廚房了。你想，一個沒有廚房的家，那會是一個什麼樣的家呢？再說，每個家庭的順境不是會永續不變的，為了順應「變」的可能，如何應對變化將是雙方應一起承擔的共同責任！當然，有

了分擔才會有閒暇時的分享。

孩子的成就是父母的共同財富

　　關愛子女是人類的天性，沒有一個做父母的不希望自己的女子健康成長、順利成才，要達到此目的，就必須共同去撫育、培養、悉心教育，幫助他們在良好的環境中茁壯成長、出類拔萃，這是父母的希望，也是維繫孩子健康生活與情愛最重要的一個環節。如果丈夫與妻子經常為了子女的教育培養問題鬥嘴，弄得雙方都不愉快，有時還會衝出一兩句氣話，如「兒子的壞脾氣就和你一樣，有道是有其父（母）必有其子」、「我看你們還是搬出去住在一起好了」、「我一個人生活也會過得很好」，其實這些話都解決不了問題，正確的方法是讓孩子在父母共同的關愛和培養下，得到物質上的支援與精神上的鼓勵，儘快健康成長，唯有孩子學習和工作上取得的至高成就與榮譽，才是父母真正的財富。

多給對方一些讚美與掌聲

　　俗話說：「氣球不打氣，飛不起來；人不經鼓勵，就沒有動力。」有位富人很愛吃烤鴨腿，每當家廚送來的全烤鴨只有一隻腿，他便懷疑必定是廚師偷吃了另一隻腿！某天，富人忍不住便問家廚，為什麼每次端上桌的全鴨總是缺一隻腿，廚師說：「你家的鴨子本來就只有一隻腿。」富人很生氣地說：「你胡說，誰都知道鴨子有兩條腿。」廚師說：「老闆，你若不信，到後花園水塘邊去看看就知道了。」於是，富人當真來後花園水塘邊，看到所有的鴨子都是用一隻腿著地在睡覺，另一隻腿都不見了，廚師說：「你看，這裡的鴨子只有一隻腿吧？」富人很納悶，他用兩隻手拍了一下，睡著的鴨子被驚嚇醒來，縮在翅膀下的另一隻腿也就伸出來了，富人很高興地說：「你看，我就說鴨子是有兩隻腿嘛！」廚師很正經地答稱：

「老闆，這是因為你剛才鼓掌，所以牠才有兩條腿呀！」從這則寓言我們了解到，每個人都有期盼被人肯定的心理，就像亞伯拉罕‧林肯（Abraham Lincoln）所說：「人人都喜歡受人稱讚。」由於稱讚是肯定的表現，而一對夫妻必須是兩個人緊密結合才算完整，所以彼此需要互相讚美、互相補充，不妨多挑些對方的優點，經常掛在嘴上，如「親愛的，你好美！你很辛苦！今天看起來更年輕……孩子長得跟你一樣漂亮、聰明、謝謝你……」這些不費力氣的讚美之辭令人百聽不厭，這種時刻，沒有必要去分析探究其真偽？只要你照著去做，肯定有益於夫妻間情愛的發展！

幸福是來自「愛」與「關懷」

某日女兒陪她媽媽做完頭髮回來，一進門，老婆就問正在看報的老公：「老公，你看我今天有什麼不一樣呢？」老公連頭都沒抬便說：「啊？沒什麼嘛！」老婆不死心：「明天為你六十大壽的晚宴，為了怕別人說你的太太是黃臉婆，所以女兒特地陪我去做個頭髮，看起來比較有精神，你看！」此時老公正在注意看著一則娛樂新聞而入神，她講些什麼？根本有聽沒見就隨便「嗯」了一聲。突然，有一隻手伸來把老公的報紙猛然撕掉，他抬頭只見老婆雙手叉腰地站在面前怒目而視，於是一場爭吵發生了！由此可知，對方講話時，你應專注地傾聽他（她）到底說些什麼？這不但有利於溝通，也是對人重視的一種態度，讓講話的人由衷的感覺到，「他（她）在認真地聽我講話，可見我是一個很重要的人。」如此一來，對方也會得到同等的回饋──尊重，正如人們常說的說：「你希望別人怎樣待你，你也要怎樣去對待別人。」若真能如此，雙方的「情愛」怎會不更深、更甜蜜呢？又如有位農婦，在勞累了一天後，準備了一堆乾草當晚餐，憤怒的丈夫直問她是否瘋了？農婦答道：「嘿！我怎麼知道你會如此在意呢？20年來，我一直煮飯給你吃，你從未吭聲，也從沒讓我知道

你並不吃乾草啊！」由此可知，因你的關注而讓對方感覺到他（她）的存在，這在夫妻的情愛發展中占極重要的地位。

建立良好的親子關係

　　一位做公務員的父親，好不容易存了一點錢，終於如願以償地買了一輛漂亮的小轎車。公務員非常愛惜他的車，每到假日就為它洗刷打蠟。四歲大的兒子每次在父親洗車時，也在旁邊觀看並不時幫助父親沖洗，父親看在眼裡，非常高興。

　　某天假日，這位父親很累，心裡還是想著明天再洗吧！可是小兒子見此情形，很有同情心，於是自告奮勇要求父親讓他代為洗車，做父親的當然高興地答應了。可是當小孩子洗車時，找不到抹布，遂走進廚房拿了母親平時洗鍋用的鋼刷用力地洗起車來，這個結果如何？你可想而知。小兒子嚇得一邊哭一邊走近父親身邊說：「爸爸，對不起，你快來看！」父親疑惑地跟著小兒子走到車旁，他幾乎氣得暈倒，跑進房內跪在地上問上帝說：「我該怎麼辦？」上帝告訴他：「世人都是看表面，而我卻是看內心！」突然間他被點醒，走出房間，把正在害怕流淚的小兒子摟進懷裡說：「兒子，謝謝你幫我洗車，爸爸愛你，勝過那部車子，更何況彩繪的車子比起單一色調好看多了！」

　　如果你是這位父親，會像這位父親一樣做嗎？為了建立良好親子關係，我們必須修正以往父嚴不孝、拳頭下面出孝子的各種做法。

盡可能滿足對方的渴望與需求

　　每個人均有各種生理與心理方面的需求，如安全感、被愛、成功與自我實現等。孩子若能健康、幸福地成長，必先獲得身心快樂與滿足，使得親子

關係隨之融洽，而讓他們在這種健康環境下生活成長，個個都刻苦學習、奮發向上，充滿青春活力，人而在人生道路上奠定良好的人際關係基礎。

增加彼此相聚的時間

有人說：在百分之七十至百分之八十以上清醒的時間裡，父母為了家庭操勞或工作，很少有時間與子女相聚在一起，有的孩子還在寄宿制學校讀書，因此彼此渴望增加相處的要求又是非常強烈，尤其子女在成長中從幼稚園、小學、中學到大學學習，所以父母多與子女一起談天或增加相處的機會是很有必要的。親子關係的建立，隨著共處時間的長短成正比，相聚少、感情就淡；反之情就濃。比爾蓋茲說：「我最大的快樂就是在家中陪太太和小孩玩耍。」不過，如果造成孩子對家人過分的依賴，變得難以自主獨立而成為長不大的人，反而無益有害，就像在大樹上開的花朵必定弱小也不豔麗，同理，在溫室中長大的樹苗，我們能指望它經得住風雪嗎？

真誠接納與包容對方的缺點

一位從越戰退伍回鄉的美國士兵，當他快回到祖國時就打電話告訴父母平安歸來，父母一時喜極而泣，不過這位士兵在電話中向父親請求：「我有一位好友被地雷炸斷了一隻手一隻腳，他現在走投無路需我照顧，我們關係非常親密，我想邀請他同住家裡，好不好？」父親一再解說家裡住一個缺手缺腿的人，大家生活都會很不方便，也會增加許多困擾。士兵聽完就悶悶不語地掛斷了電話。第二天，他父母接到外地警局的電話：「你們的兒子跳樓自殺身亡了！」當那傷心欲絕的父母見到遺體時才赫然發現，原來兒子早已失去了一隻手、腳……

人與人相惜是互動的、是雙向的，如果父母能每天抱抱孩子、親親臉、說聲我愛你或鼓勵孩子的話：「你好棒啊！」相信孩子一定會做得更

好、更聽話、更順從你、也會更讓你高興。每個人都有缺點與優點，如果你真愛他們，就應該多學習接納與包容，學會多用他們的優點肯定和鞭策他們去克服自己的缺點。

手足之情血濃於水

「血濃於水」，兄弟姐妹之間的親情，不是其他任何關係能夠替代的。當今，30 歲以上的人大多有兄弟姐妹，而 30 歲以下則以獨生子女居多。從許多社會寫真案例來看，有關兄弟反目、姐妹失和這些「煮豆燃豆萁」的新聞故事常見於報上。如何避免這類慘劇發生？

牢記本是同根生的血緣關係

兄弟姐妹血脈同源、情同手足，所以兄弟姐妹之間同甘共苦、生死與共乃為天經地義的事。報上曾載一對姐妹同睡閣樓，姐姐十一歲、妹妹八歲，某天樓下失火，她們逃避不及，雙雙葬身火海，消防人員清理現場時，發現姐妹兩人緊緊相擁，目睹者見此情景莫不為之動容。另有一對兄弟在河邊戲水，九歲弟弟不慎失足落水被沖走，十一歲的哥哥奮不顧身跳入急流中搶救，因水大浪急，兩人不幸同遭滅頂，經人搶救最後撈起屍體時，看到兩兄弟也是緊緊擁抱在一起。從這兩起事故可以說明兄弟姐妹之情，如膠似漆、難以分割，但當今社會為了爭奪父母遺產「同室操戈」、「兄弟鬩牆」者大有人在，早已喪失傳統的家庭「倫常」矣！

胳臂往內彎互相扶持

俗語說：「自家人」其意是同姓、同父母、同住、從小同住一個屋、同吃一鍋飯長大者，除了年齡、性別有異，其他少有不同。因此既然有這

種親密關係，相親相愛、攜手並肩一起為這個幸福的家或前途而努力是很自然的情理，彼此理應相容相諒、隨時關懷、沒有妒忌、沒有猜疑、更沒有私心。最近有位朋友告訴我，他在家排行老大，下有三個弟弟均成家生子，父歿母存，家裡的公司經營由他主事，弟弟各有職位分別主管本公司部分業務，唯老四異想天開要自立門戶創業賺錢，做大哥的主持家庭（也是公司）會議，不得已地勉強同意分出一部分公司的股份，支援老四去創業。但由於他缺乏經驗、經營不善、加上生活粗線條、疏於理財，導致債務累累，做兄長的當然無法見死不救，尤其看著老母每天以淚洗面、傷心欲絕，豈能不替老四還債。我問他，你可以不這樣做嗎？答稱：「誰叫我們是他哥哥呢？」許惠珠教授在《人際關係》結論中說：「曾記得有一齣戲劇──一個小男孩每天背著他殘障的弟弟去上學，有人指著他的背上問：『他重不重？』小男孩回答：『他不重，他是我的弟弟。』如果你能體會那小男孩的心情，相信你也能感受到血緣關係所帶來的『甜蜜的負擔』。」這就是兄弟的情誼，是無法分割的；再者，兄弟姐妹吵架本是家常便飯，最後總是會相互扶持、團結在一起的！

在同個屋簷下必須團結一致

在每個人的生活中，家庭不但是可以避風躲雨的港灣，還可以在那裡茁壯成長，兄弟姊妹雖然免不了爭吵，但畢竟是孩童往事，最終不會妨礙血濃於水情懷的發展。放眼今天社會，有許多家族企業皆由兄弟姊妹攜手合作，在激烈的市場競爭中聯手經營、相互激勵、共渡難關，最終成就一方大業而受人敬慕。

婆媳間如何相處

照理說，在傳統的大家庭中婆媳關係惡劣的情況比較多，現在小家庭應該不會有這種現象了。若你真有這種想法，那就錯了，雖然現在的媳婦與公婆不住在一起，但是每週總要見面吧？如果媳婦說「NO」！那讓先生何以自處呢？他總是你婆婆的兒子呀！假使你把他與婆婆的母子關係割斷、不相往來，你一定會被親戚朋友們指為不孝，東方人對「孝」字很重視，如不親身實踐，你就會在「社會大課堂」中缺了一節課，至少你在這個家裡肯定不會有地位，生活也不會快樂！而你老公也就更難過了，因為他是夾在中間，心情會很矛盾。如何處理婆媳之間的問題呢？請參考下列建議。

了解婆婆恐懼失去兒子的心態

兒子在婆婆生命中占有極其重要的地位。如果他結婚了，「疏離」是必然的現象，可是一般做婆婆的卻難以接受。因為婆婆害怕失去了兒子、也怕你奪去他的親情，在心理上便會產生一種不安全與失落感，一時之間情緒無法平衡，所以會在有意或無意識地表現出非常讓人難以接受的態度。因此身為媳婦必須要了解此種情況，盡量站在兒子角度多關心孝敬婆婆，努力幫助她安下心來，使她消除心理上的失落感，才能成為婆婆可信賴的好媳婦。

視若親娘來孝順

以常情而言，母女的情感應該比其他的人要深而濃，如果把自己當作

婆婆的親生女兒、將她視為自己親生的媽媽，充分表現出更多的關心、那麼的寬容、那麼的依順、又那麼多地體貼……你會成為婆婆最貼心、最疼愛並具孝心的媳婦，相信一家人會愉悅久久、其樂融融是理所當然的事。就像我們家裡，每多一個媳婦就如同多了個親生女兒，她得到的待遇並不比親生女兒來得少，有時反而會更多呢！當然，做媳婦的也會相應地回饋這種情感，如此一來，婆媳彼此怎會不和睦幸福呢？

分清楚女兒與媳婦所扮演的角色

每個家庭做女兒與媳婦所演出的角色有很多不同點，最重要的是女兒在多年來已習慣的環境中成長，一切感到自然與愉悅，遇到天塌下來的大事有父母頂著；而媳婦卻要面對許多陌生的一切，必須從頭開始去學習及適應，如果放任自己，固執、倔強或耍脾氣等等，那你可能變成怨婦，三天兩頭就跑回娘家向母親訴苦，甚至後悔著不該出嫁！其實如能改變一下自己，放棄以往在母親身邊做公主的心態，面對現實並多付出些忍耐，為將來成為一個未來的母親而勤加學習，多克服一些以往的壞脾氣，學會大度寬容，尊敬老人，你將成為這個家庭中人際關係網最旺的一員。

婆媳也應趕上時代努力學習

在傳統的舊式家庭裡，婆婆視媳婦為傭人、也是唯一可以使喚的人，所以現代的媳婦誰都不願生活在這種家庭，大多要求夫婿獨立門戶，保持距離、以策安全！這就是小家庭日益增多的主要原因。不過現代的父母比起以前更加民主，不但把娶回的媳婦視為親生女兒，還幫忙做家事帶小孩，擔心讓兒子媳婦下班回來太累，為什麼呢？現在獨生子女家庭增加，老人們對媳婦、女婿都像親生兒女一樣，愛屋及鳥呀！如此以疼愛來代替權威，哪還會發生什麼齟齬呢？

不要掉進代溝的深淵

代溝是指兩代人因價值觀念、思考方式、行為方式、道德標準等方面的不同而帶來的思想觀念、行為習慣的差異。「代溝衝突」即由這一差異而導致的兩代人在解決問題的方式、評價問題的標準等方面產生的分歧和矛盾。

形成兩代人之間代溝的原因有很多，歸納起來，主要分為生理、心理、社會發展、角色差異等原因。怎樣縮短父母與子女之間的「代溝」，避免掉人「代溝」的深淵呢？

承認代溝

面對兩代人之間的代溝，不要迴避，而應客觀地面對。生活中的代溝可以不必計較，所謂青菜蘿蔔，各有所愛。父母與子女在思想、生活習慣、行為方式上產生的代溝，需要在相互溝通中進行碰撞，在碰撞中取得共鳴。兩代人之間沒有必要為此傷害感情，否則家庭成員之間不但無法溝通，而且會加深隔閡。

交談是最好、最直接的溝通方式，父母應主動找機會與子女多談話，營造相互交流氛圍，多與子女「以心換心」。同時，這種交談必須建立在雙方平等的基礎上，父母最好是以朋友的身分參與其中，切忌用封建家長式的態度，居高臨下地訓斥孩子，否則只會加大彼此間的距離。

對子女要求要寬鬆

現代家庭中對獨生子女的教育抓得格外緊，家長們都望子成龍，除了每天完成學校中留的作業外，還要求孩子報各種才藝班、衝刺班。子女每天晚上忙到很晚，星期天也無法放鬆下來，還要去上各類輔導班，家長的

目的就是讓子女將來上個名牌大學。因此，家長應該適當降低對子女的要求。對子女要求過高，會形成孩子心理上的重壓，致使孩子把家庭看成「集中營」，變得厭惡學習，甚至與父母產生對立情緒。家長應爭取給孩子創造一個寬鬆和睦的環境，不能按自己的好惡來評價孩子，不能固執地按自己的標準去要求子女。

尊重子女

家長們不要給孩子過分的「關懷」，特別是獨生子女的父母，更不要大包大攬，而要給孩子一片「獨立空間」。青春期的少年渴望獨立，他們對事物具有了一定的批判、評價能力，因而不願再事事聽命於大人，而喜歡批評、反抗權威與傳統習慣。他們迫切需要得到父母和周圍人的尊重，承認其獨立意識和人格的尊嚴。父母要尊重青少年的獨立性，讓子女保留自己的天地。過分地呵護只會使孩子內心煩躁不安，產生抵觸情緒，對父母的報復和叛逆心理也會日趨嚴重。

在家庭生活中，父母與子女之間應該相互接納、彼此融合，家長要學會接納子女的態度和意識。這種接納不是盲目的，而是在真正弄清對方的意見和態度後，認為這些意見更合理、更現實，因而心悅誠服地放棄自己的見解，而接納對方的意識和態度。當然，如果能將雙方的意見取長補短，相互融合、相互體諒，更是一件好事。

在意識形態上求同存異

現代社會中的兩代人生活在不同的歷史時代，在行為方式、生活態度、價值觀念、理想信念以及人生觀、價值觀等方面存在著差異是必然

的，這些差異有時可以透過交換意見、溝通思想達到統一，有些則難以協調而長期並存。在這種情況下，父母應該求大同、存小異，理解、尊重子女的生活習慣、興趣愛好，絕不可將自己偏愛的某種模式強加給對方。子女也應尊重父母，理解他們，讓父母按照自己的生活習慣和行為方式，心情舒暢地安度晚年。

在觀念上與時俱進

　　現代社會中，科技日新月異，資訊瞬間萬變。青少年沒有背負舊觀念、舊模式而輕裝上陣，憑著他們對新文化的敏感、認同以及接受能力的優勢，必然會走在父母的前面。父母應主動學習新知識，與時俱進，跟上時尚潮流和現代青年的愛好，力求與子女建立共同語言，獲得他們的信任。

　　筆者曾經碰到過這樣一位姓黃的家長，我們從他的成功經驗中可以有所啟迪。黃某是一位數學老師，兒子黃成是一名高一學生。黃成從小就是一個「電腦迷」，也是一個網路遊戲高手，在學校小有名氣，人稱「黃不敗」。由於要練就更高超的遊戲技能，在同學中保持不敗之名，黃成在許多種電腦遊戲上花了大量的時間。黃老師看在眼裡，急在心裡，擔心因此會影響兒子的學習，思考再三後決定主動學會打電子遊戲。他欲擒故縱，首先他從主動向兒子黃成學習如何演練線上 RPG 遊戲「英雄世紀」著手，再逐步深入研究其奧妙。他逐漸發現，「英雄世紀」是一個大型的多人參與的遊戲，它建立在一個充滿著冒險經歷的幻想世界當中，在這裡需要進行戰鬥、謀求生存、不斷地升級，同時還要克服很多困難。而另一個網路遊戲 Arcane 的幻想世界，不僅僅是一個 D&D 遊戲，實際上，它也表現出網路遊戲的人文特徵。這類遊戲支援玩家模擬進行社交活動，還安排了專門的職位用來平衡這些角色。這些手段將輔助玩家去設計、去探索、去編

排他們在遊戲當中的生活方式和狀態……這些都讓黃某大開眼界，對孩子們的遊戲世界也有了更客觀、全面的再認識。如今，黃某已把兒子「拉」了過來，父子相處時玩的都是那些有趣味、有教育意義和道德啟迪作用的益智健康的電子遊戲。

怎樣對待不善交際的伴侶

　　許多妻子性格內向不善交際，常常會使客人們感到尷尬，誤以為女主人不那麼歡迎他們。

　　其實，不善交際的何止是女人？在男性的隊伍中也大有人在。而且很奇怪，就像「月老」故意安排了似的，在一對夫妻中，常常是如果男的善於交際，女的就不愛說話；如果女的善於交際，男的就是「老實人」，這就會在夫妻之間引起了不協調，或者產生埋怨情緒。人世間每個人的脾氣和性格都不盡相同，有的人喜歡在大庭廣眾之前出頭露面，有的人卻盡量避免參加社會活動；有的人善於廣交朋友，和生人也容易混熟，有的人卻很不善交際，即使是親戚、朋友、熟人登門拜訪，也會感到拘束，甚至不知道怎樣交談才好。所以，實在不可強求每個人的交際水準都一樣。

　　不過，從現代社會發展和生活方式的變化情況看，人與人之間的往來和連繫將會更加頻繁，社交也逐漸成為人們生活中的一個重要內容。現在在大城市，社交活動成為人們極為重要的事，而且常常是夫妻兩人一齊參加的。夫妻雙方中任何一方會不會交際，能不能處理好各方面的關係和往來，常常直接影響到另一方。在美國，是否善於交際就更為人們所重視了。據說一位夫人如果不善於交際，不會招待朋友，就很可能導致她與丈夫的婚姻發生變故。在我們的國家裡當然還不至於到這麼嚴重的地步，不

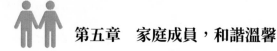
過不善於交際畢竟是一個不足和缺憾。

假如你的伴侶不善於交際，首先是不要去責怪和埋怨，而是仔細地觀察和分析，找出她不善於交際的原因。確實，只要仔細看看我們的周圍，有許多不善交際的人大都事出有因。這些人有的是在某種環境中，或者只是在某些特定的人面前不愛露面，不愛說話，而在另一些環境和另一些人面前，可能就不是這樣了。在這些特定的環境、特定的人面前，他們往往會感到自己「不如人」（在職業、地位、學識等方面），因自卑感作祟而盡量避免這類社交活動。假如是這樣的話，當你了解到伴侶若是因自卑感不善交際的話，就可以對症下藥設法說服幫助伴侶，解除不必要的思想顧慮，使之自信起來，這樣在社交中就不會因為自覺「矮人三分」、「低人一截」而不自在、不大膽了。其實，任何人都是平等的，是用不著自卑的，何況人是各有長短的，在某些方面你不如別人，而在另一些方面，別人未必比得上你，而且同儕、朋友、同事、親戚之間，以自己的某個長處而瞧不起人的畢竟不多，所以我們每個人完全用不著自卑。

也有一些人不善交際卻是性格內向所致。但是，不論是何原因，要想改變伴侶不善交際的弱點，關鍵在於自己善於慢慢地「鍛煉」和「改造」對方，也可以讓對方先參加一些熟人範圍的社交活動，再逐步多接觸各方面的人，而且要多加鼓勵，使之漸漸地「大膽起來」，切不可採取責備、譏笑的態度，更不應該當著客人的面取笑、奚落自己的伴侶，因為那只會使自己的伴侶越發不敢說話、與人交往了。

社交是人們社會生活中不可缺少的內容，願你的伴侶學會社交、善於社交，從容大方地與你共同出入各種社交場所。

利用好家庭成員的人際關係網

我們以妻子為例，闡述如何利用好家庭成員的人際關係網。

妻子的生活、工作圈子裡也有一些對丈夫有意義的人際關係網，丈夫運用妻子已有的人際關係網時，會走一些捷徑，將事情辦得更完美。

女人有陰柔之美，男人有陽剛之氣。有些事情需要「陽剛之氣」。所以，丈夫出面的話，就能輕而易舉地辦到。成功的男人，首先就要能運用好妻子的人際關係網，再去發展在更多更全的種種關係。

男人是粗線條的，他要利用妻子的人際關係網，也會盡量簡單、直接一些。丈夫無須細緻、全面地去建網，他最主要的是告訴妻子一些方法，讓她養成建立人際關係網的習慣。有些丈夫會熟練操作電腦，不妨利用資料庫為妻子整理出一個「系統」，妻子只要將有用的資訊輸入進去即可。

李君是保險公司的業務員，他為妻子規劃過一張很精細的人際關係網，分門別類，一目了然，資訊量也非常大。妻子可隨時調整、補充她的人際關係網。李君不用花太多時間去向妻子詢問，就能完整而全面地共用妻子的人際關係網，並根據自己的需要進行選擇。

女人是情感的動物，她喜歡憑著感覺與人交往，如果她不樂意與對方交往，就會將其從人際關係網中刪除。其實，直覺有時是微妙的，也可能是不可靠的。人際關係網是需要編織的，應該以「有用」為準則。丈夫應該讓妻子保留「有用」的關係，哪怕只是一種簡單的連繫，都有可能成為以後的合作或機會。

女人喜歡與人傾訴、交流，她較容易在聊天、生活中建立關係；男人則更可能是工作上、愛好中的關係。男人與女人的人際關係網是互為補充和完善的。

丈夫要對妻子的人際關係網表示尊重和興趣。即便認為妻子的人際關係網中沒有什麼有價值的關係，也不應該笑話或諷刺，應該有一些耐心去啟發她如何建立有用的關係。如果，妻子已經有了好的人際關係網，丈夫應不吝讚揚，以此激勵她。

　　利用妻子的人際關係網去疏通關係，通常是與妻子關係較近的人才可行。比如：妻子的親戚、朋友、同學等。親近的關係，也就比較容易接受你、幫助你。

　　利用妻子的人際關係網去「攻關」，雖然比重新建立人際關係網要輕鬆的多，但這也屬於一種間接關係，即使是直接關係也未必能夠運用的很順手，所以間接關係更為需要計謀和手段了。

　　如果，你試圖用妻子的人際關係網去謀求合作關係，那麼，對關係就更應考慮周全了。商場無父子，有了這道關係只是合作的第一步，切不可以用情感代替理智。同時，關係是雙向的，一旦你準備去疏通關係，就已意味著你要將這層關係變為自己的。你需要拿出一些誠意，需要施展自身的魅力。

　　妻子的人際關係網只是一個跳板，將它轉化為自己的人際關係網才是目的，並要妥善地運用和維繫，道路就越走越寬。

第六章　得人善待，眾人拾柴

仔細觀察那些成功人士，有些似乎也沒有什麼過人的本領，但他們無論走到哪裡，迎接他們的都是鮮花和掌聲。總是有那麼多人願意追隨他們、幫助他們。他們過河時有人甘願當橋，跌倒時有人主動墊背……似乎這世間一切與財富、地位、榮譽有關的東西，都是給他們預備的。毫無疑問，眾人拾柴火焰高，他們是人生的贏家。

　　他們是如何得人善待的？得人善待又有什麼訣竅？

善待他人就是善待自己

　　一對夫婦平時待人不錯，在街坊鄰居中極有人緣，他們離職不久，便在朋友、親屬以及街坊鄰居們的幫助下，在新興的一個市場裡開起了火鍋店。

　　火鍋店剛開張時，生意冷清，全靠朋友和街坊照顧；但不出三個月，夫婦便以待人熱忱、收費公道而贏得了大批的「回頭客」。火鍋店的生意，也逐漸地好起來。

　　幾乎每到吃飯的時間，小城裡行乞的七八個大小乞丐，都會成群結隊地到朋友的火鍋店來行乞。

　　人們從未見過其他店家能夠像這對夫婦一樣寬容平和地對待這些乞丐。其他店家一見到乞丐上門，就會拉下臉來嚴厲地呵斥辱罵。而這對夫婦則每次都會笑呵呵地給這些骯髒邋遢的乞丐的討飯碗中，盛滿熱飯熱菜。而且夫婦兩人在施捨乞丐的時候，沒有絲毫的做作之態。他們的表情和神態十分自然，就像他們所做的這一切原本就是分內的事情，正如佛家禪語所說的，這是一對具有「慈悲之心」的夫妻。

　　日子就這樣一天天地過著。一天深夜，市場裡一家從事絲綢生意的店鋪忽然失火，大火很快殃及了火鍋店。

這一天，恰巧丈夫去外地進貨，店裡只留下妻子照看。無助的老闆娘，眼看辛苦經營的火鍋店就要被熊熊大火所吞沒，正當她束手無策萬分著急之時，只見那群平常天天上門乞討的乞丐不知從哪裡鑽了出來，在老乞丐的率領下，冒著生命危險將那一個個笨重的液化氣罐都迅速地搬運到了安全地區。緊接著，他們又衝進馬上要被大火包圍的店內，將那些易燃物品也全都搬了出來。消防車很快趕到現場，由於搶救及時，火鍋店雖然遭受了一點小小的損失，但最終還是保住了。而周圍的那些店鋪，卻因為得不到及時的救助，貨物早已燒得精光。

火災過後，人們都說這是夫婦兩人平時的善行得到了回報，要是沒有那些平時受他們施捨的乞丐們出力，火鍋店恐怕只好關門了。

佛家講究善惡輪迴，因果報應。實際上，這種所謂的「因果報應」只不過是心存感激的受惠者對行善者的一種報償而已。

有──個感人的故事，講的是一個貧窮的小男孩為了賺學費，正挨家挨戶地推銷商品。勞累了一整天的他此時感到十分飢餓，但摸遍全身，卻只有一塊錢。怎麼辦呢？他決定敲下一戶人家的門討口飯吃。當一位美麗的女孩子打開房門的時候，這個小男孩卻有點不知所措了，他沒有要飯，只乞求給他一口水喝。這位女孩子看到他很飢餓的樣子，就拿了一大杯牛奶給他。男孩慢慢地喝完牛奶，問道：「我應該付多少錢？」年輕女子回答道：「不用付錢。媽媽教導我們，施以愛心，不圖回報。」男孩說：「那麼，就請接受我由衷的感謝吧！」說完男孩離開了這戶人家。此時，他不僅感到自己渾身充滿力量，而且還看到上帝正朝他點頭微笑。

數年之後，那位年輕女子得了一種罕見的重病，當地的醫生對此束手無策。最後，她被轉到大城市，由專家會診治療。當年的那個小男孩如今已是大名鼎鼎的霍華德‧凱利（Howard Kelly）醫生了，他也參與了醫治

方案的制定。當看到病歷上所寫的病人來歷時，一個奇怪的念頭霎時間閃過他的腦際。他馬上起身直奔病房。

來到病房，凱利醫生一眼就認出床上躺著的病人就是那位當年曾幫助過他的恩人。他回到自己的辦公室，決心一定要竭盡所能來治好恩人的病。從那天起，他就特別地關照這個病人。經過他查閱世界各地的醫學資料，反覆研究治療方法，手術終於成功了。凱利醫生要求把醫藥費通知單送到他那裡，在通知單的旁邊，他簽了字。

當醫藥費通知單送到這位特殊的病人手裡時，她不敢看，因為她確信，治病的費用將會花去她的全部積蓄。最後，她還是鼓起勇氣，翻開了醫藥費通知單，旁邊的那行小字引起了她的注意。她不禁輕聲讀了出來：

「醫藥費 —— 一杯滿滿的牛奶。

霍華德·凱利醫生」

善待他人，能使兩顆心緊緊地連在一起，碰撞出人生美麗的火花。努力去善待周圍的每一個人吧！你的人際關係網也會因此散發出和諧的光芒。

怎樣使新交者悅服

每個人都應該珍惜人與人之間的初次見面。借用一句佛家語，人之得以相識，皆因命中緣。試想世界上的芸芸眾生，有多少無緣的人生生死死，一輩子也無法見一次面；縱使生活在同一個地區的人們，也可能一輩子老死而不得相見。

而對於那些願意為彼此分憂解愁、同甘共苦的朋友而言，該是多麼值得珍惜的緣分。

　　與朋友初次見面，可以說是經營人脈的第一道關卡，對你人生事業的發展具有十分重要的影響。如何順利地通過這道關卡，從此走上人生的康莊大道呢？這確實是擺在我們（尤其是年輕人）面前的一個重要的課題。

　　許多人在初次見面時，往往由於各種各樣的原因，而無法與對方建立良好的人際關係，以致自己的社交範圍遲遲不能擴展，對個人的生活和工作產生了不利的局面。

　　有一次，在筵席之上，羅斯福看見席間坐著許多他不認識的人。

　　雖然，這些人是認得羅斯福的，不過因為他們與羅斯福的地位不同，所以雖然認識，也只是知道他是誰而已，並不因羅斯福的地位高而獻殷勤。那時的羅斯福，剛從非洲回來，正在準備西元 1912 年選舉的第一次決定性的競選行程。

　　羅斯福發現筵席上這些初次見面的人對他並未表示友好，於是立即想出一個計畫，刻意用一個簡單而明確的問題去向那些不相識者提問，進一步吸引他們的注意力。

　　盧思沃特博士當時也是席上的客人，正好坐在羅斯福旁邊，據他說：「當我把席間的客人彼此介紹過之後，羅斯福湊近我的耳邊悄悄說：『盧思沃特，請把坐在我對面那些客人的情況說明一下好嗎？』於是我把每個人性格特點簡略地告訴了他。」

　　於是羅斯福就準備與那些他不認識的人互動了。此時，他已經明白他們每個人最得意的是什麼？曾做過什麼事業，喜歡些什麼？

　　從這則軼事我們不難看出羅斯福的交際能力有多麼優秀。為了要爭取到這些他不認識人的支持，羅斯福必須預先打聽他們的情況，這樣，他的談話內容才能夠引起他們的興趣，使他們對於與地相識感到高興。於是在不知不覺中每個人產生了共鳴，並對他留下了美好的印象。

第六章　得人善待，眾人拾柴

　　羅斯福的這種交際策略的目的十分明顯，後來他終於當了總統。著名記者馬克遜曾說：「羅斯福接見每一個人之前，早已打聽好了關於對方的一切情況……」人們大多是很自負的，所以對他們恰如其分的頌揚，就會讓他們感到你對於他們的一切事情都很了解，並且都記在心裡了。

　　在人們交往中，最簡單的策略，就是誠心地尊崇那些與他人有密切關係的事情，或他們特別感興趣的事情。一些偉大的領袖人物非常善於使用著這些最重要的方策的。

　　我們應該明白，人與人之間是各不相同的，所以也應用不同的方法去了解並結識他們。人與人之間的不同點，存在於他們各自不同的興趣之中。明白了這一點，只要我們留心觀察，是很容易了解並與他們相處的。因為形成個人興趣的事情，不外乎人們所說過的話，做過的事，個人的習慣、嗜好以及立場、觀點、態度，透過認真觀察這一切都是會讓你了然於心的。

　　曾經有人把我們大家的生活範圍，把我們的活動環境稱之為「人生遊樂場」，這是很有意思的。

　　大部分知名人物的成功因素，是他們善於把許多陌生的、新結識的人變為自己的新朋友，因為他能夠在會晤別人的時候，放下架子，主動把自己融入在「遊樂場」裡，從中接觸並掌握各人不同的興趣。

　　查理‧夏布在剛做美國鋼鐵公司總裁時，就遇到一個很棘手的問題。他的同事非但不擁戴他，反而事事採取與他不合作的態度，使他在開展業務方面困難重重，竟無從著手。一位與他熟識的人說：「有一次他對我說，針對許多同事都不歡迎他的局面，他覺得必須先研究大家不歡迎他的理由，並主動與同事接觸，逐漸培養起雙方的友誼，然後才能得到他們的合作，使業務得以拓展。」

這位著名的鋼鐵企業領袖究竟怎樣解決這個難題呢？西北大學校長兼心理學著名學者史考特說：「在查理寫給朋友的業務信件中，常常穿插一些私人內容。比如，在信的最後寫幾行收信人所感興趣的事情，或其家人或朋友給他的印象，或他們上一次晤談的情形。」

這種使別人感覺到你對他是非常關心的方法，其實是很簡單的，可是它的結果，卻讓他們感到非常親切，無形中拉近了雙方的距離。

使新交者悅服的具體方法，讀者可參閱本書第三章中的「一見如故的高招」。

給對方留下良好的第一印象

初次與人交往，如果沒有給對方留下良好的第一印象，那麼繼續深化感情的路將會困難重重。反之，若能留下了良好的第一印象，雙方的人際交往前景將會十分順利。下面介紹一些如何給對方留下良好的第一印象的技巧。

自我介紹的藝術

在社交場合中，出於禮貌或業務上的需要，往往應作自我介紹。一位國外的心理學家提出了自我介紹時五點必須注意的態度和方式：

- 必須鎮定而充滿信心。一般人對充滿自信的人都會另眼相看。如果你十分自信，對方會對你產生好感。相反，如果你畏怯和緊張，可能會使對方產生同樣的反應，對你有所保留，影響彼此之間溝通的效果。

- 在公共交際場合中，如果你想認識某一個人，最好預先獲得一些有關他的資料，諸如對方的性格特長及個人興趣等。有了這些資料，在經過一番自我介紹之後，便容易交談，並使關係更融洽。

- 表示自己渴望認識對方時要有熱忱。任何人都會覺得對方渴望結識自己是一種榮幸。如果你的態度熱情大方，所得到的反應也會讓你十分滿意。
- 在自我介紹時，應該善於用熱情誠懇的眼神表達自己的友善、關懷及渴望溝通的心情。
- 在獲知對方的姓名之後，不妨口頭重複一次，一方面可加深印象，另一方面便於記憶，因為每個人都很高興聽到自己的名字，這會使他產生自豪感和滿足感。

自我介紹的忌諱

- 不要過分誇張地熱忱，握手過於用力或熱情地不停拍打對方手背，這可能會使對方感到詫異。
- 不要打斷別人的談話而介紹自己，要等待適當的時機。
- 不要態度輕浮，要尊重對方。無論男女，都希望別人尊重自己。特別是希望別人敬重他的優點和成就。因此在自我介紹時，要表現得自然而莊重。
- 如果希望認識某一個人，要採取主動，不能等待對方注意自己。
- 不要只結識某一特殊人物，應該和同來的人物打招呼。
- 如果一個以前你曾經向他自我介紹過的人，一時忘記你的姓名，也不要作出提醒式的詢問。最佳的方法是再主動自我介紹一次。

記住對方的人名和面孔

經常會聽到這樣的抱怨：「我的記性太差了，剛見過一個人，眨眼就忘了他的名字。」其實，有時並不是你忘了人名，而是第一次見面時，你根本沒聽清對方叫什麼。

當你遇到一個陌生人，而且聽到對方的自我介紹很含混時，你可以馬上問一句：「對不起，你能再重複一次嗎？」大多數人可能認為，請求對方重複一遍姓名比較難堪。實際上，一個人最珍視的「私有財產」就是他或她的名字。如果此時能給對方特別的注意，對方都會對你產生好感的。

下面的做法可能有助於你記住人名：

- 確信自己已聽清了對方的名字。
- 問清對方的名字是如何寫特別要問清同音字，如冬天的冬，還是東方的東？
- 可對該名字隨意作一個評論，比如說，「噢，我恰好認識過一個和你同名的人，」或者說，「你的名字很好記，高歌平 —— 高聲歌唱和平嘛！」等等。
- 在初次見面後的交談中，適時地直呼其名。
- 告別時再稱呼一聲對方的名字。

至於觀察辨認面孔，主要是尋找其面部特徵。例如，臉型如何，鼻子的形狀怎麼樣，額頭寬窄以及是否有皺紋，臉上有無痣、疤等。

記憶名字與辨認面孔是認識人必不可少的兩個方面。如果只知其一不知其二，就會出現人名與本人對不上號的尷尬局面。

怎樣把握最初幾秒鐘

有研究表明，我們跟別人見面時，7 秒鐘內就能對這個人作出評估。這種交流無須透過語言。在這最初的 7 秒鐘內，每個人都會自覺或不自覺地用眼睛、面孔、身體和態度來表達自己的真正感受。所以，在一定意義上可以說，你只有 7 秒鐘來表現自己，並給別人留下良好的第一印象。

那麼如何才能把握住最初的 7 秒鐘呢？

- **事先要做好準備**：事先盡可能了解對方來訪的動機、需求和興趣。同時，理好自己的思緒，弄清自己明確的目標。你希望透過這次會面達到什麼效果？
- **隨和、融入**：一見面就要盡快融入當時的氛圍中。
- **傾聽**：先注意對方和別人說些什麼，然後注意周圍氣氛是否有變化。
- **自然**：要充滿自信並積極放鬆。手勢要優雅，避免誇張或劇烈的動作。
- **表現**：你的身體語言反映你的感受。要讓你的面部表情顯得很誠懇，特別是眼睛要表現得專注而有神。
- **聲音**：說話時要注意音質、聲調、節奏和音量。吐字要清晰，節奏要適中，句子盡可能短一些。如準備重要的會見之前，你不妨錄下自己講話的錄音，分析自己聲音的特點，是否顯得誠懇而且有自信。

怎樣讓別人記住你

在社交場合誰都想給別人留下深刻的印象，使對方或周圍的人盡快記住你。要做到這一點，你就必須引入注目。美國夏威夷大學醫學院精神病學院教授潘斯曾說過：「引人注目不僅僅是讓別人注意你，而且意味著讓別人記住你。」他認為，只要遵循下列幾項建議，你就可以給人留下深刻的好印象：

- 穿戴色彩動人的服飾。如果你是一位男士，不妨繫一條鮮豔的紅領帶，配上灰西服；如果你是一位女士，則應繫條豔麗的綠松石圍巾，穿上黑底色的服裝。
- 選擇一種你常使用的香水。人們幾乎總是下意識地對香氣產生反應。人的嗅覺十分神奇，外來的一點點香氣，便會留下持久的印象。

- 佩戴一件令人感興趣而且不同凡俗的裝飾品。比如，如果是女士，則可以選擇一副風格獨特的耳環。

- 精神振奮。潘斯教授說：「許多人常常精神萎靡不振，對比之下，人們更容易記住精神抖擻的姿勢。」身體直立一般不會產生無精打采的倦怠感覺，相反會顯得精力充沛。

- 營造略微神祕的氣氛。你可以憑藉自己的個性，或你過去經歷的某些有趣的事情作出暗示，造成懸念，不要過早地和盤托出。例如，若你是一位廚師。你不妨先把話題引到烹調方面，但千萬不要宣稱你就是廚師。不立即吐露一切的做法，能讓別人感到好奇並產生追根探底的欲望，加強對你的注意。

- 培養一種有趣的愛好，或掌握某方面奇特的知識。比如，如果你對歷史上某一期間或某位人物的「故事」了解甚多，或者你會修理汽車，都會讓別人對你感興趣。

- 說話要吐字清楚且直截了當，特別是在工作場所，不要拐彎抹角，含糊其辭，也不要每句話後都加上「你明白嗎？」

怎樣給人留下好印象

怎樣能給人留下一個好印象？一位心理學專家曾提出如下建議：

- **發揮自己的長處**：如果你善於發揮自己的長處，別人就會非常喜歡跟你在一起，並容易與你合作。一個人要首先了解自己，掌握自己的特點，如外貌、精力、說話速度、聲音的高低和語氣、動作、手勢、神情，以及其他吸引別人注意的能力等等。要知道，別人正是根據這些特點來形成對你的印象的。所以，與人交往要充滿自信，並盡可能發揮自己的長處。

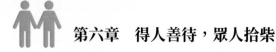

- **保持自己的本色**：最懂得與人交往的人，永不會因場合不同而改變自己的性格。保持真我，保持自己最佳狀態的風格是給人留下美好印象的祕訣。不管是與人親密地交談，還是發表演說，都要保持自己的本色不變。

- **善於使用眼神、目光**：不管是跟一個人，還是面對上百人說話，一定要記住用眼睛注視著對方。有些人開始望著你，但才說幾個字，目光就移到了別處。進入坐滿人的房間時，應十分自然地舉目環顧，微笑著用目光照顧到所有的人，而不要避開眾人的目光。這會使你顯得輕鬆自若。

  笑容也很重要。最得體的笑容和目光接觸都是溫和自然發自內心的，並不是勉強做出來的。

- **先聽後行**：參加會議、宴會或面試時，切勿急於發表意見。要稍微等一下子，先了解一下當時的情形。看看會場氣氛如何？大家的情緒怎樣？是高漲還是低落？他們是渴望聆聽你的意見，還是露出不耐煩的神色？只有你察覺到別人的情緒，才能比較容易接觸他們，並決定自己該如何做。

- **集中精力**：怎樣集中精力？一位專家說：「我在跟別人見面之前，通常會靜靜地坐下來集中思想，然後深呼吸一下。我會思考這次見面的目的 —— 我的目的和別人的目的。有時候我會步行幾分鐘，使心跳加速。這樣踏進門口，就不會再想自己。我把注意力全集中到對方身上，嘗試找出他值得我喜歡的地方。」

- **態度肯定**：肯定的態度很重要。我們常常見到有些人說起話來聲音越來越小，甚至用手捂住自己的嘴巴。沒有人願意跟一個態度遲疑的人打交道。冷靜是必要的，小心謹慎也可以，但切勿遲疑不決。

- **放鬆心情**：要使別人感到輕鬆自在，你自己就必須表現得十分輕鬆自在。不管遇到什麼嚴重的事情，心理上都要盡量放鬆。學點幽默，不要總是神色嚴肅，或做出一副悶悶不樂的樣子。你應該使自己把心情放鬆下來，否則家人、朋友和同事會對你感到厭倦。

總之，不要突然改變自己的性格，不要刻意模仿他人或擺出虛假的姿態。只要保持真我 —— 最佳狀態的真我 —— 就足夠了。事實上，你已有了給別人留下良好印象的神奇力量，因為不論在任何場合，充滿真實、自信的人總能讓你自己表現得最出色。

怎樣贏得好人緣

在人際交往中，誰都想給他人留下一個好印象，有個好人緣。一個人的人緣好壞，直接反映出他（她）在處理人際關係時的能力和水準。那麼，怎樣才能贏得好人緣呢？

- **誠實待人**：我們為人處世應保持誠實的美德，與他人交往尤其要以誠相待。虛偽、表裡不一的人只會被人疏遠。誠實是你贏得好人緣的第一原則。
- **始終守信用**：守信用是一種令人敬佩的美德，人們常以守信用來表達對別人的尊敬。言而無信的人歷來受到人們的指責。當某人沒有按時赴約時，所有等著他（她）的人都會認為這是一種無禮的行為，除非發生了什麼重大的意外，否則一般絕對不應找藉口來為自己的遲到或其他失約行為開脫。如果確實發生了意想不到的事情，比如突然生病了，或臨時加班等等，都要想方設法提前通知對方，取消或推遲約會。跟人約好或答應的事，務必要履約守信。
- **不要在別人背後說三道四**：不要傳播是非，挑撥離間。

- **為人正派**：做事出於公心，多為別人考慮，不要凡事先替自己打算，更不能為了實現個人目的而不擇手段。

- **謹慎交友**：別人對你的印象，在很大程度上是從與你所交往的朋友那裡了解而產生的。俗話說：「魚找魚、蝦找蝦」，什麼人喜歡交什麼人。如果別人看到你的朋友個個都很正派，有本事，自然不敢小瞧你。相反，假如你交往的圈子中全是些沒法讓人恭維的人，恐怕別人對你的印象也就不會太好了。

- **待人熱情，富有人情味**：樂於助人，當別人有困難時，你要盡力而為。

- **切忌炫耀自己**：在社交場合，要注意謙虛待人，不要把自己的長處常常掛在嘴邊，老在人前炫耀自己的成績。如果一有機會便吹噓自己的長處，無形之中就貶低了別人，抬高了自己，結果反被人看不起。

- **切忌誇誇其談**：有些人在與別人交往中，為了顯示自己「能說會道」，便喋喋不休，沒完沒了地長篇大論；這種人會給人以不夠穩重的印象。

- **力避憨言直語**：與人談話交往時用詞要委婉，要注意融入各方意見，不要只憑自己的主觀願望，說一些不近人情的話，否則就會得不到別人的好感和贊同。只有言詞婉轉貼切，才有利於融洽感情，給人留下難忘的印象。

- **不要處處顯露出有恩於別人**：同事、親朋之間總會有互相幫助的地方，你可能對別人的幫助比較多、比較大。但是，切不可擺出一副曾有恩於他人的姿態，那樣會使對方難堪。

- **不要說穿他（她）的祕密**：特別是一些個人「隱私」。知道的不要說，不知道的不要問。因為這是會使他人的面子和名譽都受損的事。

▪ **注重自己的聲譽**：要爭取使自己有個好名聲，並設法保持下去，不要因眼前的利益而敗壞自己的榮譽和名聲。

人靠衣服馬靠鞍

怎樣才能給人留下一個美好的第一印象呢？言談舉止固然重要，但也切不可忽略你的著裝，俗話說「人靠衣服馬靠鞍」。著裝藝術會直接反映出一個人的修養、氣質與情操，它往往能在別人認識你或你的才華之前，已向別人透露出你是何種人物，因此在這方面稍下一點功夫，定會取得事半功倍的效果。

首先應該講究配色藝術。色調是構成服裝美的重要因素之一。對於色調的搭配和選擇，每個人都有自己的好惡，它能反映出一個人的年齡、性格、愛好、職業習慣等等。對於服裝的色調來說，整體的協調就是美。心理學研究表明，色彩能引起人的情緒變化，對人的心理影響很大。一般來講，紅色熱烈、橙色興奮、黃色鮮明、綠色清新、黑色沉靜、藍色莊重、紫色神祕、白色純潔。以紅色為代表的色系能引起人們興奮、熱烈情緒的色彩稱為「積極的色彩」；以藍色為代表色系則給人以沉著、平靜感覺的色彩稱為「消極的色彩」。就色彩本身而言，協調的搭配法是同類色相配或近似色相配，這樣使人看著順眼、舒適、平和；而大膽、創新的搭配法則是強烈色相配或是對比色相配，這樣使人看上去醒目，與眾不同。不同的色彩搭配法，所產生的效果也會截然不同。所以，你應該根據不同的場合需要，來選擇適當的色彩與搭配方法。

其次是款式的選擇。一個善於用服飾裝扮自己的人，在選擇服裝時，對款式的要求是很嚴格的，它既要適合自己的體型，又要與自己所追求的風格統一起來。要想使衣著具有沉穩、高雅的風度，那麼衣服的款式一定要以簡

潔大方為原則，流暢的線條、簡潔的樣式，配以高級的面料，定能達到滿意的效果。如果一件衣服上混雜太多色彩，或使用太複雜的圖案，只會使人感到累贅而不灑脫；花邊、蕾絲繁多的服裝只會使人感到「小家子氣」。

衣著也要講究天時、地利、人和。合乎場合的打扮可以使你在工作上無往不利。正式的工作環境中，自然應選擇莊重、文雅的服飾。即使平常喜歡穿著隨意、不修邊幅的人，在莊重的社交場合，衣著打扮也不要隨隨便便，那樣會使人產生不尊重別人的感覺。相反，在一些輕鬆、愉快的社交場合，或業餘文娛活動中，則可選擇活潑、鮮豔、式樣隨意一些的服飾，使人感到富有生活情趣，不拘一格又充滿活力。

穿著得體猶如一支美麗動人的樂曲，一首由關係密切、卻相映成趣的樂章所組成的交響曲。基調貫穿全曲，使得每一樂章都特點鮮明，卻又一脈相承。朋友，用心去塑造你的形象吧！它會使你符合身分又能左右他人的感覺，使你在任何社交場合都能輕鬆自信、遊刃有餘。

推銷快樂

如果我們的生活中失卻了快樂氣氛，便如同生活在荒漠中一樣單調無味。而一個人如果能在交往中慷慨向他人推銷快樂，傳達一種積極樂觀的情緒，使別人也生活得快樂有趣，並在自己的生活環境中營造一種和諧融洽的氣氛，那他將是一個受人歡迎的人，並能在社交中立於不敗之地。那麼，怎樣才能推銷你的快樂呢？

- 以自信的人格力量鼓舞他人。自信是人生的一大美德，是克敵制勝的法寶。在社交中和一個充滿自信心的人在一起，你會倍感輕鬆愉快，即使遇到困難挫折，也會以樂觀自信的態度去克服。這種人格力量對別人也是一種鼓舞。

- 用富有魅力的微笑感染別人。人人都希望別人喜愛自己、重視自己。微笑能縮短人與人之間的距離，融化人與人之間的矛盾，化解敵對情緒，生活中沒有人拒絕微笑這一「禮物」。

- 不惜代價讓對方快樂起來，誰不希望自己快樂？如果你是能給對方帶來快樂的人，你也一定會是一個受歡迎的人。為了使對方快樂，你應多尋找一些使人快樂的方法，有時，為了讓別人快樂，可以不惜一切代價。

- 讓幽默在尷尬場面引發笑聲。幽默是快樂的杠杆，是生活幸福的泉源，是社交的潤滑劑。日常生活中最讓人傷腦筋的是應付尷尬局面，而此時最神奇的武器往往是幽默。幽默的語言常常給人帶來快樂。你要推銷你的快樂，最好的「廣告」就是幽默。

尊重自己，還要尊重對方

　　瑪麗‧凱（Mary Kay）是美國著名的管理專家，在她成名之前曾是一家化妝品公司的行銷人員。有一次，她參加了一整天的銷售訓練，非常希望能和行銷部經理握握手。那位經理剛剛作了一篇十分鼓舞人們士氣的演講。瑪麗在隊伍裡整整排了 3 個小時，然後好不容易輪到她和那位經理見面。但遺憾的是，那位經理根本沒有用正眼看她一眼，只是從她的肩膀上方向後望過去，看看隊伍還有多長，甚至根本沒有察覺他正在與瑪麗握手。瑪麗等了 3 個小時，只獲得了這樣的對待！她覺得人格上受到了侮辱，尊嚴受到了傷害。於是她立志成為一名經理，「如果有一天人們排隊來和我握手，我將給每一個來到我面前的人最真誠的關注 —— 不管我多麼疲勞！」

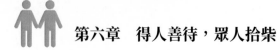
　　後來，瑪麗·凱的願望真的成為了現實。以她自己名字命名的化妝品公司已成為一家具有相當規模的大企業，也有很多慕名者來找她握手，她始終堅持著以前曾發過的誓言。她說：「我有很多次站在長長的隊伍前，與各種人士作長達數小時的握手，一旦感覺疲勞了，我總是想起從前自己排隊和那位經理握手的情形，一想起他不正眼瞧我而給我帶來的傷害時，我會立即打起精神，直視對方的眼睛，盡可能地說些讓人感到親切的話……」

　　日本經營之神松下幸之助在給他的員工培訓時，曾有過這樣的一段論述：「不怕別人看不起，就怕自己沒志氣。做人必須自重，爾後才會為他人所尊重。應該讓人從你的行為中看到你堂堂正正的人格。」當然，自重並不僅在於不自卑，也在於不要在行為表現中玷汙甚至喪失人格。在今天的社會條件下，複雜的生活方式，利益的引誘，金錢物質的刺激都可能使這種事情發生。也許有的不能自重的人會以為他為個人贏得了許多東西，但他卻丟掉了最根本的，那就是他的人格！說到行為的分寸，我們大家的體會就更多了。真理哪怕是只超過一小步，便是謬誤！在與他人交往而需要表現自己的身分感時，有許多事情是極微妙和細膩的。缺乏節制的行為常是因小失大的開始。

　　美國著名的成功學者戴爾·卡內基在談到人際交往時也曾提道，那些過分自卑，缺乏自信心的人、對人際關係謹小慎微、過於敏感的人、對他人批評過分的人以及完成工作任務後過分自誇的人等，都會影響其與人交往。卡內基曾指出：「指責和批評收不到絲毫效果，只會使別人加強防衛，並且想辦法證明他是對的。無端的批評也很危險，會傷害到一個人寶貴的自尊，傷害到他自己認為最重要的感覺，還會激起他的怨恨。」所以他建議不要隨便指責別人，而要：「嘗試著了解他們，試著揣摩他為什麼

做出這樣的事情。這比一味地去批評更有益處和效果，並且可以培養人的同情、容忍和仁慈。」

班傑明‧富蘭克林（Benjamin Franklin）說他做外交官成功的祕訣是：「尊重任何交往對象。我不會說任何人的缺點……我只說我了解的每一個人的優點。」

林肯住在印第安那州鴿灣谷的時候，年紀輕輕就喜歡評論是非，還常常寫信和詩諷刺別人。他常把寫好的信扔在鄉間路上，目的是希望使被諷刺的對象能撿到。

林肯在伊利諾伊州春田市當見習律師時，仍改不了喜歡對人妄加評論的壞習慣。

西元 1842 年秋，他又在報紙上寫了一封匿名信，諷刺當時的一位自恃清高的政客詹姆士‧席爾斯，而被全鎮引為笑料。席爾斯憤怒不已，查出寫信者是林肯，他即刻騎馬找到林肯，並下戰書要求決鬥。林肯並不善於決鬥，但迫於情勢，只好接受挑戰。他選擇騎兵的腰刀作為武器，並事先向一位西點軍校畢業生學習劍術，準備到決鬥那一天與席爾斯決一死戰。幸虧在最後一分鐘被人阻止了這場決鬥，否則很難想像「兩虎相爭，必有一傷」的局面會怎麼樣。

這是林肯人生中最深刻的一個教訓，從此他學會了與人相處的藝術。他告誡自己，永遠不要寫信罵人、任意嘲弄人或為某事指責人了。從此他也深刻地明白了一個自尊心受到傷害的人會有怎樣可怕的舉動。

南北戰爭的時候，林肯新任命的將軍在一次又一次的戰鬥中慘敗下來，使林肯很失望。全國有半數以上的人，都在批評和攻擊那些無用的將軍們，但林肯卻沒吭一聲。他冷靜地引用一句話：「不要隨便批評別人，沒有常勝的將軍。」

第六章　得人善待，眾人拾柴

當林肯太太和其他人對南方人士有所非議的時候，林肯總是回答說：「不要批評他們；如果我處在同樣情況下，也會跟他們一樣的。」

任何時候都要顧及別人的自尊心，這也許就是林肯善於與人相處的祕訣，也是他的成大事之道。

顧及別人的自尊心，有許多種方法可以採用。在美國第 30 任總統小約翰‧卡爾文‧柯立芝（John Calvin Coolidge）執政期間，他的一位朋友接受邀請，到白宮去度過週末。這位朋友偶然走進總統的私人辦公室，聽見柯立芝對他的一位祕書說：「你今天早上穿的這件衣服很漂亮，你真是一位迷人的小女孩。」

這可能是沉默寡言的柯立芝總統一生中對一位祕書的最佳讚賞了。這句誇獎太不尋常，太出乎意料之外了，使得那位女孩子滿臉通紅，不知所措。接著，柯立芝又說：「不過，我希望你列印的文稿也像你的衣服一樣漂亮，特別是對標點符號能稍加小心一些。」

柯立芝顧及別人自尊心的方法可能有點太過明顯，但其心理策略卻很高明。通常，在我們聽到別人對我們優點的讚揚之後，再聽一些比較令人不愉快的事，總會感到心中好受得多。

威廉‧麥金利（William McKinley）在西元 1896 年競選總統時，就曾採用了這種方法。當時，共和黨一位重要人士寫了一篇競選演說，他以為寫得比任何人都優秀。於是，這位先生把他那篇得意之作大聲念給麥金利聽。那篇演說雖有一些很不錯的觀點，但用詞有些尖刻，很可能會引發一陣批評狂潮。麥金利不願使這人傷心，打擊他的滿腔熱忱，然而他卻又必須對他說明。請注意，他把這件事處理得多巧妙。

「我的朋友，這是一篇很精彩而有力的演說稿，」麥金利說，「沒有人能寫得比你更好。在許多場合中，這些話說得完全正確；但這與目前這

特殊場合的氣氛，是否相符呢？從你的觀點來看，這篇演說十分有力而切題，但我們必須從共和黨的觀點來考慮它所帶來的影響。現在你回家去，根據我的指示再寫一篇演說稿，並請你送給我一份副本。」

他真的照辦了。麥金利不僅替他改了這一稿，並幫他重寫了第二篇演說稿，他後來終於成為共和黨競選活動中最有力的一名演說者。我們不妨設想，如果麥金利沒有顧及這個人的自尊心而直接指責其過失，又會出現怎樣的情景呢？那肯定不會有這樣一個圓滿的結局。

善於利用魅力資本

你可能會為一個才華橫溢的人所折服，你可能會為一個妙語連珠的人所感嘆，但你更可能會對一個性情溫和、充滿寬容與友愛之心的人留下深刻的印象。所以，構成一個人魅力的最核心因素，往往不僅僅是他的天賦與才華，更重要的是一個人的性格和他的個性。

但一談到性格或者個性，很多人往往感到失望，因為他們認為個性或性格是很難改變的東西，所以要透過培養和造就一個人的個性，使之成為一個有魅力的人，其實是很困難的。這種說法是有一定道理，但也不全對。改變一個人的個性是很難，但不是沒有可能。如果我們以積極的心態來面對這個問題，那麼我們就不會認為這一切是不可改變的。如果你朝著改變自我的方向上不懈努力，那麼你終究會成功的。

如果我們能去戰勝自我，努力改變自己已形成的性格，就能夠創造出新的個性。但大部分人的想法，首要的理由是不想改變自己。人就是這樣，都希望自己成為精力充沛、充滿理想、信心十足的人，都想成為極富魅力的人。但很少有人真正地在這個方面進行不懈努力，因為人們習慣於滿足現狀，一遇到改善自我的新想法時，就會無意識地保護自我。幾乎大

部分人，都想學習培養具有魅力的個性、都想成為有豐富思想的人，但他們往往又固守舊的習慣，而不願讓自己有所改變。這是因為已有的性格往往根深蒂固，積習難除。

也有很多人希望並有信心去改變自我的個性，但他們不知道該怎樣去做；很多人希望變得更有魅力，但他們往往不知道從何做起。一般來說，每個人的個性都是由一個個細小的方面逐步形成的。你怎麼說話、怎麼對待他人；你在飲食、睡眠方面有什麼樣的習慣；你怎麼對待不同的意見；你喜歡什麼樣的生活方式；你在商業行為中習慣扮演什麼樣的角色；你是否總是露出微笑等，這一切思想行為舉止的綜合就構成了你豐富的個性。既然個性是由很細小的因素決定，那麼如果要使自己的個性有所改變的話，也要從每個具體的方面開始。如果從明天開始，你能讓自己的說話方式變得更溫和，讓飲食更有節制，讓自己對別人更熱情，並能持之以恆，那麼你的舊習慣和個性就會逐漸地消磨掉，而更具魅力的新個性就會逐漸形成。

思想、行動與感情構成了性格的三大基石。所以若要從具體的方面來改變個性，還要在思想、行動與感情方面進行努力。你的外在表現，也就是你性格的特徵，主要不是由當時當地的環境決定的，而是由內在思想創造的。你能否改變自己，也主要不是取決於別人是否對你進行了批評，而是你自己是否想改變自己。所以是你的思想造就了你本身，使你成為今天這個樣子的。可能你還沒有意識到，人們的意識決定其行為，你仔細想想，是不是你的思想決定了你的性格？有時為什麼你不被人喜歡呢？大概是因為你的某些想法不受歡迎。有時，你為什麼又會魅力四射呢？首先是你的想法，其次才是你其他條件的配合，使你引起了人們的關注和喜愛。有的人之所以無法成功，是因為他頭腦中消極的想法而使他難以成功。

別人透過你的行動 —— 你的說話方式、你的做事方式、你的臉部表

情 —— 才能給你一個評判，才能使他們心中形成一個印象。行動是造就你魅力的關鍵，還因為你只有透過行動才能改善自身。透過很多細小的動作、透過人格的訓練、透過對自我行為的反思與調整，你就可以創造嶄新的自我，使你自己變得更富有魅力。

魅力是別人對你的看法，他們透過你的外在表現、你的行動與思想，對你產生了喜歡以至某種帶有神祕色彩的感情，所以魅力本身是一種感情。而別人對你的感情是與你對他們的感情密切相關的。如果你的感情特徵是積極的、友善的、溫和的、寬容的，那麼你一定會魅力大增；反之你就會成為一個不受歡迎的人。所以感情也在很大程度上影響了人的性格。

那麼什麼樣的人是富有魅力的人呢？什麼樣的性格可以造就魅力呢？西方心理學家曾提出了一種說法，稱之為「令人愉悅的個性」。如果你擁有令人愉悅的個性，你往往會使自己的魅力大增。人的情感和表現是複雜的，並非所有的性格都是令人愉悅的，有一些性格令大部分人感到不喜歡、討厭，甚至是難以容忍。比如，人們一般不喜歡消極的、極端化的性格特徵，人們對報復性的、敵意的性格特徵更是感到厭惡；但一般人們都喜歡富有熱情的、積極向上的、友善的、親切溫和的、寬容大度的、富有感染力的性格。所以，如果你能夠培養出為大部分人所喜歡的正面性格，那麼你成功的可能性就大大增加了。

一般地說，令人愉悅的個性包括以下幾種方面的性格特徵。

富有熱忱

很多人不能成功，是因為他們缺乏熱忱，他們缺乏對人、事、物的熱情關注，甚至對爭取成功也缺乏熱忱，這樣他們當然無法成功。你是否對某些事情充滿熱忱？你是否特別關注於某個學科？你是否希望自己在某個領域有所建樹？是否有些知識和問題在不斷地吸引你的注意力？你是否熱

衷於學習鑽研某項技術，並全身心的投入其中？如果你不是這樣的，那麼你就要有所改進。你要記住：一定要培養自己對人、事，對學習新事物的無限熱忱。如果你能逐漸做到這一點，那麼你就是一個潛在的成功者。

在人們的交往中，每個人都喜歡談論自己最擅長的東西，展現自己的魅力所在。所以你與他人友好交往、建立良好人際關係的前提，是尊重並傾聽他人所談論的話題，因為這些話題往往能體現出他的優勢與價值，但這對你來說，往往又是學習和汲取新知識的大好機會。你要對任何人感興趣，而不是只關注你現在認為最重要的人物，而且最好能一直保持下去。如果你無法做到這一點，那麼你在其他方面的優勢就要大打折扣。你真正地去注意別人，這比對他說些恭維的話要更有益處。你要學會去關心別人正在做的事情，這對他人來說，意味著你很重視他的工作與成就，而這對你本身來說也是一個學習新知識的機會。

培養熱忱的一個重要方面是對事物的興趣。當你每天起床的時候，你是怎麼想的呢？「新的一天開始了，我又可以做更多事情了。我很高興。」還是「一天又開始了，又要去上班了。真煩！」如果你長期保持後一種狀態，你的成功幾乎就沒有什麼希望了。你之所以討厭上班，可能是因為你不喜歡你現在的工作，也可能你完全缺乏做事的熱忱。如果是第一種情況，你就應該換個喜歡的、能調動你熱忱的工作了，即便新的工作給你帶來的直接收入要少一些，你還是要這樣去做，因為你會在新的工作職位上不斷學習新知識、不斷進步，直達成功。

除此之外，對事物的熱忱還會有助於你激發帶動其他人，使他們覺得你是一個精力充沛、充滿活力的人，這也可以大大地提升你的形象與魅力。所以拿破崙‧希爾經常告誡人們，「要努力表現並提高你的熱忱」。熱忱是令人愉悅的個性的一部分，熱忱可以改變你的人生。

親切隨和

　　許多關於魅力的書籍都強調一個偉人大都有一種神祕感與威嚴，這有一定道理。威嚴固然令人敬畏，但親切隨和則更會使所有的人喜歡。隨著社會的進步、教育的普及、身分的平等化，這種個性成功的可能性越來越小。因此，在一個自由平等的社會，讓他人喜歡你，遠比讓他人敬畏你更有價值。讓別人喜歡你，可以為你帶來合作機會，為你帶來一筆筆交易，為你帶來商業利益；而讓別人敬畏你，又能給你帶來什麼呢？

　　威嚴也許是專制社會中成功的個性，但在現代社會中人們認為成功的個性之一是親切隨和。親切隨和的最大好處是對人平等，給人以尊重感。如果你不尊重別人，總以強者自居，若想與別人建立起一種良好的關係，這幾乎是不可能的。尊重他人是人際關係最重要的一條原則。親切隨和的人往往更能廣交朋友，善結人脈，總能獲得他人的好感與認同。

　　「你為什麼喜歡與他在一起？」

　　「與他在一起讓我會感到很輕鬆，他很隨和。」

　　我們經常聽到這樣的對話。這就說明親切隨和是令人愉悅的個性。所以，如果你希望自己培養令人愉悅的個性，就要做個親切隨和的人。

溫和謙恭

　　我們在生活中經常會遇到這樣一些人，他們對他人的看法總是很尖刻，容易急躁，一生氣便暴跳如雷，或者是與人交往時經常咄咄逼人、盛氣凌人。或固持己見、立場不容他人辯駁。大家恐怕都不會喜歡這樣的人，更談不上會人感到愉悅了。這種人的共同特徵是缺乏溫和的性情與謙恭的心態。

　　溫和謙恭的性情表明一個人極富涵養，非常成熟，對人和物都有全面

的看法。而與之相反的品性，比如急躁、易怒、不安、尖酸刻薄、鋒芒畢露等等，都說明這類人離高尚的境界還有很大的距離，也很難獲得他人的同情和幫助，從而也較難獲得成功。成功者在性格上的特點往往是不驕不躁、心平氣和，他們在任何複雜問題面前都能保持清醒的頭腦，不被煩躁不安的情緒所支配。即便他們受到了惡意的攻擊，也能心態平和，因為他們知道謙虛溫和與泰然處之，是對付惡意攻擊的最好辦法。當他們的觀點看法被人徹底否定時，他們也能耐心地聽取別人的看法，而同時保持一種友好的姿態，並要求自己有則改之，無則加勉，不斷提高自己的涵養和性情。

　　如果你在一切場合，都能做到性情溫和、彬彬有禮，這會為你奠定成功的基礎。在令人愉悅的個性中，絕對找不到傲慢、自大和唯我獨尊的影子。在任何時候都不要憤怒，憤怒沒有任何價值；在任何時候都不要急躁不安，急躁不安也不會給你任何助益。成功者有一顆清醒冷靜充滿信心的頭腦，但他們一般也有一顆謙恭的心。金無足赤，人無完人。在任何社會，我們都找不到全能全智的人。在現代社會，個人的知識和紛繁複雜的社會生活相比，尤其微不足道。所以，每個人都會在很多領域是知識上的盲人，而謙恭可使你無須掩飾自己的無知與缺陷，還會使你學到很多更有價值的東西。

富有感染力

　　如果你做到了前面所講的三條，你就是一個很受歡迎的人了。但如果你還能做到這一條，就會使你更具魅力。你是否注意到，成功者的重要特點是他的個性富有感染力。每到一處，他善於用自己的行動和語言打動別人，否則他怎麼給別人留下深刻的印象呢？所以，你要努力培養你的感染力。

那麼，怎樣才能培養感染力呢？是什麼構成感染力的基礎呢？是什麼東西能感動你自己？你要觀察那些使你深受感動的人，他們的一舉一動、一言一行。這裡既有性格的因素，又有語言的技巧。但是有一點是相通的，感染力的基礎是共鳴，是一個人能力因素或情感因素的完美結合。

一些成功人士之所以具有感染力，是因為他們懂得大部分人所關心的事物，他們能細心地觀察每個人的利益、態度與感受。如果你是一個公司總經理，你能不能透過一次講話來鼓舞人心？許多領導人物就很擅長這樣做。他們在講話中除了關於公司的現狀問題外，還會談到員工與公司的關係，員工對公司具有的價值，員工將從公司成長的效益中獲得的收益。這樣，他往往是抓住廣告大員工所關心的內容，透過講話時的聲調、神態與表現力來使員工們感動。

一個人的正義感、同情心往往是感染力之源。在日常生活中，人的感染力更多是來自於情感方面。所以，一個具有感染力的人，也是一個具有道德影響力的人、一個正直善良的人、一個對他人的痛苦具有同情心的人。

「性格塑造人」，同樣也是性格塑造成功。熱忱、親切、隨和、謙恭、溫和、寬容、感染力這些優秀的特質，構成了你令人愉悅的個性，從而有助於你獲得他人的善待，建立一張寬廣結實的人際關係網。

做人要有「品牌意識」

「品牌」這個詞是近年隨著商品經濟的發展而流行起來的，主要是針對已建立了一定信譽、並被公認的商品而言，一樣的商品，打上不同的品牌，身價也大不相同。商品一旦建立了「品牌」，其價值就水漲船高。如果品牌不響，做再大的廣告宣傳也無濟於事。這就是為什麼一些企業不惜代價創立品牌、發展品牌的道理。

其實人也有「品牌」。例如一談到某位有了一定名氣的人，我們就會聯想到一系列與之相關的事情。在日常生活中，相信你也聽過某某人「很善良」，某某人「很滑頭」的評語，這就是人的「品牌」！眾人的評語好，說明你給人的印象好，表示你的「品牌」好，反之則「品牌」不好。

那麼你應該如何創造自己的「品牌」呢？下面有兩個方法。

不要有損於你的「品牌」

簡單地說，就是不要使人對你作出不好的評語，例如說你懶惰、喜歡投機、不正派、不忠、寡情、好鬥、陰險……一旦他人對你作出一項或多項這樣的評語，那麼他人對你的信賴程度必定會降低，雖然事實上你並不是那樣的人，而在關鍵時刻，這些評語也有可能對你造成傷害。要改變這種品牌印象不太容易，就像我們買東西上了當，以後就不信任那個品牌一樣。而這些印象也常常是在無意間造成，人們也常常以「一次印象」來論評一個人，因此為人處事必須特別謹慎，有時不慎形成瑕疵，便一輩子也洗刷不清。商品可以調換品牌，重新包裝，人的聲譽受到損害可不太容易洗清。不過由於人們刻板的印象和個人好惡，在工作或生活中可能有一些人特別不欣賞你，並且盡挑你的缺點。只要自己行得正、走得直，有一兩個這種人不必放在心上，但如果很多人都對你這樣看，恐怕就值得你認真對待了。

積極強化你的「品牌」

也就是透過各種方法，去塑造你在別人心目中的印象，就像為商品做廣告那樣。人的品牌的廣告有很多種做法，可做一些引起注意的事情，使自己成為小小的新聞或同行談話的內容是一種方法，但一般不太容易做，要做也得花不少心思，如果「操作」得不好更會弄巧成拙，因此不鼓勵你

這麼做。倒是有一些做法可以達到同樣的效果，也就是揚長避短，工作努力，發揮自己的長處，避免表現拿出短處！長處有目共睹，別人就不太在乎你無傷大雅的短處，例如你工作能力很強，但就是有些自私，大家也許就欣賞工作能力，而不在乎你的自私，好比家電耐用品質好，人們便不太在乎耗電。於是，「工作能力強」便成為你的品牌，這個品牌也許會追隨你一生！

其實，人的品牌就和商品的品牌一樣，商品只要品質高、款式好、價格實在，就一定能受到消費者的青睞，最後成為具有相當知名度的品牌。做人又何嘗不是同理呢？

和氣團結，友善待人

「良言一句三冬暖，惡語幾字六月寒」，成功人士懂得用自己的情緒、語言、得體的行為和善意的態度去吸引、感染和幫助他人，使人際關係網更和睦、更融洽。

美國奧克拉荷馬州恩尼德市的嘉士頓，是一家工程公司的安全協調員，他的職責之一是監督在工地上工作的員工是否都戴上安全帽，他說一開始碰到沒有戴安全帽的人時，就義正辭嚴地告誡他們必須遵守公司的規定。員工雖然接受了他的指正，卻滿肚子的不高興，而且往往在他離開以後，又把安全帽摘下來。後來他決定採取另外一種方式，當他再次發現有人不戴安全帽的時候，他就和藹地問他是不是身體不舒服，或者安全帽是否不太合適，然後他以令人愉快的聲調提醒他們，戴帽的目的是保護他們的人身安全，建議他們工作的時候一定要戴上安全帽，避免被高空墜落物砸傷。結果工地上遵守規定戴安全帽的人越來越多，而且沒有造成厭煩或不滿的情緒。

第六章　得人善待，眾人拾柴

與人相處時，要平等待人，不高人一等、故作姿態，不自以為是，不要在別人的背後評足品頭、說三道四和指手畫腳，始終保持友好平等的姿態與對方說話和相處，才不至於傷及他人的面子和自尊心，才有可能與別人維持良好關係，有助於自己的工作和事業。

孟子把「天時、地利、人和」看作是戰爭中的三個要件，其實，戰爭如此，政壇如此，工作與經營事業如此，人生的成敗也是如此。

「和為貴」，這是古今中外成功者最推崇的處世哲學。《菜根譚》裡這樣寫道。「天地之氣，暖則生，寒則殺。故性氣清冷者，受享亦涼薄。唯和氣熱心之人，其福必厚，其澤亦長。」

人在社會上或在工作中表現出的人與人的關係是一種相互依存的關係，我們不僅肩負著共同的事業，而且也有很多工作必須依靠大家合作才能完成，否則，互相拆臺，暗中作梗，明處搞亂，要想把一件事情做好是不大可能的。而讓周圍的人都能齊心協力、團結合作，自然需要有和諧一致的氣氛。倘若同事之間情感上互不相容，氣氛上彆扭緊張，就不可能團結一致地完成工作任務。

當然，每個人都有自己的個性、愛好、追求和生活方式，因各自的教養、文化水準、生活經歷等不同，不可能也不必要求每個人都處處與他所處的團體合得來，但是，任何一項事業的成功，都不可能僅靠一個人的力量，誰也不願意成為團體中的不團結因素，被別人嫌棄而「孤軍作戰」。俗話說，「人心齊泰山移」，只要我們在團體中都能團結一致、友善待人，就沒有克服不了的困難。

有理也要讓三分

人們在一個單位或團體中工作學習，難免會產生一些意見或矛盾。但是，如果經常為一些雞毛蒜皮的小事爭得面紅耳赤，誰都不肯甘拜下風，以致大打出手，事後靜下心來想想，當時若能忍讓三分，自會風平浪靜，大事化小、小事化了，最終言歸於好。事實上，越是有理的人，如果表現得越謙讓，越能顯示出他胸襟坦蕩，富有修養，反而更能得到他人的欽佩。

漢朝時有一位叫劉寬的人，為人寬厚仁慈。他在南陽當太守時，小吏、老百姓做了錯事，為了以示懲戒，他只是讓差役用蒲草鞭打責備，使之不再重犯，此舉深得民心。劉寬的夫人為了試探他是否像人們所說的那樣仁厚，便讓婢女在他和屬下集體辦公的時候捧出肉湯，故作不小心把肉湯灑在他的官服上。要是一般的人，必定會把婢女責打一頓，不然至少也會怒斥一番。但是劉寬不僅沒發脾氣，反而問婢女：「肉羹有沒有燙到你的手？」由此足見劉寬為人寬容之肚量確實超乎一般人。

還有一次，有人錯認了劉寬家駕車的牛，硬說牛是他的。劉寬什麼也沒說，叫車夫把牛解下給那人，自己步行回家。後來，那人找到自己的牛，便把牛送還劉寬，並向他賠禮道歉。劉寬反而安慰那人。

這就是有理讓三分的做法，劉寬的肚量可謂不小。他感化了人心，也贏得了人心。

人人都有自尊心和好勝心，在生活中，對一些非原則性的問題，我們為什麼不能主動顯示出自己比他人更有容人之雅量呢？

俗話說，人無完人，每個人都難免會偶有過失，因此每個人都有需要別人原諒的時候。不過每個人對待自己的過錯，往往不如看他人的那樣嚴

重，我們常把注意力集中在人家的過錯上，因此，對於他人的過錯當然不能原諒，而對於自己的過錯就比較容易原諒，即使有時不得不承認是自己的過錯，也總覺得是可以寬恕的，因此，無論我們自己是好是壞，我們總是能夠容忍自己。

問題是輪到我們評判他人的時候，情形就不一樣了。我們總是用另外一副眼光，百般挑剔地去發現他人的不對。例如：假使我們發現了他人說謊，我們將會嚴厲地譴責對方的不誠實，狠批其錯誤根源。可是誰又敢於保證自己從沒說過一次謊？

大部分人一旦陷身於爭鬥的漩渦，便不由自主地焦躁起來，有時為了自己的利益，甚至是為了面子，也要強詞奪理，一爭高下。一旦自己得了「理」，便絕不饒人，非逼得對方鳴金收兵或自認倒楣不可。然而這次「得理不饒人」雖然讓你吹著勝利的號角，但也成了下次爭鬥的前奏。因為這對「戰敗」的對方也是一種面子和利益之爭，他當然要伺機「討」還。

在這種時候，我們為什麼就不能像劉寬那樣，即使自己有理，也應讓別人三分呢？其實，有些時候給他人臺階下，也是為自己留下一條後路。

寬以待人，要有主動「讓道」精神，寬容讓人。在與他人交往中常常會因為對資訊的意義理解不一，個性、脾氣、愛好、要求的不統一，價值觀念的差異就會產生矛盾或衝突，此時我們應記住一位哲人的話：「航行中有一條公認的規則，操縱靈敏的船應該給不太靈敏的船讓道。我認為，這在人與人的關係中也是應遵循的一條規律。」

因此，做一個能理解、容納他人的優點和缺點的人，才會受到他人的歡迎。相反，那些只知道對人吹毛求疵，又沒完沒了地批評說教的人，怎麼會擁有親密的朋友呢？人們對他只有敬而遠之！

人們往往把大海比作寬廣的胸懷，因為大海能廣納百川，也不拒暴雨和巨浪；也有人把忍耐性比做彈簧，彈簧具有能伸能屈的韌性。有人說過這樣一句話：「若想在困難時得到援助，就應在平時寬以待人。」就是說，應包容接納、團結更多的人，在順利的時候共同奮鬥，在困難的時候患難與共，進而為自己增加成功的能量，創造更多的成功機會。反之，如果一個人包容度低，則會使大家疏遠他，在其成功的道路上，人為地增加了阻力。

寬以待人，要將心比心，推己及人。推己及人，是以自己為尺規，衡量自己的行為舉止能否為人所接受，其依據是人同此心，心同此理，將心比心，設身處地。還可以用角色互換的方法，假設自己站在對方的位置上，想一想對方會有什麼反應、感覺，從而理解他人，體諒他人，懂得了這點，當別人理短時就會大度地寬容他人，他人才會在自己理短時容讓你，以此建立相互寬容的人際關係網。

處世不要太認真計較

怎樣做人是一門很深的學問，甚至用畢生精力也未必能探出箇中的學問，多少不甘寂寞的人窮究原委，試圖領悟到人生真諦，塑造出自己輝煌的人生。然而人生處世哲理的複雜性，使人們不可能在有限的時間裡洞悉其全部內涵，但人們對人生的理解和感悟又總是局限在某件事的啟迪上，比如：做人不能太認真計較，便是其中一理，這正是有人活得瀟灑，有人活得太累的原因之所在。

做人固然不能玩世不恭，遊戲人生，但也不能太認真計較。「水至清則無魚，人至察則無友」，太認真了，就會對什麼都看不慣，連一個朋友

都容不下，把自己與社會隔絕。鏡子很平，但在高倍放大鏡下，就成了凹凸不平的山巒；肉眼看很乾淨的東西，拿到顯微鏡下，滿目都是細菌。試想，如果我們「戴」著放大鏡、顯微鏡生活，恐怕連飯都不敢吃了。再用放大鏡去看別人的缺點，恐怕許多人都會被看成罪不可恕、無可救藥的了。

　　人非聖賢，孰能無過。與人相處就要互相諒解，經常以「難得糊塗」自勉，求大同存小異，有膽量，能容人，你就會有許多朋友，且左右逢源，諸事遂願；相反，過分挑剔，「明察秋毫」，眼裡不揉半粒沙子，什麼雞毛蒜皮的小事都要論個是非曲直，容不得人，人家也會躲你遠遠的，最後，你只能關起門來當「孤家寡人」，成為使人避之唯恐不及的異己之徒。古今中外，凡是能成大事的人都具有一種優秀的特質，就是能容人所不能容，忍人所不能忍，善於求大同，存小異，團結大多數人。他們具有寬闊的胸懷，豁達而不拘小節；大處著眼而不會鼠目寸光；從不斤斤計較，糾纏於非原則的瑣事，所以他們才能成大事、立大業，使自己成為不平凡的人。

　　但是，要求一個人真正做到不認真計較、能容人，也不是簡單的事，首先需要有良好的修養、善解人意的思考模式，並且需要經常從對方的角度設身處地地考慮和處理問題，多一些體諒和理解，就會多一些寬容，多一些和諧，多一些友誼。比如，有些人一旦做了主管，便容不得下屬出半點錯誤，動輒橫眉立目，發怒斥責，屬下畏之如虎，時間久了，必積怨成仇。許多工作並不是你一人所能包攬的，何必因一點點錯誤便與人嘔氣呢？如若角色對調

　　也許就會了解這種急躁情緒之弊端了。

　　有位同事抱怨他們家附近雜貨店賣醬油的銷售人員態度不好，像誰欠

了她鉅款似的。後來同事的妻子打聽到了女銷售人員的身世，她丈夫有外遇離了婚，老母癱瘓在床，上小學的女兒有氣喘，每月薪水只有不到兩萬，一家人住在一間 15 平方公尺的平房。難怪她一天到晚愁眉不展。這位同事從此再不計較她的態度了，甚至還建議大家都幫助她，為她做些力所能及的事。

在公共場所遇到不順心的事，實在不值得生氣。有時素不相識的人冒犯你，其中肯定是另有原因，不知哪些煩心事使他此時情緒低落，行為失控，正巧讓你遇到了，只要不是惡語傷人、侮辱人格，我們就應寬大為懷，不以為然，或以柔克剛，曉之以理。總之，沒有必要與這位原本與你無冤無仇的人認真計較。假如開始大動肝火，爭鋒相對互不相讓，再釀出更嚴重的後果，那就得不償失了。與萍水相逢的陌生人斤斤計較，實在不是聰明人做的事。假如對方沒水準，與其計較就等於把自己降低到對方的水準，很沒面子。另外，從某種意義上說，對方的觸犯是發洩和轉嫁他心中的痛苦，雖說我們沒有義務分攤他的痛苦，但確實可以你的寬容去幫助他，使你無形之中做了件善事。這樣一想，也就會容忍他了。

清官難斷家務事，在家裡更不要認真計較，否則你就愚不可及。老婆孩子之間哪有什麼原則、立場的問題，都是一家人，何以要用「異己分子」的眼光看問題，分出對錯，又有什麼意思呢？人們在單位、在社會上扮演著各種各樣的角色，恪盡職守的國家公務員、精明體面的職員商人，還有教師工人，一回到家裡，脫去西裝革履，也就是脫掉了你所扮演的這一角色的「行頭」，即社會對這一角色的規範和要求，還原了你的真實面貌，可以輕鬆愉悅地享受天倫之樂。假若你在家裡還跟在社會上一樣認真、一樣循規蹈矩，每說一句話、做一件事還要考慮對錯、妥否，顧忌影響、後果，那不僅可笑，也太累了。我們的頭腦一定要清楚，在家裡你就

是丈夫、就是妻子、是母親。所以，處理家庭瑣事要採取「綏靖」政策，安撫為主，大事化小，小事化無，當個笑口常開的和事佬。具體說來，做丈夫的要寬厚，在財務方面睜一隻眼，閉一隻眼，越馬虎越得人心，妻子對娘家偏心，是人之常情，你不必用心去計較，才能顯出寬宏大量的風度。妻子對丈夫的懶惰等種種難以容忍的缺點，也應採取寬容的態度，切忌嘮叨不停，嫌東嫌西，也不要在丈夫偶爾晚歸或有女性來話時，就給臉色看。看得越緊，叛逆心理越強。索性不管，放任他去外面的世界自會給他教訓，只要你是個充滿自信、有個性有魅力的女人，丈夫再怎麼樣也不會對你失去熱情。就怕你對丈夫太「認真」了，讓他感到是戴著枷鎖過日子，進而對你產生厭倦，那才會發生真正的危機。家庭是避風的港灣，應該是溫馨和諧的，千萬別演變成充滿火藥味的戰場，狼煙四起，雞飛狗跳，關鍵就看你怎麼去拿捏了。

　　有位智者說，如果大街上有人罵他，他連頭都不會回，因為他根本不想知道罵他的人是誰。人生如此短暫和寶貴，要做的事情太多，何必為這種令人不愉快的事情浪費時間呢？這位先生的確修煉得頗有成效，知道該做什麼和不該做什麼；知道什麼事情應該認真，什麼事情可以不屑一顧。要真正做到這一點很不容易，需要經過長期的磨練。如果我們明白哪些事情可以不認真，可以敷衍了事，我們就能騰出更多的時間和精力，全力以赴認真地去做該做的事，這樣我們成功的機會和希望就會大大增加；與此同時，由於我們變得寬宏大量，人們就會樂意與我們往來，我們的人脈就會更加健康順暢，事業亦伴隨他人的幫襯與扶持穩步走向成功。在享受友情、親情的同時，體驗著成功的快感，實乃人生的一大幸事。

第七章　化「敵」為友，為我所用

第七章 化「敵」為友，為我所用

我們經常會碰到所謂的「敵人」。他們有的高高在上，目中無人，似乎對你充滿敵意；有的人成天牢騷滿腹，怨天尤人；有的人對你的工作吹毛求疵，百般挑剔；有的人淺薄無聊，充滿低級趣味……如果和這些人只是偶然相處倒也罷了，問題是有時你會被迫長時間地和他們交往、相處和共事，在這種情況下，你的煩惱是可想而知的，如何對付這些「敵人」的確可稱得上是一門藝術了。

西元 1900 年代初，美國有一位年輕商人兼政治家叫皮亞，他對一位知名的大企業家漢拿非常不滿意，甚至接連兩次拒絕與他見面。

那時，漢拿即將成為聞名於世的大人物，要做某政黨的政治領袖了。但是在年輕的皮亞看來，漢拿只不過是個「壞蛋」，一個地方上的「政治魁儡」罷了。他每次看見報紙對漢拿的稱頌，沒有一次不搖頭痛罵。

後來漢拿的朋友對他說，你最好還是和皮亞會晤一次，消釋彼此的偏見。於是，在一個擁擠的旅館客房裡，漢拿被引到一個沉靜的穿灰外套的年輕人面前，那人坐在椅中並沒有主動問候進來的人。

待友人介紹：「這位就是皮亞先生……」之後，漢拿對皮亞說了很多話。

出乎皮亞意料的是，漢拿對於皮亞的事情瞭如指掌，他談了許多關於他父親擔任法官的事情、關於他伯父的事情以及關於他自己對於政治綱領的意見。漢拿說：「哦，你是從奧馬哈（Omaha）來的嗎？令尊不是法官嗎？……」年輕的皮亞感到相當驚訝。漢拿又說：「哦，你父親曾幫助我的朋友在煤油生意上挽回了一大筆損失呢！……」說到這裡，漢拿突然冒出一句感慨：「有許多法官知識淵博、思路敏捷，他們的能力遠遠勝於普通的企業家呢。」接著又說：「你有一位伯父在休士頓（Houston）嗎？讓我想一想……現在你能對我說說，你對於那政治綱領還有什麼意見？」

此時這位年輕政治家皮亞已完全改變了對漢拿的看法，他像面對一個自己熟悉的朋友一樣侃侃而談，氣氛輕鬆和諧。當談話結束的時候，他的喉嚨已有些乾澀。就這樣，漢拿以他寬廣的胸懷和平易近人的態度結交了一個新的忠誠的朋友。

從此之後，皮亞最大的興趣，就是與這個他曾經非常憎恨的漢拿做朋友，並且忠心耿耿地為他服務。

事實上，我們的生活與工作中也許並沒有真正的敵人。如果你有的話，只是因為你處世的功夫還不夠高。那些處世的水準高的人，很善於與難相處的各種人結成朋友。這樣，不但可以提高自己的聲譽，博得心胸寬廣的美名；更重要的是，他積累了別人難以得到的人脈資源，為自己事業的發展開拓了無限寬廣的道路。

慎對兩面三刀者

在你的人際關係網中，免不了會有這樣的人物：他當面奉承你，轉過身去卻嗤之以鼻；他對你心懷不滿，但當面總是笑臉，背後到處撥弄是非……這類人，有著兩張面孔，有著雙重人格。這種人是你人際關係網中的攔路虎。

我們都期待著自己具有純潔暢通的人脈，而你一旦發現自己的同事、同儕中有一些諸如圓滑、世故、兩面三刀之類的人，又不可能立即撕破臉，與之斷交，這時該如何辦呢？

兩面三刀的人都是一些善於保護自己的人。他們大多對自己看得比周圍的人要重得多，所以在交往過程中給自己穿上了一層重重的盔甲。其實，善於保護自己並不是什麼過錯，問題是不能把交往對象全都當成了防範對象、算計對象，他們所採用的自我保護手段又違背了真誠友善、坦誠

相見的道德規範，就會使自我保護變成了損害正常交往關係的行為。

　　我們可以厭惡這種行為，但不必厭惡行為者本人。具體來說，我們在反對不正派行為的時候，不要去傷害他們的自尊心，不要損害他們如此小心翼翼地保護著的那個「自己」。比方說，當他為了贏得喝彩聲，才對你奉上掌聲時，你不妨先冷靜下來，真誠地向他申明，在需要得到人家的支援這一點上，你們是一致的，但是，要想真正獲得別人的支持和讚美，還要靠自己的真才實學和自己的辛勤工作。在他為了尋求「庇護」才圍著你打轉時，你也應該幫助他認清自己的力量，鼓勵他培養獨立自主的人格，堅定地走自己的路，切不可簡單地拒絕他。簡單拒絕只會傷害對方的自尊心，加速你「觸礁」的進程。鼓勵他的自尊心，幫助他建立起獨立的人格，幫助他完成真正的自我保護。當你滿足了他的要求，你也會得到他的真誠回應。

　　許多人面對這種現象，會產生一種被利用感。這種感受的出現，主要是那些非常善於保護自己的人，確實想利用與人交往關係來達到自己的某種目的。甚至可以說，有的人之所以選擇你作為交往對象，就因為你的某種特點符合他的某種需求。一旦發現自己處於被利用的地位，該怎麼辦呢？

　　在人際交往關係中，我們不能容忍自私自利的行為，更不能喪失原則、以損害大多數人的利益為代價，來滿足交往團體中少數成員的私欲。但是，平心而論，在人們的相互關係中，都會有權利與義務的統一，都會有各自向對方所抱有的希望和要求。剔除了那些非原則的，損害他人利益的成分，抹去了那些具有強烈私欲的色彩，交往當中也應該相互有所滿足，這就需要謹慎地劃出一條基本的原則界限來，並且盡可能地做出自己的奉獻。比如，一個人想得到讚揚，想得到別人的尊重，這是自尊心、榮

譽感的表現，如果我們幫助朋友放棄透過私人關係的途徑去獲取的企圖，而鼓勵他透過自己的努力去謀求，那就不能視為一樁壞事。相反，在他努力地靠自己的力量去追求目標的時候，就應該提供足夠的支援。一個人的物質上的需求是正當的，如果我們幫助他擺脫依賴他人的動機，並為他提出符合原則的實事求是的建議，那當然也是合情合理的。總之，劃出一條原則界限，拋開利用與被利用的關係，你也就不會產生被利用的感覺了。而簡單地回絕朋友的請求，只會把關係搞得更加複雜化。

　　一個人對不正派行為有厭惡感，是一種高尚可貴的情感，需要小心地加以保護。如果沒有這種情感，便可能在熟人面前、在朋友面前、在老客戶面前失去自己的原則立場和堅持操守的原則，而容易被利用。在當前市場經濟的大潮中，人際交往要格外謹慎，如果面對不正派的行為，不覺得厭惡，久聞不知其臭，更有可能與其同流合汙。聽到別人幾聲奉承就感到飄飄然，無原則地為人做事，更會產生一種自我滿足感，結果，還可能從被利用的地位上慢慢滋生出利用別人的欲望，使利用與被利用的關係發展為相互利用的關係。

感化貪小便宜者

　　不管是誰，都喜歡和那些豪爽熱情、開朗大方的人往來，而不太願意同喜歡貪小便宜的人打交道。然而，如果不善於與他們相處，他們則有可能成為你成長和發展的阻力。

　　社會心理學告訴我們，一個人的行為與動機並非是一對一的，它們之間存在著錯綜複雜的關係，即同一動機可以產生不同的行為表現；同樣，同一行為亦可能由不同動機所引起。「貪小便宜」是人們生活中的一種行為表現，並不一定是渾身沾滿銅臭的利己思想的反映；即使是利己主義

者，亦並不一定就是不可救藥者，況且各人表現的程度不盡相同。

一般說來，貪小便宜者有兩種：一種是受生活習慣所影響；另一種是受生活觀念所支配。因此，與不同心理狀態的貪小便宜者相處，就應持不同的態度，用不同的鑰匙去打開他們的「心鎖」。

一些人貪小便宜的壞習慣是受社會環境（尤其是家庭環境）的影響，而形成的一種生活習慣。這種人往往缺乏遠大的理想，胸無點墨，生活作風隨便，自尊要求低，得過且過，不求上進。這種人，一般心地不壞，而且性格外向，毫無隱諱，容易深入了解。與這種貪小便宜者打交道，要注意正面批評，引導他們在學習上和工作上下工夫，以提高其理想層次。理想層次提高了，自尊心開始增強，貪小便宜的壞習慣便會相應地得到克服。對這類人貪小便宜的壞習慣，切不可姑息，對他們的姑息，只會加重這種不良生活習慣。另外，也不可對他們進行諷刺挖苦，因為諷刺挖苦會影響其提高自尊的需求。

還有一種貪小便宜的人，他們的行為是受一定意識形態支配的，其貪小便宜的行為反映著其生活觀念。這種人，往往具有比較特殊的生活閱歷，在生活中受過磨難，人生觀上常常表現為以「自我」為中心。

與這類貪小便宜者打交道，採取一般化的說教方法是無法解決其觀念形態的問題的，應真誠地與之相處，用自己博大胸懷去影響和感化他們。在工作、學習、生活中，真誠地、無微不至地去幫助他們，使他們在自己的行動中得到感化。比如，一起外出時，熱情地拉著他，坐車、吃飯、看電影、逛公園時可主動花錢，而對他從不表現出一點不滿和鄙視。平時，可有意地講一些他所欽佩的人的寬宏大度，不計個人得失的事例，使他逐漸意識到自己的不足。

不管源於哪一種心理狀態，貪小便宜的習慣冰凍三尺，非一日之寒，

要求他們一下改掉並不現實，只能從一些小事入手，潛移默化地幫助他們。如果一個人去幫助猶嫌力量不足，可動員幾個要好的朋友來共同幫助他們。當貪小便宜者真正理解你的一顆真誠的心後，他是會永遠感激你的，由此所建立起來的友誼，也一定是純潔的、牢固的。

遷就性格暴躁者

在現代市場競爭十分激烈的社會中，也許人們所面對的壓力太大，現在在工作裡、在家中，人們好像比以前更容易發脾氣。動輒發怒並不是你的正確與威嚴，恰好相反，發怒意味著恐嚇，強迫別人屈服、讓步、聽話、認輸和俯首貼耳。發怒使其他感情都降到次要地位，將事情鬧僵。發怒可以像突然爆發的火山，也可以如緩慢上漲的潮水，無論何種形式，發怒的目的是為了威脅和恐嚇，對付它的祕訣就是不要怕。

記住：當某人對你發怒時，並不一定意味著他把你當成了死對頭，問題很可能來自他的自制力差或對你誤解。這時你可以這樣想：「這個人發這麼大的火，一定是遇到了麻煩。他可能就是我朋友，或者可以成為我的朋友。」

將這兩層意思刻印在你的腦海裡，不管是在什麼時候 —— 在你成為謾罵和侮辱的對象時，在你感到被人拒之門外時，在你似乎被暴躁無理的情緒困擾在是非糾葛中時，都不要針鋒相對、反唇相譏。為什麼？因為這樣做，最終受到不利影響的是你自己的工作效率。你不妨姿態更高一些，更超脫地看問題，其實你也並不想傷害需要你說明的人，傷害一個已置身於麻煩中的人。無論如何，你都不應該在火上澆油。

你該做的是：做一次深呼吸，保持鎮定的情緒，因為你並不是別人大發雷霆的根源。當然，你有你自己的情感。不想給人當出氣筒，不想受別

人欺侮，但是你一定要有自制力和自信心，給自己尋找一個這場暴風雨中心的平靜點。此時，你可這樣想像：

當發脾氣的人揮舞雙臂聲嘶力竭時，而你背著雙手不動聲色；他們緊繃著臉，流露出嘲弄的神色，而你應坦然自若，顯示出大將的風度；有人要對你拳腳相加、大打出手時，你要做到打不還手、罵不還口；有人情緒激動、謾罵不絕時，你應努力使自己心平氣和、穩如泰山。

總之，任何情況下都不要發笑，要是你認為自己的人身安全已受到威脅，就一走了之。可根據具體情況，選用以下某種說法，必要時應作適當修飾：

「我們之間也許存在某種誤會，但我想只要把這些問題解釋清楚，會有辦法扭轉這一切的。」

「我的確與你有同感，但我不會責怪你，請告訴我，現在你需要我做些什麼。」

「是的，這不是你的錯，我打算從頭到尾再檢查一遍，在今天下班前，我會向你提出自己的看法（建議、解決辦法）的。」

如果某人生氣是工作上某種原因或一些具體情況造成的，並沒有直接牽涉到你，那就上前去寬慰對方，「你是對的……我並沒有怪你……我也有同感……」多說一些諸如此類主動緩慢氣氛的話是十分有益的。人在氣頭上需要有一個支持者，你就可以扮演這樣的角色。事實上，危急緊要的時刻主動寬慰他人、緩和氣氛可能有助於你的事業，培養你化解緊張的氣氛和恢復平靜的生活的能力，從而使你的人際關係網處於和諧的狀態。

獲得諾貝爾化學獎的荷蘭科學家雅各布斯‧亨里克斯‧凡特荷夫（Jacobus Henricus van't Hoff），提出關於碳原子新理論之後，遭到德國有機化學家阿道夫‧威廉‧赫爾曼‧科爾貝（Adolph Wilhelm Hermann Kolbe）的

強烈反對。凡特荷夫當眾表示：「科爾貝老先生的宏論，從頭到尾並沒有推翻我研究出來的鐵一般的事實。」科爾貝聽到此話，怒氣衝天，不遠千里趕到荷蘭找凡特荷夫辯論。當科爾貝怒氣衝衝地踏進凡特荷夫的辦公室時，凡特荷夫熱情地接待了他，冷靜而謙遜地闡述自己的觀點，結果使科爾貝很快消除了誤解。兩位科學家從此「化敵為友」，欣然攜手合作。

擺脫搬弄是非者

有人曾在某地六所中學 782 名高中學生中作了調查，調查的題目是「你平時最害怕什麼？」。結果竟有一半左右的學生（女學生的比例更大）回答說：「最害怕被人背後議論。」人言可畏，可見一斑。人就是這樣：誰背後不說人，誰背後又不被人說？己所不欲，而施於人，這大概是人的劣根性之一吧！背後議論，人們難免為之。然而，由於個人認知的局限性，人與人之間的好惡與向背的情緒又難免滲進議論，因此，背後議論別人時往往也就會不由自主的偏離事物真相。如果議論者是有意識的，借議論造謠、中傷、挑撥離間，那就是心理上的變態。

搬弄是非的人，以背後說人壞話、挑撥離間為能事。與這種人相處，的確不容易，非掌握一些訣竅不可。

一是坦蕩。人生在世，全然不被人議論，是不可能的。背後議論，就其內容而言，有些符合事實，有些是不符合事實的；就其動機而言，有善意的，也有惡意的。但不管怎麼，都應坦蕩置之，不要因聽到讚美而忘乎所以，變得自大，也不要因聽到一些難聽的議論而怒髮衝冠，耿耿於懷，或痛心疾首、惶惶不可終日。否則，就會失去心理平衡，做出蠢事，而中了搬弄是非者的奸計。

二是正直。背後議論別人，是一種不道德的行為，不能遷就，必須正

直地站出來，幫助議論者改正不良習慣。幫助搬弄是非者改正惡習，行之有效的辦法，是尊重對方，以朋友式的態度進行善意的規勸；同時，巧妙地引導對方正確理解人的方法。比如，當對方談論他人時，可以先順著對方的話，談談這個人確實存在的缺點，然後再談他的大量長處，從而形成一個正確的結論。

如果對方搬弄是非惡習已根深蒂固，那就乾脆不加理睬，「走自己的路，讓別人去說吧！」千萬不可一聽到搬弄是非的話，就立即去找那人對質。這樣會使大家都感到很難堪，也解決不了根本問題。更不要一時性急，去找那人「算帳」，萬一打起來那就更難堪了。這樣也會使大家把你和他等同起來，看成沒修養的人。

記住：君子坦蕩蕩，小人常戚戚。強者是為自己的目標而活著，只有弱者才會被周圍的是非議論所左右。

開啟性格孤僻者的心鎖

有這樣一種人，他們感情內向，整日把自己禁錮在鬱鬱寡歡、焦躁煩惱的樊籠裡，他們心境陰沉，缺乏生活樂趣。這種人，我們稱之為「性格孤僻的人」。

心理學認為，性格是一個人表現在對現實的穩定態度，以及相應的習慣行為方式上的個性心理特徵。一棵參天大樹，不可能有兩片完全相同的樹葉；芸芸眾生的人間，也不可能有兩個性格完全相同的人。每個人的性格，都是他的全部生活史的縮影。因此，我們要同性格孤僻的人進行成功的交往，重要的是必須了解其所以孤僻的原因，以便採用合適的對策。

不管性情孤僻者的孤僻根源於什麼，我們與之相處，都應給予其溫暖和體貼，讓他們透過友誼體驗人間的溫暖和生活的樂趣。因此，在學習、

工作和生活的細節上，我們要多為他們做一些實實在在的事，尤其是當他們遇到自身難以克服的困難時，更應主動地站出來，幫忙解決。實踐說明，只有友誼的溫暖，才能消融他們心中的冰霜。

性格孤僻的人，一般不愛說話。有時候儘管他們對某一事情特別關心，也不願主動開口。但是不透過談話，是難以交流思想感情的。因此，我們與之相處交談時，既要主動，還要善於選擇話題。一般說，只要話的內容觸到他們的興奮點，他們是會開口的。

性格孤僻的人，往往喜歡抓住談話中的某些細微環節，進行聯想，胡亂猜疑。別人一句非常普通的話，有時也會引起他們的不高興，並久久銘刻於心，以至產生很深的心理隔閡。對這種隔閡，他們又不直接表露，而是以一種微妙的形式作出反應，使當事人難以察覺。因此，我們與之交談時，要特別留神，措辭、選句都要細加斟酌，不可疏忽大意。

在與性情孤僻的人有了初步的交往後，我們就應多引導他們讀些有關書籍，幫助他們建立正確的世界觀、人生觀、社會觀，並在此基礎上建立正確的友誼觀、愛情觀、婚姻觀和家庭觀，逐步改善和諧的人際關係。經驗表明，只有這樣，才能使交往真正深入下去。

我們應該引導他們多參加一些團體活動，促使他們從個人孤獨的小圈子中解脫出來，投入社會和團體的懷抱，變得開朗起來。在活動的內容的形式上，應考慮他們的特點，選擇一些輕鬆愉快的主題。比如：聽聽輕音樂、唱唱 KTV；看看喜劇、體育比賽；遊覽名勝古跡等。

孤僻的性格，並非一朝一夕形成的，有的人已經形成了生活方式，很難改變。你要與他們打交道，有時難免會遭到冷遇，甚至不愉快。所以，必須具有足夠的耐心，當他的心鎖逐漸被你啟開後，你們的友誼就將與日俱增，成為你人際關係網中難得的摯友。

第七章 化「敵」為友，為我所用

直面心高氣盛的孤傲者

在人際交往中，有些人自恃自己的地位、學識、年齡等優勢，而表現出一種盛氣凌人的傲氣，或者極端地蔑視他人、或者大肆地攻擊他人、有時甚至還肆意地侮辱他人。這種人的行為勢必給他人帶來不愉快，或者嚴重地影響他人的情緒，甚至會破壞團體的團結，因此，必須予以制止而不能任其惡性地發展。

那麼，怎樣對付這種傲氣的人呢？

巧設困難抑其傲氣

一些人自恃知識廣博，閱歷豐富，因而目空一切，瞧不起別人，表現出不可一世的姿態。對付這種傲氣者只要巧妙地設置一個難題，就可打擊其傲氣。這是因為不管其知識多麼廣博，閱歷多麼豐富，然而在這個大千世界裡畢竟是滄海一粟，而其一旦發現自己也存在著知識缺陷，其傲氣自然就會煙飛雲散了。

在一次國際會議期間，一位西方外交官非常傲慢地對某國一位代表提出了一個問題：「閣下在西方逗留了一段時間，不知是否對西方有更多的了解。」顯然，這位外交官是在以傲慢的態度嘲笑該國代表。該國代表淡然一笑回答道：「我是在西方接受教育的，40 年前我在巴黎受過高等教育，我對西方的了解可能比你少不了多少。現在請問你對東方了解多少？」面對這個代表的提問，那位外交官茫然不知所措，滿臉窘態，其傲氣頃刻蕩然無存了。

顯然，該國代表所提出的問題，是那位自以為知識豐富而渾身充滿傲氣的外交官無法回答的。因為他不了解東方的情況，因此不但沒有顯示出自己知識的淵博，反而暴露了自己的無知，此刻他還有什麼傲氣可言呢？

無疑，巧設難題可有效地抑制傲氣者，但是應注意所設置的難題一定要是抓住對方的弱點，使他無法回答，因為只有這樣，才能暴露對方的無知或者缺陷，從而挫其傲氣。如果設置的問題並沒有切中對方的弱項，這樣不但不會挫其傲氣，相反的更會助長其傲氣，而使自己處於更難堪的境地。

抓住痛處挫其傲氣

西元 1959 年，美國副總統理查‧尼克森（Richard Nixon）赴蘇聯，主持美國展覽會。在尼克森赴蘇之前不久，美國國會通過了一項關於被奴役國家的決議。蘇聯領導人赫魯雪夫對此極端不滿。因此，當尼克森與他會晤時，他極端傲慢無禮，表現出一種從未有過的傲氣，十分憤慨而又極端蔑視地對尼克森說：「我不了解你們國會為何在這麼一次重要的國事訪問前夕，通過這種決議。這使我想起了俄國農民的一句諺語：『不要在馬廄裡吃飯。』你們這個決議臭得像剛拉下來的馬糞，沒有比這馬糞更臭的東西了。」對這些傲慢無禮的言辭，尼克森毫不客氣地回敬道：「我想主席先生大概錯了，比馬糞還臭的東西是有的，那就是豬糞！」赫魯雪夫聽後，傲氣大挫，不由得臉上泛起了一陣羞澀的紅暈。原來他年輕時當過豬官，毫無疑義曾聞過豬糞的氣味，因此機智的尼克森立刻抓住赫魯雪夫這一痛處，使赫魯雪夫自討沒趣，他的傲氣自然也就煙消雲散了。

我們運用這種方法時，一定要針對傲氣者的痛處，而且傲氣者的這種痛處必須是客觀存在，而又是有相當一部分人知道的。只有這樣，才能動搖其傲氣的根基，而使其反思自己的行為，從而收斂自己的傲氣。

抓住弱點攻其傲氣

英國駐日公使巴夏禮爵士（Sir Harry Parkes）是個傲氣十足的人，他在與日本外務大臣寺島宗常和陸軍大臣西鄉隆盛打交道時，常常表現出對

他們不屑一顧的神態，並且還不時地嘲諷寺島宗常和西鄉隆盛。但是每當他碰到棘手的事情時，他總喜歡說一句話：「等我和法國公使交談之後再回答吧！」寺島宗常和西鄉隆盛商量決定抓住這句話回擊巴夏禮，使其改變這種傲氣十足的行為。一天，西鄉隆盛故意問巴夏禮：「我想冒昧地問你一件事，英國到底是不是法國的屬國呢？」

巴夏禮聽後又挺起胸膛傲慢無禮地回答說：「你這種說法太荒唐了。如果你是日本陸軍大臣的話，那麼完全應該知道英國不是法國的屬國，英國是世界最偉大的立憲君主國！」

西鄉隆盛冷靜地說：「我以前也曾認為英國是個偉大的獨立國，現在我卻不這樣認為了。」

巴夏禮憤怒地質問道：「為什麼？」

西鄉隆盛從容地微笑著說：「其實也沒有什麼特別的事，只是因為每當我們代表政府和你談論到國際上的問題時，你總是說等你和法國公使討論後再回答。如果英國是個獨立國的話，那麼為什麼要看法國的臉色行事呢？這麼看來，英國不是法國的附屬國又是什麼呢？」

傲氣十足的巴夏禮被西鄉隆盛問得啞口無言，從此後他們互相討論問題時，巴夏禮再也不敢傲氣十足了。

毫無疑問，任何人都難免有自己的弱點，而傲氣者一般都未曾發現自己的弱點。而一旦別人抓住其弱點攻擊其傲氣，使其看到自己的弱點，就會瓦解其傲慢的氣勢。

不予理睬剎其傲氣

一些充滿傲氣的人，別人越理他，他的傲氣就越大。因而對這種傲氣者採取不予理睬的態度，有意冷落他，使其孤立，這樣就可削弱甚至打掉

其傲氣。某單位調來了一名技術員。這位中年人有著經得起考驗的技術，因此十分瞧不起別人。他經常教訓其他人，弄得大家都不愉快。於是大家對他採取不予理睬的態度，有些人見他來了轉身就走。久而久之，他自覺無趣，於是改變了自己的態度，主動與大家接近，探討技術問題，從此大家再也看不到他身上的傲氣了，也就又恢復了與他的正常交往。

為什麼採取這種方法能使傲氣者改弦易轍呢？

這是因為傲氣者大都是為了在眾人面前顯示自己高人一等的價值，而大家都不理睬他，這樣使他不但沒有顯示自己的價值機會，反而使自己處於孤獨無援的境地，因而在這種環境的迫使下，他也不得不反省自己不受歡迎的原因，也就不得不改弦更張了。

我們採取上述方法對付傲氣者，目的是為了找到他的病源之後，使其改變影響人脈資源的不正常因素，促使其與他人正常交往，因此在運用這些方法時，一定要抱著與人為善的態度，切不可嘲諷、譏笑，甚至侮辱他人的人格，否則就會與我們「化『敵』為友，為我所用」的目的背道而馳了。

擁抱你的「仇人」

與人交往，總會有摩擦，總會遇到使自己不愉快的人。隨意發洩固然痛快，但卻會因此獲罪於人，無意中為自己樹立了敵人。要想成為一個人脈高手，有些時候，應該像聖經上說的那樣「愛你的『敵人』」那樣大度。

有一部電影描述了一個這樣的故事：

美國西部拓荒時期，一位牧場的主人因為全家大小被土匪槍殺，因而變賣牧場，從此浪跡天涯尋機復仇。

第七章　化「敵」為友，為我所用

家破人亡的深仇大恨誰都想報，可是當這牧場主人花了十幾年的時間找到凶手時，才發現那位凶手已年老體衰、重病纏身，躺在床上毫無抵抗能力，他用虛弱的聲音請求牧場主人給他致命的一槍，牧場主人把槍舉起，又頹然放下。

牧場主人沮喪地走出破爛的小木屋，在夕陽照著的大草原中沉思，他喃喃自語：「我放棄了一切追求，虛度幾十年寒暑，如今找到了仇人，我也老了，報仇又有什麼意義呢……」

電影的故事是編寫的，但編劇者根據的也是現實生活，因此這雖然是電影故事，但提供給人們深刻的反省，而這反省也就是我們強調的「有仇不報是君子」的道理。

首先來看看一個人要「報仇」所需的投資。

- **精神的投資**：每天計畫「報仇」這件事，要花費很多精神，想到恨之切齒處，精神情緒的劇烈波動，更有可能影響到身體的健康。

- **財力的投資**：有人為了「報仇」而耽誤了一輩子的事業，大有「玉石俱焚」的味道，就算不放下一輩子的事業，也要花費不少的精力、財力做部署的工作。

- **時間的投資**：有些「仇恨」不是說報就能報，三年、五年、八年、十年，甚至 20 年、40 年都有可能報不成，就算報成了吧！自己也年華老去了。

由於「報仇」此事投資頗大，而且還不一定報得成，而不管報得成或報不成，只要「報仇」，你不只心動而且行動，那麼自己都要元氣大傷，因此我們還是建議「有仇不報」。

一個成熟的人、有智慧的人知道輕重，知道什麼東西對他有意義、有

價值，「報仇」這件事雖然可消「心頭之恨」，但「心頭之恨」消了，也有可能失去了自己，所以「君子」有仇不報。

人和動物有些方面是不同的，動物的所有行為都依其本性而發，屬於自然的反應；但人不同，經過思考，人可以依當時需要，做出各種不同的行為選擇，例如 —— 學會「愛」你的仇人。

「愛」你的仇人，這是件很難做到的事，因為絕大部分人看到仇人都會有滅之而後快的衝動，或環境不允許或沒有能力消滅對方，至少也會保持一種冷漠的態度，或說說讓對方不舒服的嘲諷話，可見要「愛」敵人是多麼難。

就因為難，所以人的成就才有高有低，有大有小，也就是說，能當眾擁抱仇人的人，他的成就往往比不能「愛」仇人的人高大。

此話怎講？

能「愛」自己的仇人的人是站在主動的地位，採取主動的人是「制人而不受制於人」，你採取主動，不只迷惑了對方，使對方搞不清你對他的態度，也迷惑了第三者，搞不清楚你和對方到底是敵是友，甚至都有誤認你們已「化敵為友」。可是，是敵是友，只有你心裡才明白，但你的主動，卻使對方處於「接招」、「應戰」的被動態勢，如果對方不能也「愛」你，那麼他將得到一個「沒有度量」之類的評語，一經比較，二人的分量立即有輕重。所以當眾擁抱你的仇人，除了可在某種程度之內降低對方對你的敵意，也可避免惡化你對對方的敵意。換句話說，為敵為友之間，留下了條灰色地帶，免得敵意鮮明，反而阻擋了自己的去路與退路。地球是圓的，天涯無處不相逢。

此外，你的行為，也將使對方失去再對你攻擊的立場，若他不理你的擁抱而依舊攻擊你，那麼他招致他人的譴責。

而最重要的是，「愛」你的仇人這個行為一旦做了出來，久了會成為習慣，讓你和人相處時，能容天下人、天下物，出入無礙，進退自如，這正是成就大事業的本錢。

　　所以，競技場上比賽開始前，二人都要握手敬禮或擁抱，比賽後也一樣再來一次，這是最常見的當眾擁抱你的仇人 —— 競爭對手。

　　「愛」你的仇人這是在豐富我們人際關係網中必修的一課，也是最難的一課，連仇人都可以「愛」，還有什麼不可放下，還有什麼人不能愛，擁有這種氣量的人，他本身就已經具有了很大的能量。鑄劍為犁，化敵為友，如果通不過這一關，我們始終進不了人脈最高境界。

第八章　莊重知禮，受人敬重

第八章　莊重知禮，受人敬重

在社交場合或與人交往時，一個人的一舉一動、一言一行都會給他人留下深刻的印象，因此，你的姿態、言行舉止的表現方式首先應考慮到他人，即是否有禮貌、是否尊重他人。如有的人衣冠楚楚卻出言不遜，聽別人講話時漫不經心，或隨意打斷對方的談話等等，這些行為都是不尊重他人、缺乏教養的表現。

一個人的姿態、舉止又和他的風度息息相關。「宰相肚裡能撐船」，這是一種豁達的政治家風度；蘇東坡詠嘆的「羽扇綸巾」、「雄姿英發」，是孔明、周瑜等善施妙計的謀士的風度；同樣，一個人在公共場合若敞胸露懷、歪戴帽子、嘴吹口哨，則給人「流裡流氣」的印象，那種不修邊幅、拉邋拉遢則對思想消極、意志消沉者的最生動的寫照了。

一個人的姿態舉止不單純是在某種場合刻意表現出來的，而是透過日常生活中的培養訓練，久而久之，便體現出一個人的氣質。俗話說「坐有坐相，站有站相」，有的年輕人在公共場所（如公車、電影院裡）翹著二郎腿、坐姿歪斜的就很不雅觀。我們生活中有許多「細枝末節」也應注意，如有人對著別人咳嗽、打噴嚏，與人談話時挖鼻孔、摳耳朵，不分對方年紀大小，見面就勾肩搭背拍對方的肩膀等等，都屬於應克服之列。

一個人的姿態舉止應該大方、得體、自然。過分了就顯得做作、虛假。要率直而不魯莽，活潑而不輕佻，在工作時緊張而不失措，休息時輕鬆而不懶散，交談時謙虛而不迂腐。這都屬於人脈交往中思想行為修養的範圍，要特別予以注意。

「知禮而後仕」。在人際關係網中，必須注重修養、講究禮儀，給大家留下一個莊重而知禮的形象，這樣才能受到人們的敬重。

會打招呼是最基本的禮儀

　　無論在公司還是在路上，若遇見熟人，都要主動打招呼，致以問候。我們看見了熟人不能視而不見，把頭轉向一邊，擦肩而過。這是最基本的禮貌。但也不宜見人就聊個不停，影響他人做事。另外，打招呼最常用的就是「你好」，而用「吃飯了嗎？」、「要去哪裡呢？」這類問候語時，一定要注意場合和對方的神情。有個笑話說，某人習慣用「吃飯了嗎」打招呼，以至於碰到剛從洗手間裡出來的熟人也這樣打招呼，結果會引起對方的困惑。還有，像「在忙什麼呢？」這類問候性的打招呼也要少用，因為這種問候會有干涉別人隱私的嫌疑，也許會令人不愉快。

　　很多人都有這樣的感受，就是在路上遇到不很熟悉的異性很覺尷尬，不打招呼顯得不禮貌，打招呼又不太好意思。其實，不必對此過於緊張，正確的做法應該是點頭示意的方式打招呼，這樣既顯得熱情，亦不是一副冷冰冰的面孔。但是一位男士偶然在路上遇見不太相熟的女士，應首先打招呼，但表情不可過分殷勤。

　　見到很久不見的老朋友，不要大聲驚呼，也不要隔著馬路或隔著人群就大聲呼喚，如果邊喊邊穿越馬路，那就可能會有危險了。寒暄之後，如果還想多談一下子，應該先往路邊靠，避開擁擠的行人，不要站在來往人流中進行攀談。

　　兩人以上同行遇到熟人時，你應主動介紹一下身邊的這些人，如「這是我的同事」，除正式場合，一般沒必要一一介紹，然後應向同伴們介紹一下你的這位熟人，也只要說一下他（她）與你的關係即可，如「這是我的鄰居」，被介紹者應相互點頭致意。

　　如果男女兩人一起上街，遇到女士的好朋友，女士可以不把男伴介紹

給對方，男士在她們寒暄時，要自覺地隔開一段距離等候，待女伴說完話後繼續一起走；女士對男伴的等候應表示感謝，且與人交談的時間不可太長，不應該讓男伴等太久。如果遇到男士熟悉的朋友，男士則應該主動把女伴介紹給對方，這時女士應有禮貌地向對方點頭致意。如果是兩對夫婦或兩對情侶路遇，相互致意的順序應是：女士們首先互相致意，然後男士們分別向對方的妻子或女友致意，最後才是男士們互相致意。

打招呼時有一個最基本的問題，就是不要為了表示親切而牽涉到個人私生活，要是把個人隱私方面的話題拿出來「寒暄」，打這類招呼反而會引起對方的不快。

一般打招呼要熱情簡潔，不要太過於繁雜，其實一句普通的帶著微笑的「您好」，就能夠拉近兩人的距離了，再添加別的內容反倒成了累贅，甚至給對方以拖遝、不俐落的感覺，甚至於不希望下次見到你。

學會用敬語與謙語

下面這些傳統的客氣話，會彰顯你的修養。

- 初次見面說「久仰」，分別重逢說「久違」。
- 請人批評說「指教」，求人原諒說「包涵」。
- 求人幫忙說「勞駕」，求人方便說「借光」。
- 麻煩別人說「打擾」，向人祝賀說「恭喜」。
- 請人看稿稱「閱示」，請人改稿說「斧正」。
- 求人解答用「請問」，請人指點用「賜教」。
- 托人辦事用「拜託」，贊人見解用「高見」。
- 看望別人用「拜訪」，賓客來至用「光臨」。

- 送客出門說「慢走」，與客道別說「再來」。
- 陪伴朋友用「奉陪」，中途先走用「失陪」。
- 等候客人用「恭候」，請人勿送叫「留步」。
- 歡迎購買叫「光顧」，物歸原主叫「奉還」。
- 對方來信叫「惠書」，老人年齡叫「高壽」。
- 自稱禮輕稱「菲儀」，不受饋贈說「反璧」。

上面這些客套話，都屬敬語和謙語，如能恰當運用它們，會讓人覺得你彬彬有禮，貌若君子，很有教養。它可以使互不相識的人樂於相交，熟人更加增進友誼；請求別人時，可以使人樂於提供幫助和方便；發生矛盾時，可以相互諒解，避免衝突；洽談業務時，使人樂於合作；在批評別人時，可以使對方誠懇接受。

在稱呼方面要注意：

- 稱呼長輩或上級可以用老長官、老先生、大叔、大娘、叔叔、伯伯等。
- 稱呼平輩可以用兄、姐、先生、女士、小姐等。
- 詢問對方姓名可用貴姓、尊姓大名、芳名（對女性）等。
- 詢問對方年齡可用高壽（對老人）、貴庚、芳齡（對女性）等。
- 敬語中，「請」字功能很強，是語言禮儀中最常用的敬語，如「請」、「請坐」、「請進」、「請喝茶」、「請就位」、「請慢用」等。「請」字帶來了人際關係的順利進展，交往的順利進行。

謙語就是自謙的話，使用正確的謙語，能使對方與自己的距離縮短，為彼此的談話奠定友好的基礎和融洽的氣氛。在社會上與人相處時，如果不會正確使用恰當的謙語，就會對自己造成不利的影響，引起別人的猜

忌、困惑或反感，甚至使別人誤會了自己的好意，從而給人留下不佳的印象，因此要格外謹慎地使用謙語。

謙語較敬語數量要少一些。如謙稱自己用在下、鄙人、晚生等。

謙稱家人可以用家父、家母、家兄、舍妹、小兒、小侄、小婿等。

當言行失誤之時，說「很抱歉」、「對不起」、「失禮了」、「不好意思」等。

請求別人諒解之時，可說「請包涵」、「請原諒」、「請別介意」。

有些敬語或謙語是把日常使用語進行文雅化的修飾，而使之成為日常通用的謙讓語。比如，把「我家」說成「寒舍」，把「我到您那裡去」說成「我去拜訪您」，把「請您看看」說成「請您過目」，把「我認為」說成「以我的膚淺之見」，把「您收下」說成「請笑納」等等，都是這樣的。

家中有客人來訪問時，端出茶點向客人說：「你吃不吃？」這是很無禮的，應該泡茶一杯，說：「請您嚐嚐看。」或說：「請您慢用。」這才較為合適。

敬語和謙語不可濫用。如果大家在一起相處很久了，特別是非正式場合中，有時就可不必多用謙讓語。熟人之間用多用濫了謙讓語，反而會給人一種虛偽之感。

當然在平時，即使你是率直、不拘小節的人，對別人說話時也應盡量注意禮貌及謙和的態度，如此經常不忘以誠懇的口吻說：「請」、「謝謝」、「對不起」、「您好」、「麻煩您」、「抱歉」、「請原諒」等謙讓語，必定使你的人際關係網更加穩固。

介紹的禮儀

　　介紹和被介紹是社交中常見而重要的一環，懂得吸引人、有效率的介紹方式，是拓展人脈的一項利器。一個擅長於此的人往往可以透過被介紹、自我介紹或介紹他人的動作中，展現出隨和、可靠、博學的特徵。

　　如果兩個人沒有作自我介紹，他們就無法深化談話的內容，一旦經介紹相識之後，陌生感才會消失，兩人之間的距離才會縮短。能迅速地結識人，並且獲得於己有用的資訊，這是成功人士所具有的一項特質。

　　介紹還可以消除不必要的誤會，使人際交往進行下去。《鋼鐵是怎樣煉成的》一書中有一個小故事：保爾·安德烈耶維奇·柯察金深深地愛著安娜，兩人關係非常親切。但保爾有一天發現安娜房裡來了一位陌生的男子，兩人非常親密，於是產生了誤會，保爾斷絕了與安娜的來往，愛情由此夭折。其實這位男子是安娜的哥哥，如果安娜作一個簡單的介紹，誤會也不會產生了。

　　恰到好處地介紹並不複雜，最重要的是在社交場所如何去做。

介紹他人的禮儀

　　當為他人介紹時，要先了解雙方是否有結識的願望，不要貿然行事，這種介紹方式還可以說明被介紹人與自己的關係。以便新結識的人相互了解與信任。在介紹時，注意不要用手指指點，而應禮貌地以手示意。

　　介紹的順序一般是先把身分低、年紀輕的人介紹給身分高、年紀大的，把男子介紹給婦女。介紹時，除婦女和年長者外，被介紹者一般應起立，但在宴會桌上、會談桌上則可不必起立，被介紹者只要點頭微笑有所表示即可。具體來說，介紹的禮節有下面幾點：

- 在介紹過程中，先提到某個人的名字以表尊敬。
- 當介紹陌生男女相識時，通常先把男士介紹給女士。但是也有例外，如果男士的年紀比女士大很多時，則應將女子介紹給那位男性長者，以表示對長者的尊重；年輕者被介紹給年長者，以表示對長者的尊敬；地位低的被介紹給地位高的。如果在被介紹相識的兩個人或幾個人中，有一位地位較別人高，則宜將別人先介紹給他。
- 當雙方性別相同、年齡、地位相當，未婚者通常被介紹給已婚者，除非未結婚的人年齡比已婚者大很多。介紹時，通常後被介紹者應向前主動伸出手來，與對方握手。握手後，雙方應寒暄幾句，如隨身帶有名片，可以互換名片。互換時，要注意用雙手遞給對方，收取一方應雙手接受，看過之後應尊敬地放入名片夾中，不可隨隨便便丟在桌上或折起、卷起。介紹時還應注意自己的體態：趨前，微笑，點頭，目視對方，舉止端莊得體。

接受介紹時的禮儀

介紹需要講究必要的禮節，而接受介紹時應採取什麼態度和行為來表現自己呢？

- **起立**：男士起立，女士同樣也要起立，尤其是給你介紹長輩之時，不起立就會讓人誤以為你的身分比對方高。
- **目視對方，面帶微笑**：被介紹人的目光一定要注視著對方的臉部，無論是男是女。不要讓其他事情分散你的注意力，不要東張西望，以免給對方留下心不在焉、不重視或不歡迎的印象。
- **握手**：如果雙方均為男性，握手絕對必要，這象徵著信任和尊敬。如果把男性介紹給女性認識時，女性如認為關係一般時可點頭微笑致

意，如覺得有握手必要時，可以先伸出手來，表示出熱誠。

- **問候對方並複述對方姓名**：你可以說：「能認識你很高興，李先生。」、「你好，張先生。」
- **交談後走時要互相道別**：說一聲「再見」可以給雙方留下好印象。

在接受介紹時，如果你沒有聽清對方的名字，可以請對方再說一遍，千萬不要覺得不好意思。你可以說：「對不起，我沒聽清楚你的名字，可否請你再講一次。」別人不僅不會生氣，甚至會覺得很受用，因為他看出你很在乎他的名字。

握手有講究

握手，它是人與人交際的一個部分。握手的力量、姿勢與時間的長短，往往能夠表達出不同禮遇與態度，顯露自己的個性，給人留下不同的印象。透過握手我們也可了解對方的個性，從而贏得交際的主動。美國著名盲聾女作家海倫·凱勒（Helen Adams Keller）曾寫道，手能拒人千里之外，也可充滿陽光，讓你感到很溫暖。事實也確實如此，因為握手是一種語言，是一種無聲的動作語言。

通常與人初次見面、熟人久別重逢、告辭或送行均以握手表示自己的善意，因為這是最常見的一種見面禮、告別禮。有時在一些特殊場合，如向人表示祝賀、感謝或慰問時；雙方交談中出現了令人滿意的共同點時；或雙方原先的矛盾出現了某種良好的轉機或徹底和解時，習慣上也以握手為禮。

第八章　莊重知禮，受人敬重

握手的順序

在一般情況下，主人、長輩、上司、女士主動伸出手，客人、晚輩、下屬、男士再相迎握手。

長輩與晚輩之間，長輩伸手後，晚輩才能伸手相握；上下級之間，上級伸手後，下級才能接握；主人與客人之間，主人宜主動伸手；男女之間，女方伸出手後，男方才能伸手相握；如果男性年長，是女性的父輩年齡，在一般的社交場合中仍以女性先伸手為主，除非男性已是祖輩年齡，或女性未成年在 20 歲以下，則男性的長者先伸手是適宜的。但無論什麼人，如果他忽略了握手禮的先後次序而已經伸出了手，對方都應不遲疑地回握。

握手的方法

握手時，距離受禮者約一步，上身稍向前傾，兩足立正，伸出右手，四指併攏，拇指張開，向受禮者握手。

一般來說，掌心向下握住對方的手，顯示著一個人強烈的支配欲，無聲地告訴別人，他此時處於高人一等的地位，因而，我們應盡量避免這種傲慢無禮的握手方式。相反，掌心向裡與他人的握手方式顯示出謙卑與畢恭畢敬，如果伸出雙手去捧接，則更是謙恭備至了。平等而自然的握手姿態是兩手的手掌都處於垂直狀態，這是一種最普通也最穩妥的握手方式。

握手時應伸出右手，不能伸出左手與人相握。戴著手套握手是失禮行為，一般情況下，男士在握手前先脫下手套，摘下帽子，女士可以例外。當然在嚴寒的室外有時可以不脫，比如雙方都戴著手套、帽子，這時一般也應先說聲：「對不起」。握手者雙目注視對方，微笑，問候，致意，不要看第三者或顯得心不在焉。

如果你是左撇子，握手時也一定要用右手。當然如果你右手受傷了，

那就不妨聲明一下。

在人際交往中，當介紹人完成介紹任務之後，被介紹的雙方第一個動作就是相互握手致意。握手的時候，眼睛一定要注視對方的眼睛，傳達出你的誠意和自信，千萬不要一邊握手一邊東張西望，或者跟這個人握手還沒完，就將目光移至下一個人身上，這樣別人從你眼神裡體味到的只能是輕視或慌亂。那麼是不是注視的時間越長越好呢？並非如此，握手只要幾秒鐘即可，雙方手一鬆開，目光即可轉移。

握手的力度要掌握好，握得太輕了，對方會覺得你在敷衍他；太重了，人家不但沒感到你的熱情，反而會覺得你是個老粗，女士尤其不要把手軟綿綿地遞過去，顯得連握都懶得握的樣子，既要握手，就應大大方方地握。

如果要表示自己的真誠和熱烈，也可較長時間握手，並上下搖晃幾下。在一般交往中，不要用雙手抓住對方的手上下搖動，那樣顯得太恭謙，使自己的地位無形中降低了，完全失去了一個企業家的風度。

被介紹之後，最好不要立即主動伸手。年輕者、職務低者被介紹給年長者、職務高者時，應根據年長者、職務高者的反應行事，即當年長者、職務高者用點頭致意代替握手時，年輕者、職務低者也應隨之點頭致意。和女性握手，一般男士不要先伸手。

多人相見時，注意不要交叉握手，也就是當兩人握手時，第三者不要把胳膊從上面架過去，急著和另外的人握手。

在任何情況下，拒絕對方主動要求握手的舉動都是無禮的，但手上有水或不乾淨時應謝絕握手，同時必須解釋清楚並致歉。

恰當的握手可以向對方表現自己的真誠與自信，也是接受別人和贏得信任的契機。

舉止要有涵養

　　一個人的言談舉止是自身素養在生活和行為方面的反映，是反映現代人涵養的一面鏡子。

　　自古以來就對人的姿態和舉止有「站如松，坐如鐘，行如風」的要求。正確而優雅的舉止，可以使人顯得有風度，有修養，給人以美的好印象；反之，則顯得粗俗，甚至失禮。

　　有些人雖然儀表堂堂或是漂亮異常，但是一舉手投足便顯俗氣，令人生厭。因此，在交際活動中，要給人留下美好而深刻的印象，外在美固然重要，而高雅的談吐和舉止則更讓人喜愛。這就要求我們在平時的一舉手一投足時，都要有意識地鍛煉自己，養成良好的行為姿態，做到舉止端莊、優雅得體、風度翩翩。

　　高雅舉止的基本要求，是指人們在日常生活、工作、學習和社會交往中，站、坐、行等一些基本動作應具備的禮儀規範。

站有站相

　　人的正常站姿，也就是人自然直立的姿勢。要求頭正，頸直，兩眼平視，嘴、下顎微收；雙肩平且微向後張，挺胸收腹，上體自然挺拔；兩臂自然下垂，手指併攏自然微屈，中指壓褲側縫；兩腿挺直，膝蓋相碰，腳跟併攏，腳尖張開；身體重心穿過脊柱，落在兩腳正中。從整體上形成優美挺拔、精神飽滿的體態。

坐有坐相

　　人的正常坐姿是在身後沒有任何依靠時，上身挺直稍向前傾，膝關節平正，兩臂貼身自然下垂，兩手隨意放在自己腿上，兩腳間距與肩寬大致

相等，兩腳自然著地。在正式社交場合，即使背後有依靠時，也不能隨意把頭向後傾靠，以免顯得懶散。理想的坐相就是我們常說的「坐如鐘」。

在日常生活中，我們當然不可能時時處處都像上面所說的那樣端莊穩重。但為了坐姿的正確優美，還是應該注意以下幾點：

- 落座後兩腳不要分得太開，女性這樣坐尤為不雅。
- 兩腳交疊而坐時，懸空的腳尖應朝下，切忌上下抖動。
- 與人交談時，勿將上身向前傾或手支下巴。
- 落座後應該安靜，不要東張西望，給人不安分的感覺。
- 坐下後雙手可相交疊在大腿上，或輕搭在沙發扶手上，但手心應向下。
- 如果座位是椅子，不可前俯後仰，也不能把腿架在椅子或踏在茶几上，這是非常失禮的。
- 端坐時間過長會使人感覺疲勞，這時可變換為側坐。
- 在社交或會議場合，入座要輕柔和緩，坐姿要端莊穩重，不可猛起猛坐，弄得座椅亂響，造成緊張氣氛，起身站立時，更要小心別帶翻桌上的茶杯等用具，以免尷尬。

總之，坐的姿勢除了要保持腿部的美觀、背部挺直以外，還應做到輕鬆自如、落落大方，方顯得文靜優美。

走有走相

行走的姿勢是每個人最基本的行為動作，也是行為禮儀中必不可少的內容。人行走的時候比站立的時候多，且行走多半在公共場所進行，所以，應該非常重視行走的姿態，給人以輕鬆優美的形象。

人的正常行走應該是身體挺立，兩眼直視前方，兩腿有節奏地向前邁

步，並大致走在一條等寬的直線上。行走時要求步履輕捷，兩臂在身體兩側自然擺動。走路時步態美不美，是由步度和步位決定的。如果步度和步位不合標準，那麼全身擺動的姿態就失去了協調的節奏，也就失去了自身的步韻。

總之，走路的正確姿態應該是：輕而穩，胸要挺，頭抬起，兩眼平視，步度和步位符合標準。鍛煉出你優雅的舉止，將高雅的一面充分展示出來，會使你的形象加分。

不在人前打呵欠

當你和別人談話時，尤其是當你的朋友正在滔滔不絕地高談闊論時，你在一旁感到有些疲倦，你能忍住不把你的嘴巴大大地張開嗎？

在社交場合，在人前打呵欠給別人留下的印象是：這個人不耐煩了。

當你留給別人一個不耐煩的印象時，那麼你先前的言行舉止很可能都被看作是虛偽的炫耀。為什麼呢？因為你只對自己感興趣，而不把別人放在眼裡。

不要以為你疲倦了打個呵欠是很自然的，別人永遠都不會這麼想。

不在人前掏耳挖鼻

有些人手癢，只要他看見什麼可以使用，就拿過來掏耳孔挖鼻子，似乎裡面藏有許多寶物一樣。

尤其是在餐廳裡，大家正在喝茶、吃東西的時候，挖鼻孔、掏耳朵之類的不雅之舉，往往讓旁觀者感到噁心，無心正在吃什麼，某些女性甚至因此而反胃不已。

這個小動作在自己可能感覺很舒適，但在別人看來，則是非常失禮。即使你真的搔癢難耐必須要解決時，不妨暫時離開並表示歉意。

不在他人面前抖動雙腿

我們經常發現有人在坐著的時候，雙腿猶如痙攣般地不停抖動，有時還伴隨著上身的搖晃，連頭也不可避免地動了起來。而此時，他的表情往往是很洋洋自得的，絲毫不顧及他人的感覺。誰會喜歡這種輕浮的人？雙腿顫動不停，不但令對方視線不舒服，而且也給人以情緒不安定的感覺。

這時，你的儀表再瀟灑也會瞬間蕩然無存了。

繫好拉鍊和鞋帶

這種疏忽，是種難以寬恕的疏忽。鞋帶忘記繫上或是男士的褲子拉鍊忘記拉上，在大庭廣眾的場合，無疑是件有傷大雅的事。

留的長指甲中不要有汙垢

留長指甲可能是一種癖好，但也有一些人卻疏於修剪，而且他疏於清理指甲內的汙垢，這就近於失禮了。當和對方握手或者自己取菸、用筷時，半月形的指甲汙垢赫然在目，實在不雅之至！

不要用「喂」來喊人

打電話時，人們為了接通線路，經常「喂」一聲，待互通聲音時你不妨用一聲「早安」或者是「您好」等禮貌用語，然後再說下去。

但是有些人，平時見到朋友也像接電話一樣先來「喂」一聲，這就有失禮貌了，應該以姓名稱呼來招呼對方才對。我們也常見有些人問路，也是「喂」一聲。雖然對方是路人，為了禮貌起見，也應來一聲「你好」、「請問閣下」……

一個言行舉止有涵養的人，猶如一塊強力的磁鐵，不斷地吸引他人充實自己的人脈。

第八章　莊重知禮，受人敬重

不同場合的禮節

生日慶賀的禮儀

本人或親朋好友生日到來之際，一般都舉行生日聚會，以表示對這個特別日子的重視。

對生日表示祝賀一般有兩種形式，即個人和團體的。個人的祝賀方式可送點小禮物，一本書、一束花、一張賀卡等等，都非常有意義。甚至只說幾句祝賀的話，也同樣會令對方歡喜。團體的祝賀方式，通常是幾個要好的同事、朋友湊在一起，合送一份禮物表示心意。

生日蛋糕和生日蠟燭能為生日晚會增添很多情趣。生日晚會上，當過生日者懷著興奮而激動的心情點燃生日蠟燭的時候，伴著「祝你生日快樂」的歌聲，過生日者一口氣把點燃的蠟燭全部吹滅，在這一剎那間，大家應以熱烈的掌聲祝賀主人的生日。接著，生日晚會的中心人物把生日蛋糕切成若干等份，分給在場者。大家愉快地交談，盡情地享受這人生值得懷念的時光。

當今社會，隨著工作節奏的不斷加快，對於慶祝生日聚會的活動也變得簡化，當親朋好友在異地不能聚在一起時，郵寄賀信、賀卡，發禮儀電報、發個 E-mail 或打電話祝賀，也不失為得體的傳遞友好情誼的表達方式。

參加婚禮的禮儀

婚禮的規模由婚禮禮節的習慣和被邀請客人的數量來決定。能夠被邀請出席新人的婚禮是一種榮幸，一個應邀出席婚禮的人如果舉止文雅，談吐幽默，注意禮節，可以為婚禮增添許多光彩。

　　參加婚禮的賓客應適當修飾儀容，不能不修邊幅地去參加婚禮。應換上整潔的禮服，以示對婚禮的重視。但也應注意不能修飾過度，尤其是女賓，如打扮得豔麗異常，則會產生「喧賓奪主」的效果，可能會引起主人的不快。

　　應邀出席婚禮者一般應在出席婚宴前送上禮品，送禮最重要的不在於禮品的價值，而在於表達慶賀的情意。因此可在經濟力所能及的範圍內，精心挑選一兩件有意義的紀念品、工藝品或當事人喜愛的生活用品。可用比較巧妙的辦法徵求一下當事人的意見，或根據平時相知的情況進行判斷，不必與其他送禮人攀比。

　　來賓到達婚禮場所時，通常會在入口處受到新郎新娘等人的熱烈歡迎。來賓這時應走到新郎新娘面前，簡單地道喜：「祝賀你們！」或「恭喜恭喜！」這時，千萬不要纏著新人喋喋不休，以免妨礙他們接待其他賓客。

　　隆重的婚禮場面，來賓應按接待人員的安排入座；如果是自助式的婚禮宴會，則可以比較隨興些。

　　在婚禮上，如果有人發表講話，出席者應留神傾聽，並隨時鼓掌，注意保持婚禮的熱烈氣氛。

　　每個來賓在婚禮上都能遇見一些老朋友及其他熟人，此時，要好朋友喜歡聚在一起，但切記不要老是幾個人在一起竊竊私語，這對其他客人和主持人來說是很不禮貌的。在婚宴上，與幾個同事大談單位裡的事或工作問題，也是很不合適的。

　　當相熟識的人在一起談笑時，有其他賓客走來，應主動請他們一起進來參加交談。

　　在出席婚禮時，我們的言談舉止要有分寸，不能因為氣氛熱烈而忘形

失態。有些人喜歡某些「捉弄新郎和新娘」的把戲，對內容過分庸俗的應堅決杜絕。總之，婚禮中的新郎和新娘是主角，其他人則是圍繞他們的配角，來賓的目的是讓新人和雙方家長們主角感到親切、喜慶、溫暖、幸福和充滿祝福。

探望病人的禮儀

當聽到關係親密的熟人和朋友得病或負傷的消息時，馬上就想去探望，這種心情乃是人之常情。然而探望傷病號並非越早越好，要知道，在不恰當的時候去探望，反而會給傷病號增添麻煩。譬如，病情嚴重、必須絕對安靜或者病號剛做手術之後，暫不要去探望才符合禮儀。

因此，前去探望病人的時候，應該事先盡可能了解病人的病情和精神狀況。可向已經探望過的人了解，也可掛電話向病人家屬詢問，或者先在電話中表示慰問之意，同時了解病人的情況。倘若事先無法取得聯繫，也可先去探望，到達後應向護理人員或家屬了解病情，根據病情再確定探望病人的日期。

無論病人是在家休養還是院治療，都不宜清晨、中午、傍晚、深夜，以及病人吃飯時和飯後休息時前往探望。因為病人體弱，這時是病人必須充分靜養的時候，如果有人冒昧去探望，反而會影響病人的休息，對其健康十分不利。一般來說，上午 10 ～ 11 點，下午 2 ～ 4 點是探望病人的最佳時機。如果是住院的病人，還要注意醫院規定的探望時間，遵守醫院的規章制度。

探望病人的時間以多久為宜，應根據病人的身體狀況來定，長時間地與病人交談，容易使病人勞累，因而探視一般以 15 分鐘左右時間為好。不過，若病人已在康復中，並有較強興致希望交談，那麼探望者可多呆些

時候，但不應毫無節制，通常應在二三十分鐘後起身告辭。探望初交或不大熟悉的友人時，問候幾句後便可退出。如有病人的親屬在場，通常探望者也不便久留。

病人，尤其是患重病的人，往往有某種心理負擔，似有若無感受到生活的不公平。故探望病人時不宜穿色彩過於奪目、怪異的服裝，女性也不宜濃妝豔抹，以免刺激病人。但是，也不宜衣冠不整，過於隨便，因為這也會影響病人的情緒。一般來說，探望病人時的著裝以色彩素雅為宜，力求給病人清新、柔和、平穩的感覺，這樣有利於病人情緒的穩定，加速病人的康復。

在與病人相見時，探望者的神態應自然、和藹、親切，讓病人感到他與探望者之間仍像他健康時一樣正常。即使被探望者已身患絕症，也應自然、冷靜地出現在病人面前。有人以為滿臉愁容能顯示對病人的關切；也有人談笑風生以為能使病人愉快，其實，這都是不妥的，其效果往往適得其反。

在病人的住所，探望者的舉止要穩重，走路腳步要輕，動作要小心，不要若無其事地高聲說笑。

探望病人時，談話自然會涉及病情，對此不必迴避。但探望病人的主要目的不是為了解病情，而是進行勸慰，減輕病人心理上的負擔。因此，應避免詳細地向病人詢問病情，或當著病人的面向醫生或病人的親屬詢問病情；另外也要避免自作聰明地向病人介紹藥品，以免引起病人的困惑。

在與病人交談時，如果病情很嚴重或是不治之症，應盡量迴避涉及病情。如病人尚不知自己的嚴重病性，探病者不僅在交談時不能告之，而且在表情上也不能有所流露，否則不僅是嚴重失禮，還可能造成無法挽回的後果。所以，與病人最好多說些輕鬆、寬慰的話，不妨談談不同國家的文

化、習俗、社會新聞、戰勝疾病的事例，也可以告訴病人：同事和好友都在關心著他等，這類話題輕鬆、愉快，使人感到溫暖，有助於病人穩定情緒。

　　一般來說，鮮花是探望病人的最合適的禮品。一束美麗的鮮花可以極大地安慰病人的心靈；但是，香味過於濃郁的花和色彩過於濃烈的花也應避免。

　　總之，掌握了不同場合的禮儀，你就會在受人敬重的同時，人際關係網也會在不知不覺中提升到一個新的層次。

第九章 社交口才，遊刃有餘

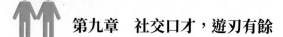

　　一個人的人脈資源開發得如何，很大程度上取決於這個人的口才。口才高明的人，能把一句原本並不十分中聽的話說得讓人覺得舒服。有一位著名企業的總裁，當他要屬下到他辦公室時，從來不說：「請你到我的辦公室來一趟！」而是講：「我在辦公室等你！」

　　有人在社交場合中一言不發，哲學家泰奧弗拉斯托斯（Theophrastus）對他說：「如果你是一個傻瓜，那你的表現是最聰明的；如果你是一個聰明的人，那你的表現便是愚蠢的了。」

聰明打開話匣子

　　假如你在碼頭上碰見一個熟人，大家一起上船，一時還沒有找到話題，這時最簡單的辦法就從眼前的事物，那就是雙方都同時看到、聽到或感到的事物中找出幾件來談。在碼頭上、船上，耳聞目睹的有千千萬萬的事物，只要你稍微留意，不難找出一些對方可能感興趣的話題。也許是碼頭上面的巨幅廣告，也許是同船的外國遊客，也許是海上駛過的豪華遊艇，也許是天空飛過的海鷗……甚至於在對方的身上都可以找到談話的題材。如果他打的領帶很漂亮，你可以問他在什麼地方買的；如果他身上穿著金利來（Goldlion）襯衫，你可以問他這種品牌的襯衫究竟好不好，和廣告上的宣傳是否相符；如果他手上拿著一份晚報，看到晚報上頭條新聞，你也可以問他對時局的看法。

　　如果你到了一個朋友家裡，在客廳裡看到他孩子的照片，你就可以和他談談他的孩子；如果他買了新的鋼琴，你就可以和他談談鋼琴的音色；如果他的窗臺上擺著一個盆景，你就可以跟他談談盆景的造型；如果他正患著牙痛，他就可以跟他談談牙齒的保健和牙醫，關懷對方的健康，往往是親切交談的話題。

　　眼前的事物最容易引起人們的注意，只要碰巧有一樣對方很感興趣，那麼，你就得到談話的機會了。

　　當交談中斷的時候，怎樣尋找新的話題呢？

　　在這種時候不要心急，也不要勉強去找，否則會引起不必要的緊張，反而什麼也想不出來了。要知道只要是我們醒著，我們的腦子總是在活動著的。你沒有要它想，它也會不停地想，由東想到西，由天想到地……這種作法，我們叫它「自由聯想」。

　　比如說，當我們看到書桌上擺著一盞檯燈，我們的腦子就會從「電燈」出發，很快地聯想到許多別的東西。也許我們從「電燈」聯想到「發明」，從「發明」聯想到「電影」，然後是「演員」──「歷史」。這一切，都是在瞬間發生的，也許只是半分鐘內的事。

　　如果我們繼續探究就可以發現，因為我們看見一個檯燈，就聯想到它是愛迪生發明的電燈，又由愛迪生想到我們看過的電影「愛迪生傳」，又由「愛迪生傳」想到科學影片，又由影片想到電影明星等。在剎那之間，已經有了不少交談的題材，可供我們選擇。

　　當然，有的話題也許引不起對方的興趣，但是只要我們不心急、不緊張，讓頭腦在靜默中自由地去聯想，再過一下子，我們就可能聯想到別的話題上了。

　　倘若不想東談一點、西談一點，從這個題材跳到另一個題材，而是想抓住一個題材更進一步，把它談得詳盡、深入、充分一點，那麼，也有一個好辦法，可以幫助你，此時不要讓你的腦筋隨意地聯想，如果有個題材可以引起對方的興趣，那麼就以這個題材作為中心，讓你的思考圍繞著這個中心，盡量地去想與這個題材有關的東西，然後再將這些相關的資訊分門別類，整理出鮮明的脈絡。

　　例如，你剛剛參觀過自然藝術攝影展，談話中有了啟發性的聯想，你已經找到一個使對方有興趣的題材 —— 植物。如果你想在這個題材上多談一下子，你可以「植物」作為中心，盡量去聯想與它有關的事物。

　　在這樣做的時候，你的頭腦也要保持著輕鬆、活躍狀態，那麼，它就會自然地想出許多與植物有關的事物，例如熱帶植物、盆景、菊花等，接著又可以談到植物的研究與栽培……

　　如果談話的中心題材是「樹」，你就可以想到風景樹、花果樹、公園裡千年的古樹、著名的大樹、與樹有關的成語以及樹的各部分用途……

　　如果中心題材是「交通」，那你就可以聯想到陸上交通、水上交通、空中交通以及交通工具，噴氣機、火箭、氣墊飛船……

　　平時注意培養這種引起聯想的思考習慣，那麼無論任何題材你都能把它分解出若干個分支和無窮無盡的細節，而每個細節都可以用來發展你的話題，豐富交談的內容。

　　倘若把你所想到的一切，結合起你個人的生活經驗，那麼你交談的內容就更真切生動。每一個人的生活裡都有許多可以打動別人的事情，倘若其中有些事情正和大家談的題材有關，那麼，你可以把它拿出來作為談資，這時，交談的內容就因為加進了個人親身經歷的題材，而更使人覺得有趣。

　　在交談中，靈活地轉換話題也是一件很重要的技巧。即使一個最好的話題也會有使人興趣低落的時候，這時，善於交談的人就懂得在適宜的時機轉換話題，不會使別人生厭。

　　轉換話題有三種很自然的方法：

- 讓舊的話題自行消失。當你覺得這個話題已經沒有什麼新的發展的時候，你就應停止在這方面表示意見，讓大家保持片刻的沉默，然後開始另一個話題。

- 也可以在談話進行中，很隨便、不經意地插入新的話題，把舊的話題打斷。但不要使人覺得太突然，也不要在別人還有話要講的時候打斷它。

- 從舊的話題往前引申一步，轉換到新話題上。例如，大家正在談一部正在上映的好電影，等談到差不多的時候，你就說：「這部電影賣座不壞，聽說有一部新的大片就要開映。」這幾句話就把話題轉變了，新大片又將吸引大家的注意力，可是大家的思想與情緒卻還是相關的，所以，這是一個比較靈活妥善的方法。

即使最有趣味的談話，有時也會受客觀條件的影響，非要結束不可。這時候，你要及時停止談話，讓大家高興、爽快地結束。不要等到對方再三地看錶，或忽略對方欲結束交談的暗示。否則，無論你的談話內容有多麼精彩，對方的心裡只有厭煩與焦急，而應該讓交談在興味盎然的時候見好就收。

無論你多麼善於及時發掘適合交談的題材，你也需要對談話的題材有相當的積累，否則，也將巧婦難為無米之炊的。

做一個有教養的現代人，至少每天應該閱讀一份報紙，每月應該閱讀兩三種雜誌；從電臺廣播裡、電視節目中，你也可以吸收一些有用、有趣的知識；你還可以去聽演講，去參觀展覽，看歌舞劇、看電影、聽音樂家的演奏會，參加各種社會活動。應該密切注意與不斷地關心當前重要的時事與新聞。

你有沒有經常注意這方面的修養呢？你有沒有抽出足夠的時間，仔細地閱讀報刊和書籍呢？你有沒有記住別人精彩的言論呢？你有沒有對現實生活中的許多重要的問題認真地加以思考呢？

如果你不斷豐富自己的知識庫存，那麼久而久之，你就不至於在與別人談話的時候，發現自己頭腦空白、無話可講。

不過，即使你真的無話可講的時候，也不必因此而感到自卑和不安，世界上沒有一個人是無所不知、無所不曉的。在這種時候，你不妨靜靜地坐著，仔細地聽別人講，記住他們的話，比較他們談話的優劣。有什麼不明白的地方，設法提出適當的問題。這樣，到了第二次，又遇見同樣話題的時候，你對這方面就不會一無所知了。

人與人之間的交流，最忌諱的是一方口若懸河、而另一方沉默不語。所以，所謂「聰明打開話匣子」，除了打開你的話匣子外，還包括巧妙地打開對方的話匣子。

打開對方話匣子的最好方法是問話。光是自己不斷地說話，是無法了解對方關心的問題的，所以讓對方說話非常重要。

你要善於提出一些問題，然後用心地傾聽對方的答覆。除了用心傾聽之外，你還要不時地插入一些問題進一步詢問。掌握主導權，一步一步借題發揮，在詢問過程中漸漸了解對方關心的內容，而且以此為重點讓話題繼續進行。這樣一來，對方就會饒有興趣地侃侃而談，這是讓談話熱烈進行的祕訣。

想建立良好的人際關係網，就必須在交談中多以對方為重點。把自己想說的話先擺一邊，以對方關心的焦點為談話主題吧！

問話的訣竅

比如說與你談話的對方是醫生，而你對於醫學完全是門外漢，你就可以用問的方法來打開局面。「近來患流感的人好像很多，你們大概又忙於替人打預防針了吧？」一個和時令或新聞有關的問題，同時又切近對方的

工作，這是最得體的。這樣一來，便可以與對方談下去。你可談下去的內容很多，從流感談到環境衛生、談到 SARS、談到免疫、談到中成藥……只要他不厭煩，你可以一直引他談下去。

如果碰到房地產經紀人，你可以問他近來房價的走向；碰到家電業的人，則可請教他國產電器和日本電器的性能價格比較；碰到教師，則問他學校的情形。總之，問話是打開對方話匣的最好方法。

問話須注意的是，要問對方所知道的，問對方最內行的事情。如果你不確知對方能否回答，那麼還是以不問為好。例如問一個醫生「去年本市罹患肝癌的病人有多少？」這是不容易回答的。要是對方的答語是「不太清楚」，這樣不僅使答者尷尬，而且會讓雙方都感到無趣，因此，要盡量迴避這樣提問。

其次，有關宗教及政治的觀點要慎重提問，除非你的對手是一個專家或權威人物。因為普通人對宗教與政治各有各的立場和見解，他也不知道你有什麼用意，也不知道你有無成見。聰明的人一般不會明確地答覆這種問題，所以不問為好。

有些問題，在你得不到滿意的答覆時，可以再繼續問下去，但有些問題問過以後就不宜再問。比方說，你問對方住在哪裡，如果他說「在台北市」或者說「在高雄市」，那麼你就不宜再問某街某號。如果他樂意讓你知道，他一定會主動詳細說出，而且最後還會補上請你光臨的客氣話。舉一反三，其他諸如此類的問題也是一樣，適可而止，以免誤事。

此外，在日常交際中還要注意，不可問別人東西的價錢、不可問報紙刊物的銷售量（除非知道他的刊物是一、二流的，使對方說出而無愧的），不可問女士的年齡（除非她是 60 歲左右的），不可問別人的收入多少，不可詳問別人的家庭情況，不可問別人用錢的方法，不可問別人工作

上的祕密，如企業股票上市價格等一些商業機密等。

凡對方不知道或不願讓別人知道的事情都應避免發問。問話的目的是引起兩方談話的興趣，而不是使任何一方沒趣。如果你的提問能使答者滔滔不絕、十分盡興，同時也能增加你的見識，那便是問話的最高本領。

有一位西方的學者說：「倘若我們不能從與任何一個見面的人那裡學到一點東西，那就是我們溝通的失敗。」這句話發人深省，虛懷若谷的人往往是受人歡迎的。記著，問話不僅可以打開談話局面，而且可以從對方的話裡學會許多你不知道的學問。

接下來我們來談談發問的技巧。

問話是表示虛心，表示謙遜，同時也是表示尊重對方。「幫我把信寄了」就遠不如說「能不能幫忙寄一封信？」後者使人聽了覺得舒服。

同樣，對某件事情不明白，就不妨請教別人，自作聰明是最吃虧的。一句坦白的、求教於人的問話，最能博得別人的歡心。

可是怎樣提問呢？問話的方法有很多種，收效各有高低。高明的問法使人心中喜悅，而愚蠢的問話則會使對方失笑甚至反感。

「這蛋糕新鮮嗎？」你不是也曾經向食品店的店員問過這樣的話，而且問過很多次？其實，這是最蠢的問話之一，和問你的伴侶「你有欺騙我嗎」一樣可笑。這種問話不但得不到真實的回答，還會使對方覺得好笑。

你到海鮮酒樓裡吃飯，點菜時問服務生：「今天的龍蝦好吃嗎？」這等於白問，因為他一定會說好吃，除非你是一個熟客。你不如另用一種問法：「今天有什麼好吃的海鮮？」那麼效果就會完全不同，你就可以吃到真正好吃的海鮮了。

為什麼不同問話的效果會不同呢？我們試作心理上的分析，以此作其他問話的參考。「今天的龍蝦好不好吃」和「今天有什麼好吃的海鮮」兩

種問法，引起心理上的反應是完全不同的。前一種的問法只有好或不好兩個答案。為顧全飯店招牌，他不能說「不好」。而且一樣東西好不好的標準是很難說的，即使今天的龍蝦並不太好吃，他也會覺得說「好」並不能說是欺騙你。其次，你問的只是龍蝦，似乎心中除了龍蝦別的海鮮都不愛吃，那麼為了討好你的緣故，更覺得對你說「好」是他的責任。結果吃虧的只有你。

第二種問法就不同了。第一，你剛開始就問「今天有什麼好吃的海鮮？」表示無任何成見，不管什麼海鮮，只要好吃就行。第二，這表示你謙虛、不自作聰明而是請教他。第三，這個問題的範圍很廣，答者甚至可以說：「今天沒有什麼好吃的海鮮，但紅燒雞又肥又嫩，值得一嘗。」他回答的範圍可以很多樣。

至於被問者呢？第一，你請教他，他的自尊心得到滿足，心情愉悅。其次，「海鮮」的範圍很廣，他只要把各種海鮮進行比較，把當天最好吃的介紹給你，這個問題較容易回答。第三，你既然向他請教，他不敢不負責，當然會把最好的介紹給你。

由此看來，問話的方法是值得研究的。美國有些冷飲店因為一些客人喜歡在喝可可時放個雞蛋，所以服務員在客人要可可時必問一句：「要不要雞蛋？」某心理學家應邀到一家飲料店裡去分析如何行銷時，他就建議不應問「要不要加雞蛋？」而應問「要一個還是兩個雞蛋？」

在溝通中的問話，最重要的是語氣要溫和，態度要謙恭。有些問話不可自己先表明自己的意見，與其問「你很討厭他嗎？」或「你很喜歡他嗎？」不如問「你對他的印象怎樣？」但有時不妨先裝成有「成見」。比如對一個 60 歲左右的老者問：「你今年 60 歲了吧？」比問「你老今年高壽？」要好得多。

問話的奧妙千變萬化。這裡我們只簡單地舉幾個例子，主要是要靠你自己去揣摩，因人、因地、因事而靈活運用。

而你一旦掌握了聰明、輕鬆打開話匣子的能力，你人際關係網至少比現在擴大一倍。

多說 YES 少說 NO

有些人不會討人喜歡，不管走到哪裡都令人討厭，這些人通常在和別人溝通時，總是不斷在否定對方所說的話。我們可以來看看以下的例子。

「你有車子嗎？我還以為你沒有呢。什麼顏色？白色，那太沒個性了，滿街到處都看得到白色的車子，你應該選個比較有個性的顏色才好嘛。什麼？還是自動擋？那太危險了！才兩個車門？這樣進出多麻煩，後座的人很辛苦吧？」

聽聽這段話，人家車子的每一樣都被否定，有誰會不生氣呢？但是，這卻是很多人不知不覺中常犯的錯誤。

如果換成另一種說法：「白色的感覺明亮，很不錯哦！自動擋車開起來很輕鬆，尤其是上坡路，開起來一定特別順手吧？如果是這種車種的話，還是兩車門比較輕便……」這樣稱讚一下人家，可以說是小事一椿，對方高興，自己也達到了保有良好人脈的目的，何樂而不為呢？

多肯定對方、對方的家人、對方所擁有的一切，是建立良性人脈的基本方法。

如果對方的意見和你的想法不同，也絕不要一開始就直接否定人家。如果對方說：「人生還是金錢最重要。」就算你不同意，也可以婉轉地回答：「我也這麼想。但是，應該也有一些例外吧……」先接受對方，聽完

對方的說明，再表明自己的主張，態度可以堅決，但是語氣要盡量委婉。

人一旦被對方認同，就會在潛意識裡覺得對方很看重自己，自然也就會對對方產生好感，也就願意接受對方的意見。

但是有一點要注意，絕不能一味地肯定對方。如果有朋友在你面前抱怨他的女友實在不怎麼樣。你若傻傻地回答說：「是呀！身材也不好！」雖然是附和了對方的意見，但此時對方心裡很可能是希望得到反駁，希望你稱讚他的女友，結果卻得到反面的回應，這樣不只場面尷尬，想想兩人的對話還能繼續下去嗎？和人交談千萬不要只聽表面上的話，要用心察覺對方的想法。

特別需要注意的是，不要隨便否定自己覺得不好應付的人。因為一旦持這樣的心態與人接觸，我們就很容易被對方貼上負面的標籤。

「那個人很陰險，實在令人討厭！」、「他是個沒有能力的人，不適合當朋友」、「她很驕傲，我沒辦法喜歡她」這些評語都只是對那個人的部分評價，而這樣片面地評論一個人，只會破壞團結，或給別人留下負面印象。

其實，不管是什麼人，必定有好的一面。如果能夠深信這一點，對方必定也會信賴你，並給予你正面的回應。

見什麼人說什麼話

美國前總統雷根（Ronald Wilson Reagan）像絕大多數演員和政治家一樣，他有一種博得眾人喜愛的欲望。他善於用精心安排的幽默語言點綴他的演講，以贏得特定觀眾群體的尊重。

對農民發表演說時，雷根說了這麼一件事來迎合聽眾的心理：

一位農民得到一塊已乾涸的河灘地。這片荒地覆蓋著石塊，雜草叢生，到處坑坑窪窪，他每天去那裡辛勤耕耘，不斷工作，幾年後，終於使荒地變成了瓜果園，為此他深感驕傲和幸福。某個星期日的早晨，他下田工作後前去邀請部長先生，問他是否樂意看看他的菜園。

那位部長來了，視察一番。他看到瓜果累累，就說：「呀！上帝肯定祈福於這片土地！」

他看到玉米豐收，又說：「哎呀！上帝確實為這些玉米祝福過。」接著又說：「天哪！上帝和你在這塊土地上竟取得了這麼大的成績呀！」

這位農民禁不住說：「尊敬的先生，我真希望你能看到上帝獨自管理這片土地時，它是什麼模樣。」

雷根迎合少數民族的手法，就像他迎合不同階層的人民那樣變化多端，富有吸引力。在向一群義大利血統的美國人講話時，他說：「每當我想到義大利的家庭時，我總是想起溫暖的廚房，充滿了家庭溫馨的愛。」

雷根總統訪問加拿大，在一座城市發表演說。在演說過程中，有一群舉行反美示威的人不時打斷他的演說，對立的情緒中明顯地表示出反美情緒。雷根是作為客人到加拿大訪問的，當時加拿大的總理皮耶‧杜魯道為這種無理的舉動感到非常尷尬。面對這種困境，雷根反而面帶笑容地對他說：「這種情況在美國是經常發生的，我想這些人一定是特意從美國來到貴國的，也許他們想使我有一種賓至如歸的感覺。」聽到這話，尷尬的杜魯道禁不住也笑了起來。

有句諺語說：「見人說人話、見鬼說鬼話。」看來善於表演的雷根是深諳此道的政治家，所以他在政壇上才能夠左右逢源，大出風頭。

在你的人際關係網中會有各種層次、各種性格的人，見什麼人說什麼話是非常必要的。在一般情況下交談，運用因人而異要考慮以下幾個方面。

- **根據對方性別的差異**：對男性，需要採取較強有力的勸說語言；對女性，則可以溫和一些。
- **根據年齡的差異**：對年輕人，應採用激勵、鼓動的語言；對中年人，應講明利害，供他們斟酌參考；對老年人，應以商量的口吻，盡量表示尊重。
- **根據地域的差異**：對於生活在不同地域的人，所採用的勸說方式也應有所差別。
- **根據職業的差異**：不論遇到從事何種職業的人，都要盡量運用與對方所掌握的專業用語與之交談，對方對你的信任感就會大大增強。
- **根據性格的差異**：若對方性格直爽，便可以單刀直人；若對方性格內向遲緩，則要耐心細緻、循循善誘，掌握「慢工出細活」的原則。

不妨多「捧捧」別人

與人交往時，我們應該多讚揚對方的長處，適當地作一些自嘲，不能總是滔滔不絕說自己的好處，而應多「捧捧」別人，他人自然也會與我們友好相處。如此，我們才會在朋友中備受歡迎，才能更廣泛地擴充人際關係網。

有句老話說：「休要長他人志氣，滅自己威風。」所以有些人在與別人交往時，總不忘拚命抬高自己的身價，甚至透過詆毀、打擊他人達到這個目的。總想以自己的長處來比別人的短處，顯示自己的高貴，但效果恰得其反。創建人際關係網有時卻應反其道而行之：多長一些他人的志氣，滅滅自己的威風。

那如何才能長他人的志氣呢？誇獎讚賞是最好的一招了。誇讚就是宣傳，是廣告，很早以前就有了誇讚人家的辦法，叫做互相標榜。但是所

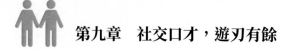
謂誇讚，絕不是瞎吹，也不是胡說，而要符合對方的實際情況。每個人都有所短，也各有所長，有些人只看見他人短處，看不見長處，把別人的短處看得很重大，把長處看得很平凡，所以往往有覺得欲誇讚而無可誇讚之處。其實我們認知到金無足赤，人無完人的道理，只要不盯著別人的短處，多看他的長處，可誇讚的地方多著呢！而且你誇讚一個人，並沒有欺騙大眾，只是使大家注意到他的長處，也使他因受到大眾的注意，而格外愛惜自己的長處，從而努力養成比目前更為優越的長處。

誇讚也有方法。當某人的面前誇讚他的效果不如當著大眾來誇讚他，等於把他的長處作一次義務宣傳，他一定非常高興。只要誇讚得不過火，大眾也不會覺得你在有意的誇讚。或者在某人的背後，表揚他的長處，以幾件具體的事實，略加幾分渲染，使聽到的人，對於此人產生良好印象，事後再傳到他的耳朵裡，這要比當面誇讚他更是有力。一有機會，他也會還敬你，把你誇讚一場。俗語說：「有錢難買背後好。」足見重視背後誇讚是人之常情，如你會寫文章，一有機會就把某甲的長處作為你文章的實例，說出他的真實姓名，你的文章，如有 100 人讀，就是向 100 個人誇獎他。被你誇獎的人會是多麼高興，多麼得意，對你的感情，也一定會大有長進。聯絡感情，原不是一件容易的事，用誇讚來聯絡感情，是最簡單最有效的方法，而且就道德論，還正與古人揚善之旨相吻合。

從前也有人以不輕易讚許別人為正直的表示，其實其人正直與否才是關鍵。一些人眼界清高胸襟狹窄，他對自己感到自卑，對於一般人多少有些妒忌仇視的成分，所以不肯輕易讚許別人了。有的年輕人不肯誇讚人，第一是誤認為誇讚人就是諂媚，有損自己的人格；第二是自命清高，覺得一般人都比不上他；第三是怕別人勝過了自己，弄得相形見絀。如果能夠摒棄這種不健康的心理，而用心研究如何誇讚人的方法，必然能領略到其

中的好處。因此，在豐富自己人際關係網的過程中，學會誇讚別人是十分必要的，不要吝嗇你的讚美之詞，掌握一定的技巧，那麼你一定能大受別人的歡迎，你的人際關係網一定會大大擴充。相反，如果自命清高，故步自封，那無異於自斷人脈。

與「悶葫蘆」交流的方法

遇事習慣於悶頭思考一言不發的人，常被人們叫做悶葫蘆。由於他們想得過多，以至於說得很少，甚至已到了不知如何講話的地點，讓他們開口真比讓鐵樹開花還難。如果你的人際關係網中有幾個悶葫蘆也並不奇怪，你只要學會了如何與悶葫蘆交流的方法，他也會張開緊閉的嘴巴。專家在對不同性格的人進行的訪談過程中發現了五種「打破沉默的方法」。這些方法非常有用，甚至能使最沉默寡言、最害羞的人也會開口講一長串話。

- **讚揚加提問**：即使是最害羞的人在聽到讚揚時也會心花怒放。你要讓不願說話者知道，聽眾欣賞並感激他們所作的努力，別人會認為他們的專業知識非常有價值。然後你再讓他們詳細陳述他們對其專業知識的觀點。你可以透過簡短的提問暗示他們，只有那些有專業知識背景的人才能回答你所提的問題。

  再沉默寡言再吝嗇詞句的人，聽到如此積極的回饋也會變得平易近人。在聽的過程中，類似帶啟發鼓勵「讚美之詞」會使你得到你想要的資訊。

- **直截提問**：少言寡語者，即那些只說「是」或「不是」的人，他們會覺得說話越少越自在。你應該利用而不是抵制這一特點。你也可以抓

住他們吝惜語言的特點，先弄清你究竟想知道什麼，然後直截了當地向他們提出只需回答「是」或「不是」的問題，或者提出只需回答一兩句簡短的話即可切中要害的問題。

- **引發議論**：只要有合適的魚餌，最不容易上鉤的魚也會上鉤。為使不願說話者打破沉默，你可以用容易引起爭論的陳述或問題做魚餌。可以圍繞你想了解的主題，有禮貌地對說話者提出疑問，或者就現有的理論提出反對意見。當自以為得意的觀點遇到挑戰，或有機會拆穿一個廣為流傳的謬誤，而能說明自己正確之時，很少有人會無動於衷。

- **不要打斷**：一旦你想方設法讓不願說話的人開了口，你就要立即停住講話。如果你在他們說話時插嘴，陳述你的看法，你就會使他們有藉口停止說話。而此時，要再想讓他們開口會非常之難。即使你想到一個重要問題，或有什麼高見，你都不要急著說出來，你要等到不願說話者已經說完之後，再把你的見解說出來。

- **適當回饋**：要想讓不願說話者繼續講話，你需要告訴他們，他們說的細節非常有趣、非常有價值，這些內容會引起許多人的興趣，你非常希望他們能繼續說下去。但注意，不要用太多的語言來鼓勵他們，這只會讓他們分心。

  你要運用身體語言，透過看得見的信號對他們作出積極回饋。同意時點點頭，讚許時微微一笑。饒有興趣地盯著說話人的眼睛，就好像他在說一件你從未聽說過、有意思的事。

注意聽對方在說什麼

很多時候的話不投機，通常是因為大家都在自說自話，不願意花一點心思去注意聽聽對方在說什麼。

聽人說話是建立和諧互助的人際關係網中一件很重要的事情，從某種意義上說，這也是一種禮貌，是對別人的一種尊重。而且，越是仔細聽人說話，就越能鼓勵對方說得精彩動人、妙語連珠，同時你自己也會得益匪淺。

所以，在別人說話的時候，靜靜地聽著，用點頭或者微笑不時地加以回應，在對方沒有講完以前不去打斷他，這是一件非常受歡迎的事。

值得注意的是，你不能一邊聽，一邊腦子分心去想別的事情，導致把別人的話都漏掉了。你要認認真真地去聽，把注意力放在對方的身上，抓住他的每一句話、每一個字，甚至掌握他講話時的態度神情。你最好能夠在事後準確地複述出對方所講過的話，直至連對方用什麼語調，說話時做了些什麼手勢，你都能記得清清楚楚。

許多人誤以為在聽人說話的時候自己沒有什麼事做，所以總是不耐煩聽別人講，一定要別人停下來時，自己來講才覺痛快。他們實在不知道一個人在聽人說話的時候，其實是有許多事情可做的。

第一，談話的目的是在於增進雙方的了解，喜歡聽別人說話，就是深入、細緻地了解對方的重要手段。所以，我們在聽人說話的時候，必須仔細地觀察對方說話的內容，以及從他的聲調、神態中流露出來的心情。有時，對方說得很清楚，聽起來就比較容易；有時，對方的話說得很不清楚，零亂或者含糊，拐彎抹角或者隱晦，這時聽起來就需要多下一點工夫，要細心地一面聽，一面加以分析、整理、揣摩、研究。

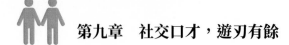

第二，在聽人說話的時候，我們同時還可以有一段思考的時間，以便整理我們自己的思想，尋找恰當而明確的詞句來回應對方和表達我們自己的思想。

很會說話的人總是先傾聽別人的說話，用微笑、點頭、偶爾的問話鼓勵別人暢所欲言，而他卻靜靜地在聽，到了一個適當的段落他才開口。當然他的三言兩語卻常常能抓到要點，緊緊地抓住別人的注意力，深深地打動別人的心，很快就可以使人信服，順利地解決很多問題。人們聽了他的話之後心悅誠服，大有「聽君一席話，勝讀十年書」的感覺。

總之，在聽別人講話的時候，你可以看，可以想，可以觀察對方、了解對方，可以尋找恰當有力的字句＿‧，你可做的事情很多。照一般的情形來講，如果兩個人交談，至少有一半的時間你可以靜靜地好好聽；如果有十個人在一起談話，那麼，你就至少有十分之九的時間在聽。與其你打斷別人的話，搶別人應該說話的時間，不如你就讓自己多聽、多想、多準備，待自己講話時，話雖然不多，卻句句有分量、有道理、有趣味，句句動聽，句句精彩！

如何充實說話素材

口才反映一個人的道德修養、學識水準、思辨能力。要想使自己的語言具有魅力，光靠技巧是不夠的，一味地追求語言技巧而忽略自身的素養培養，就只能是捨本逐末。因此，我們在學習語言技巧的同時，還應全面提高自身的學識修養。

有人說在這個世界上，我們唯一可以依靠的人就是我們自己。而好的口才，也在於平時我們自己的積累和鍛煉。所謂「厚積薄發」是有一定道理的，因為言語是以生活為內容的。一個人有生活，有實踐經驗，才會有

談話的內容；有豐富的生活內容，有豐富的實踐經驗，談話的內容才能豐富起來。因此，對於家事、國事，都要經常關注，以吸取對我們有用的東西。對於平時的所見所聞，都要認真地加以思考、研究一番，盡量去了解其發生的過程、意義，從中悟出一些道理。這些都是學習和積累知識的機會。在日常生活中，要隨時計畫、安排、改進生活，不能隨意性太強，讓機會白白溜掉。

你若不安於做一個井底之蛙，就應靜下心來努力地學習，拓展自己的視野；你若不想說話空洞無物，就應下決心積累大批雄厚的、扎實的知識本錢，不斷地武裝自己的頭腦，讓自己說話的內容逐漸地豐富起來。

下面介紹一些充實說話素材的方法。

- **多讀書多看報**：日常生活中，我們每天都離不開報紙、雜誌和書。在讀書看報時，準備一支筆、一些卡片紙和一把剪刀，把所見到的好文章或讓自己心動的話語畫出來，或者剪下來，或摘抄在卡片上，每天堅持做，哪怕一天只記一二句，也是很有意義的。日積月累，在你談話的時候，會不經意地用上曾抄下來的語句，也許它們會隨時隨地。從你的頭腦裡冒出來，讓你盡情地談吐，給你一個意外的驚喜。

- **積累警句、諺語**：在聽別人的演講或別人的談話時，隨時都可以聽到表現人類智慧的警句、諺語。把這些話在心中多重複幾遍，或記在本子上，久而久之，你談話的題材、資料就越來越多，你的口才就越來越成熟了，你就可以說起話來引經據典、條理清楚、出口成章。

- **靈活運用積累的談話素材**：對於談話的題材和資料，一方面要廣泛收集積累並認真地去吸收，另一方面還要有意識地去運用。懂得如何運用，一句很普通的話也可以帶給你驚人的效果。學習吸收的目的是為了更好地應用，如果不能很好地應用吸收，更多的知識也毫無意義。

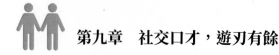

- **提高觀察問題、思考問題的能力**：你只要有觀察問題、思考問題時的敏銳的眼光，有豐富的學識和經驗，有大大增強的想像力、敏感性，就能提高自己的口才。

　　隨著口才的提高，你的生活也將豐富多彩，整個人的個性特質和各方面的能力都會提高，從而成為一個播種人脈、收穫成功的贏家。

電話交流的原則

　　現代都市生活的節奏日益變快，人與人之間的交流越來越倚重高科技通訊，如電話。電話，包括行動電話、網路電話等，用電話交流自有一套藝術技巧，是語言技巧中的一種。電話交談要掌握哪些原則呢？

時間控制原則

　　電話交談所持續的時間一般以 3 ～ 5 分鐘為宜，如果要占用較長的時間，最好詢問對方方便與否。切忌自己喋喋不休地說個不停，而不管對方是否還有急事要辦。

　　如打通電話，先徵求對方的意見，「您現在有空嗎？我想和您談談某方面的事情，可以嗎？」這樣，既顯示出你的禮貌、教養，又尊重了對話者的時間要求。

起始語控制原則

　　要求接通電話後的第一句話應先報出自己的名字和身分。尋人時稱呼要明確，特別是打電話到一個不太熟悉的單位找人，更不宜直接用簡稱，這是很不禮貌的表現。

音量、語調控制原則

打電話時，口要對著話筒，嘴唇離話筒大約 1.2 公分，用適當的音量講話即可。說話時應注意語調清晰、柔和。語調過高、語氣太重，會使對方感到尖刻、嚴厲、生硬和冷漠；語氣太輕、語調太低，會使對方感到你無精打采，有氣無力；語調過長，顯得懶散拖遝；語調過短，顯得心不在焉、不負責任。

電話語言往往體現出通話者此時的心境和情緒。當你緊鎖眉頭，電話裡的聲音也一定沉悶、無力；當你面帶微笑，電話會傳遞你的歡樂、喜悅。恰當控制語音、語調，實際上就是控制你自己的情緒。

回話控制原則

電話鈴響後應及時去接。通話者拿起話筒要先自報單位、姓名，再問「您是哪位」。替別人接電話也應注意禮節，要向對方做出充分的解釋，而不能簡單地說「他不在」、「不知道」，而應說「他剛出去，如需要，我幫您留話好嗎？」

掛機先後原則

假如是與外賓、上級或長輩通電話，談話結束後，要聽到對方確實把話筒放下了才可以把電話掛掉，以表示對他們的尊重和應有的禮貌。同樣道理，商店、酒店等單位接到顧客的諮詢電話，也是要先等顧客放下話筒才能掛斷電話。

另外，現在許多地方的行動電話是雙向收費，因此，你在打別人的行動電話時，最好問一下對方是否在辦公室或家裡，可與對方商量好，轉打對方的固定電話比較好。

把好「嘴門關」

在我們周圍，正人君子有之，奸佞小人有之；社交「路」上既有坦途，也有暗礁。一個人如果不注意說話的內容、分寸、方式和對象，不把好自己的「嘴門關」，往往容易招惹是非，授人以柄。因此，說話小心些，為人謹慎些，使自己置身於進可攻、退可守的有利位置，牢牢地掌握人生的主動權，無疑是有益的。一個信口開河、喋喋不休的人，會讓人覺得他淺薄俗氣、缺乏涵養而不受歡迎。

在任何情況下，一切爭辯都應該避免

你如果喜歡和人爭辯，是否以為你可以用結論壓倒對方，就會得到很大的益處呢？其實，這樣你未必壓得倒對方。即使對方表面屈服了，心裡也必悻悻然，對你的人脈發展一點好處也得不到。過多的、激烈的爭辯會損害別人的自尊心，對方會因此對你產生反感，因此失掉一些朋友。好勝是大多數人的特點，沒有人肯自認失敗的，所以一切爭辯都是不必的。如果你能夠常常尊重他人的意見，自己的意見也會被人尊重。如此，你所主張的，就會很容易得人擁護。你可以實現你的主張，你可左右別人的計畫，但絕不是用爭辯的方法來獲取。

用質問式的語氣來談話，是最易傷感情的

許多夫妻不睦，兄弟失和，同事爭吵，都是由於一方喜歡用質問式的態度來與對方談話所致。在我們的日常交往中，除遇到辯論的場面，質問是大可不必的。如果你覺得對方的意見不對，不妨從正面直接把你的意見說出，何必一定要先來個質問，使對方難堪呢？有些人愛用質問的語氣來糾正別人的錯誤，這足以破壞雙方的情感。被質問的人往往會被弄得不知

所措，自尊心受到很大的打擊。尊敬別人，是談話藝術首要的前提。如果為一點小事就想將對方為難一下，圖一時之快，於人於己皆無好處。你若不想別人損害你的尊嚴，你也不要損傷別人的自尊心。

糾正對方時，最好用請教的語氣

對方談話中不妥的部分，雖須加以指正，但正確的做法應先加以肯定和讚揚，對方會因你的公允而心悅誠服。你若想改變對方的主張時，最好能設法把自己的意思淺移默化，使他覺得是他自己的主動修正，而不是由於你的批評。對於那些無可挽救的過失，你應該站在朋友的立場上給予懇切的指正，而不是嚴厲的責問，使他知過而改。糾正對方時，最好用請教式的語氣，因為朋友之間是平等友好的關係，用命令的口吻效果很不好。要注意保護或激勵對方的自尊心。

不要故意地與人為難

有的人在交談時，特別喜歡表示自己與別人意見不同。這種處處故意顯示自己與別人看法不同的人，和處處隨聲附和的人一樣，都是不真誠的。口才是幫助你為人處世的一種方法，沒有人願意做一個口才雖很好、卻到處不受歡迎的人。不要在眾人面前為了表現你的口才，而到處逞能，惹人憎厭，口才一定要正確而靈活地表現時，才會讓人心悅誠服、深受鼓舞，從而提升你的人格魅力。

對於你不知道的事情，不要冒充內行

不懂裝懂是一種不老實的自欺人的行為，你知道多少，就說多少，沒有人要求你當一本「百科全書」。即使一個很有學問的人，也必有其所不知。所以，坦白地承認你對於某些事情的無知，這絕不是一種恥辱。相反

的，別人會因為你沒有虛偽，沒有吹牛而認為你的談話更有值得考慮的價值。

別對陌生人誇耀你的個人生活

不要在公共場合炫耀你個人的成就，你的財富，或是你的孩子多麼了不起，而把朋友的缺點和失敗當作談話的資料，不要老是重複同樣的話題，更不要到處訴苦和發牢騷，對人訴苦和發牢騷並不是一種爭取同情的最佳辦法。

把好「嘴門關」，你將不會因出言不遜而將自己苦心經營的人際關係網在頃刻之間四分五裂。

說話時易犯的小錯誤

一般人在說話時常犯些小錯誤，雖然無關緊要，但也會降低對方與你交談的興趣，甚至惹起別人的反感，所以還是小心防範，設法加以糾正才好。

咬字不清

有的人在談話中，常常會有些字句含含糊糊，叫人聽不清楚，或者誤解了他的意思。所以，不說則已，只要開口，就最好把每一個字、每一句話，清楚準確地說出來。

用字籠統

有許多人喜歡用一個字去替許多字，譬如，他在所有滿意的場合，都用一個「好」字來代替。他說：「這歌唱得真好！」「這是一篇好文章。」「這山好，水也好！」「這房子真好。」「這個人很好。」……其實，別

人很想知道這一切究竟是怎樣好法。這房子是寬敞？還是設計得很別緻呢？是建材很結實呢？這人是很老實呢？還是很爽朗呢？還是很能幹呢？還是很願意跟別人接近呢？還是很慷慨、很喜歡別人呢？單是一個「好」字，就叫人有點摸不著頭腦。

還有這樣的人，用「那個」這兩個字代替幾乎所有的形容詞，例如：「這部影片的確是很那個的。」「這件事未免太那個了。」「這封信叫人看了很那個的。」……這一類語病，主要是由於頭腦偷懶，不肯多費一點精神去尋找一個適當且恰如其分的字眼。如果放任這種習慣，所說的話就容易使人覺得籠統空洞，從別人認為你語言能力差，而聯想到你的腦筋也不行，因而也就得不到別人適當的尊重了。

多餘的詞句

有的人喜歡在自己的話裡面加上許多不必要的字眼，例如，三句話裡面，就用了兩次「當然阿！」這個詞。又有的喜歡隨意加上「反正」、「不過」、「然後」這兩個字。有的人又喜歡老問別人「你明白嗎？」「你說是不是？」……最好盡量避免說這類多餘的詞句。

說話有雜音

這比喜歡用多餘的字句更令人不舒服，在說話的時候，加上許多沒有意義的雜音。例如一面說著話，鼻子裡面一面「哼哼」地響著，或是每說一句話之前，必先清清自己的喉嚨，還有的人一句話裡面就會加上兩個「呃」字……這些雜音會使人產生一種生理上的不快之感，還會給你的精彩的語言，蒙上一層灰塵。

第九章　社交口才，遊刃有餘

喜歡用誇張的語言去強調一件事物的特性

　　這樣雖然可以引起別人的注意，但無論在什麼場合都採用這種說法則不對了。例如：「這個意見非常重要！」「這一本書寫得別提多精彩了。」「這真是一部非常偉大的戲劇。」「這樣做法是非常非常危險的。」「這個女人簡直是無法形容的美麗。」……如此這般，講的就太過了，別人也就自然而然地把你所誇大的字眼都大打折扣，這就使你語言的威力大為降低了。

矯揉造作

　　矯揉造作有多種形式的表現，有的人喜歡在交談中加進幾句英文或法文；有的人喜歡在談話中加進幾個令一般人難以理解的學術性的名詞；有的人喜歡把一些流行的縮寫詞掛在口頭；有的人又喜歡引用幾句深奧的名言，放在並不適當的地方。這會讓人覺得你在賣弄知識，故作高深，還不如自然、平實的言語更容易讓人接受。

瑣碎零亂

　　在敘說事理的時候，最重要的是層次清晰，條理分明。所以，在交談以前，必先在腦子裡把所要講的事物認真地梳理一下，分成幾個清楚明確的段落，摒除一些不大重要的細節。不然的話，說起話來就會囉嗦拖拉，意思不清。特別是當一個人敘述自己親身經歷的時候，更容易因為特別激動，巴不得把所見所聞，全盤托出，結果反而叫人聽起來非常吃力。

　　這類錯誤雖「小」，但「千里之堤，潰於蟻穴」。你要小心自己講話時無意中跑出來的「螞蟻」，將你精心造就的人際關係網一點一滴地吞噬掉。

第十章　善用人脈，心想事成

那些辦起事來得心應手的人，又有幾件事真正完全憑的是自己個人的力量？他們只不過是善用人脈，借人之力達到自己的目的罷了。

善用人脈的人，猶如練就了武林上乘的「吸星大法」，能夠將他人的功力化為己用。試問：這樣的人還會有趟不過的河、跨不過的坎嗎？

巧妙提出辦事請求

任何人都有獲得別人尊重的欲望，誰要是讓人遭到言辭上的「非禮」，那事就會難辦。所以在向別人提出要求時，我們要特別注意使用禮貌用語，既講究分寸，巧妙地提出自己的要求，維護對方的面子，照顧人家的意願，讓對方在不經意中向你敞開心扉。

下面透過一些實例，教你一些具體用法。

間接請求

透過間接的表達方式（例如，使用能願動詞、疑問句等），以商量的口氣把有關請求提出來，講得比較婉轉一些，令人比較容易接受。

「你能否盡快替我把這件事處理一下？」

（比較：趕快給我把這件事處理好！）

透過比較，我們不難看出，間接的表達方式要比直接的表達方式禮貌得多，因而更容易得到對方的幫助或認可。

借機請求

借助插入語、附加問句、程度副詞、狀語從句及有關的句型等，來減輕話語的壓力，避免唐突，充分維護對方的面子。

「不知你可不可以把這封信帶給他？」

（比較：把這封信帶給他！）

我們可以發現，語言中有很多緩衝詞語，只要使用得當，就會大大緩和說話的語氣。

激將請求

透過流露不太相信能成功的想法，把請求、建議表達出來，給對方和自己留下充分考慮的餘地。

「這事你可能不太願意去，不過我還是想麻煩你去一趟。」

你請別人幫忙或者向別人提出建議時，如果在話語中表示人家如果不具備有關條件或意願時，就不應強人所難，自己也顯得很有分寸。

縮小請求

盡量把自己的要求說得很小，以便對方順利接受，滿足自己的願望和要求。

「你幫我解決到這一步已使我感激不盡了，其餘的我將自己想辦法解決。」

我們確實經常發現，人們在提出某些請求時，往往會隱惡揚善，這並不是有意掩蓋處理事情的難度，而是發自內心想適當減輕給別人帶來的心理壓力，這樣既提出了請求，使自己便於啟齒，同時也表示自己並沒有將難處理的壓力都推到對方身上。

謙恭請求

透過抬高對方、貶低自己的方法，把有關請求表達出來，顯得彬彬有禮、十分恭敬。

「您老德高望重，就不要推辭了，弟子們都在恭候呢！」

請求別人幫助，最傳統有效的做法是盡量表示虔敬，使人感到備受尊重，樂於從命。

自責請求

首先講明自己知道不該提出某個請求，然後說明為實情所迫不得不講出來，令人感到實出無奈。

「真不該在這個時候打擾您，但是實在沒有辦法，只好麻煩您一下。」

在人際交往中，要知道在有的時候、有些場合打擾別人是不適合的，不禮貌的，但這時又不得不麻煩人家，這就應該表示知道不妥，求得人家諒解，以免顯得冒失。

體諒請求

首先說明自己了解並體諒對方的心情，再把自己的要求或想法表達出來。

「我知道這臺檢測儀你們也在用，不過我們的那臺壞了，任務緊急，實在沒辦法，只好向你借用兩天，用完立即歸還。」

求人的重要原則就是充分體諒別人，這不僅要在行動中體現出來，而且要在言語當中表示出來。

遲疑請求

首先講明自己本不願意打擾對方，然後再把有關要求等講出來，以緩和講話語氣。

「這件事我實在不想多提，但形勢所迫，不得不求助於您了。」

在提出要求時，如果在話語中表示自己本不願意說，就會顯得較有涵養。

述因請求

在提出請求時把具體原因講出來，使對方感到很有道理，應該給予幫助。

「隔行如隔山，我也不清楚對方的規矩。你是內行，就請你替我想辦法吧！」

在提出請求時，如果把理由講清楚，就會顯得合乎情理，令人欣然接受。

乞諒請求

首先表示請求對方諒解，然後再把自己的願望或請求等表達出來，以免過於唐突。

「恕我冒昧，這次又來麻煩你了。」

請求別人原諒，這是透過禮貌用語進行交際的最有效方法，人們常常使用這種方式來進行交流，顯得比較友好、和諧。

激將辦事法

激將法就是根據人的心理特點，使對方在某種情緒衝動和鼓動之下做出某種毅然的舉止，從而達到替自己處理事情的目的。

俗話說：「請將不如激將」，巧言激將，一定要根據不同的交談對象，採用不同的激將方法，才能收到滿意效果。激將法一般有以下幾種形式。

直激法

就是面對面直接地貶低對方，刺激他、羞辱他、激怒他，以達到使他「跳起來」的目的。

　　例如，某廠改革用人制度，決定對中階主管張榜招賢。榜貼出後，大家都看著能力技術都比較出色的技術員小譚。然而，由於某種原因，小譚正在猶豫。一位老工人找到小譚，直言相激：「小譚，你不是大學的高材生嗎？大家都期待著你有點作為呢！沒想到，你連個工廠主任的位子都不敢接，你真是個廢物！」

　　「我是廢物？」話音未落，小譚就跳了起來，說「我一定要一展長才！」他當場揭榜競聘工廠主任。

　　再如，晚餐的聯誼舞會上，一位女賓邀請某中年男經理跳舞，對方以「我不會跳」或「跳不好」來推託。於是女賓就說：「不是不會跳，您八成是『妻管嚴』，怕跳舞回家，被太太知道不好交待吧？……」對方被貶受激，仰頭大笑，終於邁出了舞步。

暗激法

　　暗激法就是有意識地褒揚第三者，暗中刺激對方，激發他壓倒、超過第三者的決心。

　　如三國時，諸葛亮為了抗曹來到江東，他知道孫權是不甘居人之下的人，於是，大談曹軍兵多勢大，說：「曹軍騎兵、步兵、水兵加在一起有100多萬啊！」

　　孫權大吃一驚，追問：「這裡有詐嗎？」

　　諸葛亮一筆一筆算，最後，算出曹軍將近有150多萬。他說：「我只講100萬，是怕嚇倒了江東的人呀！」這句話的刺激性可謂不小，使孫權急忙問道：「那我是戰，還是不戰？」

　　諸葛亮見火候已到，說：「如果東吳人力、物力能與曹操抗衡，那就戰；如果您認為敵不過，那就降！」

孫權不服，反問：「像您這樣說，那劉豫州為什麼不降呢？」

此話正中諸葛亮下懷，他進一步使用激將法說：「田橫不過是齊國一個壯士罷了，尚且能堅守氣節，何況我們劉豫州是皇室後人，蓋世英才，怎麼能甘心投降，任人擺布呢？」

孫權的火立刻被激了起來，決心與曹軍決一死戰。

暗激法的巧妙，就在於它是透過「言外之意」、「旁敲側擊」的說法，委婉地傳遞刺激資訊。人們都希望別人尊重自己，而有人在自己面前有意誇耀第三者，或者貶低與自己親近的人，顯然會對他起到一種暗示性刺激，從而迫使他在維護自尊的同時，促其為己處理事情。

導激法

激言有時不是簡單的否定、貶低，而是「激中有導」，用明確的或誘導性語言，把對方的熱情激起來。

例如，某校一個調皮學生，學習成績很差。一次，他打了一位同學，還自誇是拳擊能手。老師叫住他說：「打架算什麼英雄？有本事你跟他比學習。你期末考試如果趕上人家，那才是真正的英雄呢！」一句話激得這個調皮學生發憤學習，後來，他的學習成績果然有了明顯進步。

導激式還有一種方法，是以一種推己及人，將心比心的心理效應，激發對方作角色對換，設身處地同意他人的意見。例如：

一位女公關人員負責陪同一位公司女經理在市區參觀遊覽，上司提醒這位女公關人員，要設法款待一次女經理。結果，在參觀遊覽市區時，經過兩家飯店，這位公關小姐向女經理詢問兩次：「經理，您餓嗎？」

女經理客氣地搖搖頭，兩次詢問都未成功。後來，兩人路過「老飯店」，公關小姐眼看女經理就要搭車回旅館用餐了，於是她換了一種說

法：「經理，早上出來，怕您等我，我來不及吃早飯，只吃了兩三塊餅乾就來接您了，現在我餓了，請您陪我吃點東西好嗎？」

女經理聽了，欣然點頭。兩人步入「老飯店」……

這位公關小姐的成功就在於使用導激式手法，產生了由己及彼，再由彼及己的有效反應。

使用「激將法」的好處在於，只是運用自己的一點口舌，既達到了目的，又不使自己損失什麼。這種方法實在是高明。

軟磨硬泡法

這種方法是以看似消極的形式，爭取積極的效果，可以表現出自己不達目的不甘休的決心和毅力，給對方施加壓力，以自己頑強的態度、思想、感情，達到影響和改變對方態度的目的。

功到自然成

許多事情是靠人「磨」出來的。有些情況下，只有多磨才能辦成想辦的事。

磨，能顯示真誠，能引起人們的注意，能感動人。磨，是積極主動地向對方解釋，與對方溝通，不間斷地軟化對方的過程。因此必須是全身心投入，必須有百折不撓的精神。

磨，不是要無賴，是一種靜靜的禮貌的等待，等待對方盡快給予答覆。不要讓對方感到你是故意找麻煩，故意影響他的工作和休息。要盡量通情達理，盡量減少對對方的干擾，這樣，才能磨成功。

有些主管喜歡擺擺架子讓人磨，不願輕易同意任何事情。你磨他，使他的精神上得到一種滿足，即權力欲得到滿足。在這種情況下必須耐著性

子去磨，若怕麻煩，存有虛榮心反會被對方見笑，他會說：「本來他再來一次我就同意了，可是他沒來。」所以，磨是一個有效的辦法，但卻是一個「萬不得已」的辦法。

「泡」出對方的同情

有人形容求人之難，簡直是「跑斷腿，磨破嘴。」對於這一點，恐怕保險代理人的體會最深了。他們推銷保險時，很可能多次遭到客戶的拒絕，但過了一段時間之後，他又毫不氣餒地再次來了。這時假若客戶絕情地說：「我們並沒有購買的意思，你再來幾次也是枉然，因此，我勸你不必再浪費口舌、白費氣力了。」然而代理人卻不在乎，仍抖擻精神，面帶笑容回答說：「沒關係，請不必為我擔心，說話跑腿，是我的工作職責，只要你能給我一點時間，聽我解釋，我就心滿意足了。」客戶看到他汗水淋漓，卻還滿臉笑容，覺得再不買也過意不去了，於是就買了一點。

推銷員的工作也一樣，下雨下雪是推銷員上門的好日子。外面下著雨，別人都躲在家裡，而推銷員站在門口，不能不使人產生同情心，因而難於拒絕。雖然我們都清楚地知道，這是推銷員所採取的一種策略，但畢竟他能矢志不渝地做了，對此客戶還能無動於衷嗎？

這種推銷方法就是巧妙地利用了人類的感情。客戶看到這位推銷員如此殷勤，心裡會這樣想：「這位推銷員若是多跑幾處地方，也許他的產品早就推銷完了，但是他卻老來這裡，看樣子他也花了不少時間，再不買他的產品，就有點對不住人了。」這就是加重人們心理負擔的一種推銷方法。

新聞記者從事採訪工作的性質也需要求人，為達到採訪目的，他們有時需要在晚間和早晨行動。例如：在發生某種重大事件時，新聞記者就要

事先打聽到與此相關的人，等下班後、或者上班前去插空進行採訪。因為這種時候，一般人都在休息，而新聞記者還在工作，就會使對方產生心理負擔，不接受採訪，心裡就會過意不去。

在運用人際關係網處理事情時，如能將這種方法加以運用，達到目的的機會將會更多。

別人托你處理事情時怎麼辦

你利用人脈處理事情，難免也會有人際關係網中的人托你處理事情。高明的人會誠懇地把自己融入別人的生活，給予別人善意與幫助，同時也使自己快樂和充實。自私的人卻無視這一點，只知道拚命且冷漠地從別人那裡為自己索取和爭奪什麼。事實上，沒有比替別人處理事情更能表現一個人寬廣的胸懷和慷慨的氣度了。對一個失意的人說一句鼓勵的話，扶起一個跌倒的人，給予一個沮喪的人一份真摯的祝福，你一點損失也沒有，但對一個需要幫助的人來說，卻是慷慨的幫助。

對於一個身陷困境的窮人，一點點錢便可以使他不餓肚子；對於一個執迷不悟的浪子，一次誠懇的交心便可能會使他建立起做人的尊嚴與自信……

所以，不要吝於幫助他人。

當你正在潛心於某項工作，或正全心投入一份你所熱衷的事業，或沉浸於你所賴以生存的一份工作時，卻受到了來自朋友、親戚、同學或同事的求助等多餘事情的干擾，此時需要你拿出時間、花費心思和精力去解決它。

如果你答應這些分外之事，勢必影響你正在進行的工作：你也許會因此而感到不愉快、不甘心。但是如果拒絕了，你也會感到心理不安，還可

能帶來一些意外的麻煩，譬如會遭到別人對你的誤解，受到無謂的攻擊，受到周圍人的冷落，你同樣會過得不舒服、不愉快。這時該怎麼辦呢？

同事、朋友求助等額外之事，也許只是暫時占去了你的部分時間，從長遠看，犧牲這一點時間實際並沒有對你造成多少損失。而你在幫助別人時，也能夠感覺到助人的快樂，因此對你沒有什麼划不來的；反倒是由於你幫助了別人，方便了別人，因而獲得了良好的人際關係，這種美好的效應或許你一時無法明顯地感覺到，但是如果你經常給人方便，常替別人分擔解愁，幫助別人，日積月累，將會使你結下許多善緣，這與你當初因幫助別人而損失的一點時間完全無法相比。

拒絕他人的方法

每個人的能力和精力都是有限的，因而有時不得不拒絕一些熟人、朋友、親戚向自己提出的要求。可是由於人情關係、利害關係等等，很難說出一個「不」字。這時怎麼辦，這就需要「婉拒」，即委婉地加以拒絕，這當然需要一些良好的技巧，它能使你輕鬆地說出「不」字，幫你打開人際關係網的僵局。

「今晚一起打保齡球去吧！」「下班後一起喝一杯吧！」當你面對這些請求時，該如何拒絕呢？

這種情況下，我們可以用親人作為「擋箭牌」，你可以這樣說：「抱歉，我媽在等我回家吃飯。」「說實在的，我太太……」「小孩今天身體不舒服，我得趕回去……」這樣，別人就不好強求了。

還可以以工作或功課為理由來拒絕對方。如果有位朋友對你說：「今晚去喝一杯吧！」他可以回答：「今晚我必須到 ×× 老師家學習外語……」

第十章　善用人脈，心想事成

　　還有位司機常有老同學邀請他一起參加他們的聚會，由於這位司機不太習慣那種場合，總是盡力推辭。就他的工作性質來說，每天很忙，所以也往往以此為理由，對他們說：「我明天還要早起出車，今晚必須早點休息。」就這樣以工作理由將聚會推辭了。

　　用拖延來表示拒絕，也是一種方法。比如你不想去參加某人的宴會，可以對他說：「謝謝，下次我有空一定去，今晚我就不去了。」表面上並沒有拒絕對方邀請，只是改個日期而已，但這個「下次」是沒期限的，聰明人一聽就知道這是一種委婉的拒絕。當然，這比「沒空，不去！」更容易讓對方接受。

　　對人際關係說來，「拒絕」真是一門重要的學問。比如在與朋友的交往中，對方向你提出某個要求時，答應了，按道理又不可能，不答應，又傷了對方的面子，破壞雙方的關係。也許，你現在就處在這樣一種兩難境地。

　　還是先讓我們看幾個例子：

　　據說，羅斯福任總統前，曾在海軍裡擔任要職。有一次，他的朋友向他打聽海軍在加勒比海的一個小島上建立潛艇基地的計畫。羅斯福向四周看了看，壓低聲音問：「你能保密嗎？」「當然能。」「那麼」羅斯福微笑著說，「我也能。」

　　這委婉含蓄的拒絕，輕鬆幽默的情趣，既堅持了自己不能洩密的原則立場，又沒有使朋友陷入尷尬的境地，取得了很好的交際效果。

　　西漢時，大將軍李廣利為使司馬遷為己所用，便派了一個能說會道的門客，把遠征大宛時帶回的一對白璧送到司馬遷家裡。司馬遷撫摸了一下白璧，讚嘆道：「這樣圓滑、光潔，真是白玉無瑕啊！」其夫人見此情景，悄悄問道：「難道你準備收下來嗎？」司馬遷彷彿沒有聽見夫人的問話，

繼續說：「白璧最可貴之處是沒有斑痕汙點，所以人們才說『白璧無瑕』。白璧如此，作人又何嘗不期望無過呢？我是個平庸而位低的官員，從來沒敢與白璧相比，但是，如果收下這珍貴的白璧，那我身上的汙點就多了。」隨後，司馬遷隨手寫了謝帖，說是多謝大將軍厚愛，唯無功受賞，難免為天下人所恥笑，因此領盛情而還白璧，請大將軍原諒。

故意說些不符合事實的生動語言，比起「無可奉告」的呆板回答，更有助於促進人際關係。

這些實例的一個共同特點是，既尊重了對方的人格，又堅持了自己的立場，最主要的是比起那些生硬拒絕來，這些巧妙的拒絕方式，因為沒有一絲傲慢無理的表現，自然會使對方很容易接受。這種委婉真誠的拒絕方式，對於人際交往是很實用的。

身為朋友，互相幫忙是應該的，假如可能，你應盡力為朋友效力，如果實在愛莫能助，也要學會巧妙地拒絕。尤其對於那些勉為其難，以至難以啟齒的事，更要巧妙地運用先肯定，後拒絕的方法。即先肯定對方的人格和意見的合理性，然後再婉轉地予以拒絕。例如，當別人想與你合夥做某一件事時，你可先肯定做這件事的好處，然後再說：「能與你一起合作我真的很高興，只是堆積如山的案子已經夠我忙的了，真遺憾，失去了一次合作機會。你能否另找別人呢？」這也是從給對方留些面子的角度考慮的。在拒絕中，能讓對方感覺到你的確在為他著想，那麼，對方不僅不會不高興或對你產生誤會，還會比較輕鬆地放棄自己的念頭。

拒絕的智慧來源於友善。對於人際關係網中的互動，友善比什麼都重要。一般說來，對於那些你十分討厭的人，或是心懷其他目的的人，你可能更習慣於用直截了當的方式予以堅決回絕，以減少不必要的糾纏。但是，從友善的原則講來，這種選擇不見得是明智的，因為這樣，往往會給

你帶來更多的麻煩。你還不如採用一種緩兵之計，先對對方的要求表示理解，多爭取一些時間去做必要的解釋，即站在對方的立場上為自己辯護。如果你真誠地這樣做了，那麼你們的關係或許會從對立的立場轉到友好的立場來，你的人際關係網也因此而更上一層樓。

讓大家都來幫你

家家有本難念的經，人人都有無法處理的事。不要唉聲嘆氣，把你的注意力投向你的主管、同事、親戚、朋友吧！如果在他人危難之時助人一臂之力，你就結下了善緣，相信他們在你需要時也一定會盡力幫忙。即所謂「人脈樹下好乘涼」。不過，讓別人替你處理事情，也是有一些眉角的。

如何讓主管幫你

現代社會生活節奏加快了，家家都會有意想不到的困難，大事小事接連不斷，如孩子讀書、婚喪嫁娶、買房搬家、工作調動，以及借貸、買賣、調解各類糾紛、法律官司等等，這些林林總總的家庭煩惱之事，有時我們自己處理起來經常會力不從心，在無奈的情況下，需要找單位的主管出面幫忙辦理和解決。

按理說，上司是單位裡的主管，是工作上的主管，而下屬的私事不是他管轄之內的事情，從道理上可以不管、不幫忙。但從感情上講，因是上下級關係，主管也可以過問、幫忙。在這兩可之間，如何能使主管心甘情願為我們解決燃眉之急，確實是應該探討的問題。

既然我們是主管的下屬，是公司的員工，那麼，我們就可以從這個最基本的立足點出發，從情理上做文章，求得主管給予關心，多給我們幫助。

平時與主管建立好關係是最基本的前提條件。沒有關係辦不了事已經

在職場形成了共識。關係是一種感情的凝聚和利益的融通，有了關係也就有了路，有了利益，有了各種隨時可以兌現的希望。所以，不但下級重關係，上級也同樣重關係。一旦哪個環節的關係沒打通，出了問題，便很可能會影響到他的切身利益，甚至仕途前程。

與某些重要人物或關鍵人物關係親密，或所謂「關係密切」的人，都是「神通廣大」的人，他們能把與自己或朋友利益有關的事處理得非常圓滿，甚至能把一般人認為無法處理的事情合理合法地處理好。

所以，想要處理好事情必須要注重關係，特別是下級找上級處理事情，必須合情合理才更為妥當。

如何讓同事幫你

儘管在工作中同事彼此間會產生一些分歧和小矛盾，但若誰家有事情需要幫忙時，通常都會熱情地伸出援助之手。而隔岸觀火的，也只是極少數的人。只要你的人緣不是差到極點，同事間幫忙處理事情一般都是比較爽快的。

同事關係是處理事情最直接最方便利用的關係。

每一個人在單位都有表現的欲望，幫助同事處理事情就等於為他提供了一次表現個人能力的機會，即使遇到困難也得處理，即使有時擔心主管不滿也得處理，以此在同事中表現自己的古道熱腸。因此，找同事處理事情不必存在任何顧慮，該張嘴時就張嘴。只是，怎麼輕鬆提出也是有講究的。

那麼，我們該如何利用同事關係處理好事呢？

- **目的要明確**：托同事處理的事，應有一個明確的目標，這樣，同事也就可以比較有的放矢地來幫你。托同事處理的事應該是一些難度不大、目

標明確、可取得明顯效果的事，一來不會讓同事太為難，二來可因你對他的感激之情，而進一步溝通和加深與同事之間的人際關係網。

- **態度要誠懇**：托同事處理事情時態度要誠懇，需將事情的前因後果、利害關係說清楚，要說明為什麼自己不便處理或處理不了而去找他幫忙。總之，由於同事對你十分了解，知根知底，因此托同事處理事情態度越誠懇越好。你的態度越誠懇，同事也就越不可能拒絕你。

- **要懂禮節**：同事關係不像朋友關係那樣親近，同事之間通常不會太過深交，因此，托同事處理事情時一定要注意禮節。在提出托同事處理事情時，說話語氣應誠懇、客氣地詢問對方是否可以幫助自己。對方如果同意了，則務必要說些客氣話感謝對方。處理事情過程中，應妥善準備好各項資料，以備不時之需。事情處理好之後，要誠摯地向同事表示感謝，並根據同事的喜好，或請同事一起吃飯聯絡感情，或給同事送點薄禮。

- **不適合托同事處理的事**：自己力所能及的事不要托同事處理，因為如果你要求同事幫你處理這種事，同事很容易認為你是在擺架子使喚他，這會影響你跟同事的關係。再則，這樣的事同事通常也不想幫你處理，即使幫了忙，也會傷害你們之間的關係。

對那些同事也為難還必須去請求別人幫忙的事，盡量不要托同事處理。同事找人幫忙會欠下人情，你拜託同事又欠下人情，這樣的人情債不太好還，周折過多，還不如自己再想別的辦法。

涉及同事之間利益關係的事不能托同事辦。如果涉及其他同事或主管的利益，會影響到同事之間或與主管之間的關係，因此一般不宜托同事處理。

如何讓親戚幫你

每個人都有三親六故，替自己親戚處理事情的情況很多。當人們遇到困難的時候，大概首先想到的就是找親戚幫忙。俗話說，不是一家人，不進一家門。身為親戚，對方也一般會很熱情地向你伸出援助之手。

「親不親，一家人」、「一家人不說兩家話」，說明請求與親戚處理事情具有得天獨厚的便利性。

- **主動沾親**：在任何社會，親情永遠是最寶貴的。在利用親情處理事情之前，需要具備鍥而不捨的精神，不怕麻煩，勇於發掘維繫與親戚之間的關係。

- **利用親情**：利用親戚關係時，敘情起很大作用。可以說，善用親情在很大程度上要經常用親情去說服對方，感動對方。

  在請親戚說明的時候，通常需要用真誠打動對方，使親情得以發揮作用，切不可虛假用情。

  利用親戚關係並不是無限制的濫用，不考慮後果，否則不僅會給對方增加麻煩，使對方厭煩直至加以拒絕，就是自己，也會因此而受到道德良心上的譴責。

- **利用親戚關係處理事情，要在人格上講求平等**：親戚之間需要經常走動，增進了解，互相關心，互助互利。平時要主動關心對方，設法為對方多做些事，才能增進親戚之間的感情，否則親戚之情會越來越淡。

親戚之間的關係應以「情」字為主，而不要「利」字當頭。現實生活中的許多人是非常勢利的，親戚若得勢，他就與之交往；親戚若落魄，他就不聞不問，這種人通常是受人鄙視的。

在傳統的親戚交往中往往存在著一種迷思，那就是：親戚關係是一種血緣、親情關係，彼此都是一家人，彼此幫忙都是分內之事，都是應該的，沒必要像其他關係那樣客套、講禮。其實，有這種想法就是大錯而特錯了。血緣的關係雖說是「割斷了骨頭連著筋」，但親情的維護與保持就在於彼此之間的相互幫助與知恩圖報上。

現實生活中，我們都有過這樣的體驗，身為親戚之間的甲方若是一味地照顧、幫助乙方，而乙方則回報以不冷不熱、不謝不理的態度。時間一長，甲方必定會生氣，認為乙方是不懂人情、不值關照的冷血動物。若乙方依然故我，認為甲方幫助他是應該的，那甲方必然會終止與乙方的交往。相反，若乙方知恩圖報，雖然一時沒有什麼物質好處回報，但經常以自己的勞力幫甲方做點家事，跑跑腿等，以此作為感謝，甲方也會獲得心理平衡，兩家之間的關係也會很好地維持下去。

事實上，不論是一般關係還是親朋好友，甚至是父母，雖然他們的付出有多有寡，但受惠人一句感恩的話，無疑對他們是一種心理補償。

對熱情相助的人在物質上給以一定的回報，也是一種不失禮節的禮尚往來方式。物質回報雖然不是親戚間交往的主要方式，但它畢竟存在於現實生活之中。所以親戚間也應注意這方面。

有時，適量的物質回報是培養良好的人際關係的特殊需要。比如某人曾多次無私地幫助過你，某一天當他生病住院的時候，你帶禮物去探望，無疑對他是一種莫大的慰藉。總之，物質回報要遵循適度的原則，適量地「往重於來」以示知恩圖報。

如何讓朋友幫你

朋友相交之初，總會有「苟富貴，勿相忘」的誓言，但事實上遠非如此。有些朋友在自己富貴發達之後就忘了這些話，逐漸與原先那些目前生

活狀況並未有多大改善的老朋友疏遠了，甚至忘掉了老朋友，躲著老朋友。

與老朋友疏遠的原因很多，有可能是顯貴的一方人格產生了偏差，看不起無權無勢的老朋友；有可能是他情分雖沒變，但因整天忙於繁雜的事務之中難以自拔，而無暇顧及他人；也有可能是沒有成就的一方妄自菲薄，因自卑而羞於與老朋友們交往。無論如何，兩者的交情越來越淡薄了。

在這裡我們所要討論的問題是，在這樣的關係下，如何向這類型的朋友開口請求幫忙。當然，通常狀況都是迫於無奈。因為求老朋友必然要比求陌生人要容易，至少雙方曾經有過很深的交情。在這種情況下不妨採用以下四種方法。

(1) 帶見面禮

因多年不見，就算是老交情，帶一點禮物上門也是必然的，更是情感的體現。禮物不在多少，它能把這多年沒有往來的空缺瞬間填補。

這禮物最好是對方舊有的嗜好，或是土特產，也可以是菸、酒及錢。

當然，禮物不同，見面時的說法也不同。若是舊友的嗜好之物，就說是「特地為你準備的，我知道你最喜歡這個東西」；若是土特產，就說是「帶給嫂子（弟妹）和孩子嚐嚐的」；若是錢，那就得說是「給侄子侄女的，買一件合適的衣服或買書」之類。總之，只要進了門，便有了開口求老朋友幫忙的機會了。一定要帶點什麼禮物才不致失禮。

(2) 喚起回憶

這是拜訪故交最重要的基礎，因為回憶過去的往事，就喚起了對方疏遠多年的交情，交情才是對方肯為你處理事情的前提。

明朝初年，朱元璋當了皇帝。一天，家鄉的一個舊友來找朱元璋要官做。這位朋友在皇宮大門外面，哀求門官去啟奏，說：「有家鄉的朋友求見。」朱元璋傳他進來，他就進去了，見面的時候，他巧妙地說：「我主

萬歲！當年微臣隨駕，掃蕩蘆州府，打破罐州城，湯元帥在逃，拿住豆將軍，紅孩兒當關，多虧菜將軍。」

朱元璋聽了這番話，回想起當年大家飢寒交迫、有樂共用、有難同當的情景，又見他口齒伶俐，心裡很高興，就立刻讓他做了御林軍總管。

當然，回憶過去，閒聊往事，也有個時間、場合、恰當與不當的問題。其實朱元璋做了皇帝以後，先後有兩個少時舊友來找他求官做，一個因有話直說，在眾臣面前道破了他出身貧賤的尷尬，則被砍了頭；而上述這位舊友將隱含之話說得委婉動聽，而被朱元璋委以高官。

與朋友及家人閒聊往事，如果是當著他的孩子和老婆，也要盡量少去提及對方讓孩子老婆成為笑料的「樂事」及尷尬事，這樣可能會傷害對方在家庭中的權威，引起對你的反感，而達不到目的。

（3）以言相激

「無事不登三寶殿」。如果你去找一位長時間沒有來往的老朋友，此次突然登門拜訪，對方也許心知肚明你有事要求於他。他若不願幫忙，一進門就會顯得非常冷漠，當你把事提出來的時候，他開始出現含糊其辭的拒絕態度。這可能在你的意料之中，此時，你就得把「死馬當成活馬醫了」。「以言相激」不失為一種扭轉對方態度、繼續深入的好方法。

比如，你可以說：

「你是不是覺得，我給你添太多麻煩了？」

「只有你能幫我，所以我才來找你的，否則，我何必大老遠的跑到你這裡來嗎？」

「你有能力幫我，況且也不會違背任何原則。」

「我來之前，跟親友都打過包票了，說到你這裡必定能處理好，難道你要讓我回家沒臉見人？」

　　以言相激也必須掌握分寸，若是對方真的無力處理此事，我們也不能太苛求人家，讓對方為難，更不能說出絕情絕義的話，傷害對方。只有你了解了對方確實有「多一事不如少一事」的心態時，才可以以言相激，逼他去辦。

　　如果他真的幫你處理事情，不管結果如何，事後，都應該說些道謝的話，這樣會顯得你有情有義。

（4）以利益驅動

　　如果你了解事情的難度高，或者對方是一個見錢眼開的人，即使他幫你辦成，也會欠下一個很大的人情。這樣，你不妨乾脆以利益驅動。

　　直接把實情道出，說這本來是我的事，處理好之後，我給你一些好處，對方可能會礙於友情不好意思接受。那麼，這時你可以撒一個小謊，說這是別人拜託你幫忙的，事後他會好好道謝。這樣，對方就能坦然地接受，你也可以顯得不卑不亢，事後也避免留下還不完的人情債。其實，前述是很普遍的處理方法，運用這種手段請人幫忙，成功率往往很高。

如何讓同鄉幫你

　　托同鄉處理事情除了利用鄉情，利用土產是一條較好的途徑。土產也許並不很貴，但是那是故鄉的特產，外地買不到，這樣，土產中便包含了濃濃同鄉的情意，在這種感情支配下，同鄉會答應你請求他幫的忙。

　　人們離開家鄉很長時間之後，常常會因為生活、事業上的挫折，生活習慣的不同，勾起他思念家鄉的感情。每個人都與自己的家鄉有濃烈且剪不斷的牽掛之情，這份感情是每一個在外遊子的精神支柱。

　　在每一個離鄉背井的人的記憶深處，都有關於家鄉的溫馨的回憶，一般人不輕易流露這種感情，但若勾起了他的這種感情，則一發不可收拾。

要托這樣的同鄉處理事情，主要必須以鄉情感動他，勾起他對家鄉的思念，使他想到要為家鄉做些什麼，這樣他就會毫不猶豫地幫助你。

如何讓同學幫你

同學關係是非常純潔的，有可能發展為長久、牢固的友誼。因為在學生時代，年輕單純，熱情奔放，對人生、對未來充滿浪漫的理想，而這種理想往往是同學們共同追求的目標。曾幾何時，大家在一起熱烈地爭論和探討，每個人的內心世界都毫無保留地袒露在別人面前。加之同學之間朝夕相處，對彼此的性格、脾氣、愛好、興趣等等能夠深入了解。

誰都牽掛昔日的同窗，說不定你的音容笑貌還存留在他們的記憶中，千萬不要把這種寶貴的人際關係資源白白浪費掉。從現在開始，你就要努力地去開發、建立和使用這種關係。

那麼我們該如何利用同學關係呢？

（1）加深關係，讓同學主動幫忙

同學之情的作用非常巨大，同學之間如能建立親密的連繫，並逐漸加深關係，那麼你遇到難題時，同學就會調動自己的關係盡力幫忙。有些聰明人很巧妙地運用了這個技巧，在一些無關緊要的場合中，自己吃些小虧，做些讓步，送個人情給同學，使他人一輩子記住，最後還有可能因此而獲得極大的成功。

（2）經常聚會，以求關鍵時候提供協助

要知道，大千世界茫茫人海，既為同學，緣分不淺。幾年同窗雖相處時間不長，但同學的關係值得珍惜，值得持續下去。當你與同學分開後，還能保持相互連繫、愈久彌堅的關係，那對你的一生，或者說對你將來要達到的人生目標與理想是會充滿益處的，甚至也許是你所從未想到的部分。

同學關係有時往往會在很關鍵的時刻發揮作用。但是值得注意的是，平時一定要注意和同學培養、聯絡感情，只有平時經常聯絡，同學之情才不至於疏遠，對方才會心甘情願地幫助你。如果你與同學分開之後從來沒有聯絡過，你去請他幫忙時，一些比較重要且關乎他的利益的事情，他也就不會幫助你了。

(3) 經常參加同學間的活動，必要時才會得到照顧

當今社會，人們看重物質。許多人目光短淺，與老同學往來時、聚會時不甚熱情，分開後不相往來，遇到事情時再來找老同學，同學誰又願意給他幫助呢？

但是，當今的社會重視人際關係，人際交往廣泛與否，是一個人能否在事業上成功的關鍵因素。而在這種關係中，同學關係應該是比較重要的一類關係。因為當年一起在學校時，大家都比較單純，友情相對純潔，而分開之後只要彼此仍然保持聯絡，就會十分懷念那段同窗的時光、純真的友誼。因此，分開後的同學常常會借各式各樣的活動彼此聯繫，只有積極熱情地參加這樣的活動，加深同學之間的感情，在你托同學處理事情時，同學才會爽快地答應，積極地去處理。

如何讓鄰居幫你

鄰里之間經常見面，孩子一起玩耍，鄰里之間關係會很親密，家裡發生什麼事，有時候可以托鄰居照應一下，這樣你來我往，遇到什麼困難的事可以敞開心扉跟鄰居說，鄰里之間定會盡力而為的。

(1) 找鄰居解決家務事

有一個好鄰居，可以互相照顧。好鄰居都願意為和諧的鄰里關係而努力，當別人家有了一時為難的事，也會全力幫助解決，因此，當家裡有事

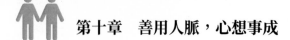

時，找鄰居幫忙解決是很好的一個途徑。

（2）給鄰居暗示，爭取鄰居幫忙

首先讓鄰居知道自己的困難。

根據鄰居的性格，決定求助他幫忙的方式。如果鄰居是一個熱心的人，會毫不猶豫地回應你的求助。但一般來說，卻宜採用間接方式，讓鄰居主動幫自己的忙。

你可以在聊天時告訴鄰居，現在自己正處於困境之中，面對的困難是自己所無法解決的，需要有人協助。

其次，暗示鄰居若能幫助解決這個困難，將是最好不過的了。鄰居會認為這點事對自己來說不算什麼，這樣就很容易幫自己的忙了。

（3）訴說難處讓鄰居幫忙

我們難免會遇到各種各樣的困難，例如，資金周轉不靈，聯繫客戶不夠，或是自己缺乏信心，缺少經驗等等。如果自己求助於鄰居，也許會發現鄰居能給予自己更多有價值的建議。

求助鄰居幫忙，應該在鄰居有能力幫忙的情況下，客觀合理地請求協助，萬一鄰居無能為力時，也不要因鄰居不幫忙而心生怨恨。一般來說，鄰居之間是十分樂於互相幫助的，只有當自己實在力所不能時，才會拒絕幫忙。

（4）托鄰居幫忙，要心存感激

鄰居幫你處理事情，一定要心存感激，當面向他致謝，或送東西到他家裡，總之，向他表示你的友好之情就行了。此後，若鄰居有需要你幫忙的地方，也應全力幫他。如果鄰居沒有幫你處理好，也應感謝鄰居，因為他畢竟為你出力了，可能是因為事情太難或其他原因沒有辦成，即使這

樣，你也應主動感謝，以後鄰居若再求你幫忙，你仍應盡力幫他。這樣，
鄰里之間的關係才越來越密切。

　　善用人脈，心想事成。

第十章　善用人脈，心想事成

第十一章　人際關係網，精心維護

如同漁夫經常翻晒修補手裡的網，你的人際關係網也需要精心維護才能保持最佳狀態。維繫人際關係網對許多人來說是件苦差事。在多數人的印象中，交朋友很浪費錢和時間。因為要維護人脈間的互動，常常需要定期吃飯聚會，或是唱唱 KTV 等。還有就是趕上逢年過節、對方生日、升職、結婚生子，總免不了要送個禮物或紅包。

要維繫長期的人脈互動就更難了，現代人的工作生活節奏不斷加快，使得人們的耐性和持續力都有限，除非有共同嗜好、興趣或是習慣，不然幾乎都沒有保持定期聯絡的可能性。這大概是為什麼有些人際圈很大的人，會利用假日邀三五個好友下棋、打牌或去郊外旅遊。

給自己的「人脈」把把脈

人生中很多成功的獲取都來自於良好的人脈，而良好的人脈又來自良好的交往，但因世人存在著許多冷漠與虛偽，使一些人在交往中不斷受到挫折，承受了不少壓力，最後失去興趣心灰意冷，產生了懶得交往的消極心理，正是這些消極心理使一些人失去了走向成功的機會。

在社會上碰壁是很尋常的事。因為社會上的一切並不是專為你而安排的，不可能完全按照你的意願運行，但很多人碰壁以後，卻疑神疑鬼，投鼠忌器，猶豫不前，這樣的人是不可能獲取成功的。現在，你不妨坐下來，替你的「人際關係網」把把脈，看自己是否存在以下有礙「人脈」健康發展的心理。若有的話，實在應該徹底治療。

防禦心理

現代人習慣於以一種脆弱的心理去窺視外面的精彩世界。在這種精彩的世界「精彩」到使他們難以承受的時候，他們的心理便自然產生了一種

防禦與戒備。在他們的心裡，世態炎涼，人情冷暖，勾心鬥角，人心叵測，總令人防不勝防，於是他們信奉「畫虎畫皮難畫骨，知人知面不知心」的人生信條，相信「逢人且說三分話，莫論他人是與非」的至理名言，他們進入交際場，自然會對他人缺少一種誠懇、真摯的信任感、坦率感。尤其是一些曾經受到過他人傷害，甚至是朋友傷害的人。「一朝被蛇咬，十年怕草繩」，或者是「別人被蛇咬我也怕草繩」，這種防禦心理就顯得特別強烈。由此這些人的交際熱情必然受到一定影響。把自己與世隔絕，逍遙自得，悠閒寧靜地生活更好。他們從喧囂的世界中退了出來，以為這樣便可以省去了很多的彼此爭鬥、爾虞我詐，及由此帶來的煩惱與苦痛。

居中心理

這是一種能而不為，處事小心謹慎的心理傾向。帶有這種心理傾向的人，一方面對社會、人生、對他人認知中的一些陰暗面有一種恐懼心理，他們對人缺少信任，只得與人小心翼翼的交往周旋，盡量與人拉開心理上的距離，正所謂的一定距離才會使他們更有安全感；但另一方面，為了避免孤獨、消除寂寞，他們也渴望感情，期盼溫暖友愛。所以，人際交往中持有這種居中心理的人占有很大的百分比 —— 對人不冷不熱，處事不溫不火，心理上的距離不遠也不近，不輕易得罪一個人，也不企求有一個知己，一副順其自然的狀態。套用一位名人的話是他們「沒有永恆的朋友，也沒有永恆的敵人」。

互惠心理

這是一種比較典型的功利性的心理觀。帶有這種心理傾向的人，在人際交往中往往以眼前的名利為目的，以能否從他人那裡得到實惠（名利）為選擇交際對象的標準，其交際活動帶有明顯強烈的市儈氣息。所謂「窮

居鬧市無人問，富在深山有遠親」，正是這種人交際心理狀態的真實寫照。在這些人身上，功利二字常會激發他們攀附權貴的熱情，但同時也會自覺不自覺地促使他們遠離一些真正值得交往的人。這些人也許暫時甚至是永遠不能給他們帶來實惠，在實惠與情義面前，他們選擇了實惠，在物質與精神面前，他們摒棄了精神。因此，嚴格地說這些人「懶得交往」是不全面的，也可以說他們交往的傾向性是很強的。

等級心理

生活在金字塔結構的等級制度中的人們，因自身的社會地位、教育程度、出身背景的不同，決定了人們必然處於社會系統的種種不同的等級中，因此交往中就必然帶有一種比較濃厚的等級心理傾向，其交往的圈子也就容易限制在特定的等級範圍裡。學者有學者的圈子，當權者有當權者的圈子，老百姓有老百姓的圈子。表現在學者方面是「談笑皆鴻儒，往來無白丁」；表現在高層官員方面則是很難交幾個平民朋友或者是沒有機會或無暇交往的。一種自以為德高的潛意識主宰了他們的言行；而表現在平民這方面，也會是一種畏上的自卑的等級心理，認為自己不過是一個普通工人或一介布衣百姓，鉤不上與高層次與級別高的人交往，一旦與不同圈子的人相遇時，便不免自慚形穢，渾身上下不自在。

戀舊心理

隨著現代社會經濟體制的改革與變化，人際交往的對象也隨之發生了變化，使得一些原來在穩定的環境中生活的人們出現了某種不平衡的心理狀態。他們往往以舊的熟悉的人或事，將新環境中的人或事比較，十分留戀過去的舊環境，沉湎在以往人際關係的脈脈溫情中。面對初來乍到的新環境，對初次相識相處的交際對象不甚了解，因而不願主動交往甚至拒絕交際，從

而在交際過程中始終處於被動地位。另一方面是時代的變化，人的價值觀念的變化，金錢利益的影響對人的思想侵蝕，致使新時代人際關係變得冷漠虛情，使人格外留戀西元 1950 年代的那種平等互敬、和諧單純的人際關係。由此，人們在對比中或許更容易排斥或拒絕那種實惠、勢利、虛情、市儈味十足的現代風氣。於是，他們當然也就從心理上懶得與人交往了。

只要我們生活在這個社會上，就得按新的道德標準和人際交往原則做人，做一個有情有味的人，做一個有禮有義的人。因此，我們還得要從以上分析的各種心理迷思中走出來，在新的時代新的形勢前，敢於面對現實，面對物質金錢利益誘惑下人生的種種冷漠與嚴酷，不斷增強自己生活的勇氣和信心。要正確地看待我們生活中的苦與樂、真與假，也要正確地看待與我們朝夕相處的某一個人或某一個團體。

人間自有真情在，只要我們用真心去換得真心，以真情去贏得真情，我們的生活就必將能溫暖如春、充滿燦爛的陽光。

常見的人脈維護方式

在我們與人的交往中，利用電話、寫信（或電子郵件）、節日賀卡、生日聚會等是最常見的人脈維繫方式。但維繫人脈和保持互動，除了這些形式上的問候與聚會之外，還需要良好的記憶力和創意。

在記憶力方面，應努力記住和朋友上次聚會或交談時的內容，以及關心對方目前的進展狀況。每次有機會和朋友聊天時，要專心傾聽並記住對方的近況，其中大致可以分為公事、私事和外在形象這三方面。

- **公事**：有關朋友的工作與發展情況，在這個部分，有必要盡量記住幾個關鍵：

- 公司名稱與基本產品、職務稱謂、工作內容及薪酬福利
- 部門之間人事相處情況和他的個人感覺
- 朋友對這個產業的了解與想法

■ **私事**：有關朋友的家庭、感情生活、共同朋友的狀況：

- 朋友與其父母、兄弟姐妹的情況
- 目前的感情生活
- 了解他目前或近期個人的發展計畫

■ **外在形象**：這一部分比較簡單，只要稍微注意一下，聚會時對方的外表穿著、情緒狀況、健康氣色即可。

在運用方式上，盡量挑選對方感興趣的話題，以作為下一次溝通時的銜接題材。

在溝通方式上，用問的方法比較能表現主動關心對方的感覺，比方說：

「上次看你工作壓力很大，精神很不好，現在好多了吧？」

「那個找你麻煩的主管，最近對你怎麼樣？」

「你上次穿的那件衣服看起來好有氣質，你到底在哪裡買的？我一直沒找到。」

「你父親的關節炎好多了嗎？」

但是有些問題則需要稍微避諱一下，比方說私人感情、某些實現起來有困難的目標、工作上的升遷或薪酬獎金數額等。這些問題在無法確定對方是否樂於回答時，盡量不先開口會比較好。因為像這些問題，常會引出一些爭執、意見分歧，使對方諱莫如深。因此，最好是由對方主動向你說明近況。

　　如果對方在上次聚會時，曾經發誓、詛咒某個宣言或話題，也要盡可能避免詢問，因為如果對方真的做到了，他一定會直接告訴你，和你分享他的成功與興奮。如果對方沒做到，你這就是「哪壺不開提哪壺」，揭人短處自討沒趣。至於工作方面較敏感的薪酬收入或職務變動也是一樣，最好都讓對方主動去提及。

　　這些看似複雜的小動作，其實只要多留心觀察，多一點記憶就能夠做到，但對於並不願常與朋友互動，或是無法定期聚會的人來說，卻是維繫人脈的關鍵。

　　在維繫人脈間的互動上，如果能運用一些頗具創意的方法，一定能收到非常棒的效果。

　　比方說，自己親手做一些小手工藝品，當作送給朋友生日或升職的賀禮，這樣不但省錢，而且也表現自己的一片心意和獨特的創意。像目前流行的串珠、環保藝術品、編織的幸運帶或是自己捏出並燒製的陶藝品、剪紙、卡通畫，甚至可以做一張友情卡、寫首詩等，都是不錯的 DIY 創意禮品

　　買本書再加上自己發明的精美禮品包裝，也是不錯的創意。我常常收到朋友經過自己精心設計包裝的禮品，他們很講究禮物外觀的表現方式，雖然禮物都不是很名貴，但那些考究別緻的包裝，卻常讓我捨不得拆開，它們本身看起來就像藝術品一樣，既美觀又極富創意。

　　在平時的互動上，利用現代通訊技術的手機、簡訊及網路也可以做到即時的互動。最常用的方法是將和朋友工作有關的市場資料、產業分析、學術報告、不錯的演講資訊、最近看過的好書或節目，盡量用 E-mail、電話、簡訊、信件或傳真等方式通知朋友。

　　在電子郵件轉寄上最好先過濾一下資訊內容，或者寫些自己的觀點和

想法，提供給朋友作為參考。值得注意的是，如果你認為某一份資料有用，而且肯定會對朋友有所幫助時，可簡單地幫助對方做一些整理和查證工作，將一些多餘的文字或符號刪除，是一種最基本的體貼行為。畢竟目前網路上有太多垃圾郵件、惡作劇的資訊或可怕的病毒，瘋狂轉寄只會讓收件者的電子信箱爆滿或被傳染上病毒，更別提消化吸收了。

有空常去坐坐

　　現代人一直都忙於自己的事，為生活而四處奔波，很難抽出一些時間陪父母聊天、談心。除了陪父母外，我們還應該抽出時間和身邊的人常聯繫，接觸。那些冷若冰霜、老死不相往來的人是不可能擁有屬於自己的朋友圈子的。只有大家之間不斷的往來，才能促進彼此之間資訊的傳遞，感情的交流和更深入地了解。

　　朋友之間真摯的友情也要靠互相聯繫來維繫的。互相聯繫的方法有許多，禮尚往來、彼此交流等等，在這其中最普遍、最有人情味的一種是有空常去坐坐。

　　人們在禮儀性的道別時，總不忘記加一句「有空來玩」，不論這是否是一句出自肺腑的言語，聽後都讓人感到溫情四溢，自己似乎可以從中體會到我是接受的，是受歡迎的人。

　　在朋友之間，也需要這樣的方式來維持良好的人際關係網。

　　古代社會做一個好皇帝，會經常微服出訪，體恤民情；熱戀時做一個好男友，會常常細緻入微地關心女友；身為一個好朋友，會不忘常去朋友家坐坐。多注意彼此之間的溝通，自然會多個朋友，多一條路。因此有必要掌握這點。

我們要讓自己融入社會生活，不能夠一味地去追求自我，而忽視團體，多與人們接觸即是避免這種「獨往獨來」的好辦法之一。

事實上，我們所要做的並不多，只是在有時間的時候，去朋友家走一走，也許只是隨意地寒暄幾句，也許進行一次長談，總之，我們在加深對方對自己印象的同時，讓他與我們越來越熟悉，這樣深入下去，我們之間的關係會越來越融洽。

這樣的交往中，還該注意到以下的問題：

選擇恰當的時間。要做一個貼心的人，切忌在吃飯或休息時去打擾朋友，應該選擇恰當的時間，例如，在飯後休息時去。若朋友有午睡的習慣，千萬不要去打擾，最好的時間是在晚飯後，天氣比較涼爽，心情也比較平靜時去。

到了朋友家，若發現他正在招待客人，也不宜久留，與主人閒聊幾句，就應該禮貌地離開。

若朋友正在打掃房間，忙其他事，沒辦法招待你時，就應站在門口，寒暄幾句，盡快告辭，以免主人為難。

談話的內容可以天南地北，也可以比認真地就某個問題發表見解，但不要涉及朋友隱私，或提到朋友不願提到的問題。反過來，你可以提些迎合朋友心理的問題，這樣大家都有興趣來談這個問題，氣氛就會比較和諧。

若住家附近搬來了新朋友，就應該主動地去與之接觸，了解對方是否有什麼困難，並作自我介紹，給朋友留下一個好印象，以便今後的交往。

只要自己多留心言談舉止，就可以為朋友建立好關係創造條件。

我們與朋友之間的交往是相互的，在你來我往中增進感情。《禮記‧典禮上》：「往而不來，非禮也；來而不往，亦非禮也。」如果朋友經常來

自己家裡做客，那麼我們也要進行回訪，以示尊敬，這也是讓我們有空去坐坐的條件之一。孔子說：「敬人者，人恆敬之。」我們在交往中表現出對朋友的尊重，同樣，朋友也會尊重我們，這也是一個相互了解的過程。

在與朋友的你來我往之中，還要注意一些技巧的運用。到朋友家的拜訪可以尋找一個合適的藉口。

小王一家和老林是朋友，老林和他的伴侶都是大學教授，都有涵養，但也有知識分子的孤傲，總讓人覺得不易接近。可是他們和小王一家的關係卻維持得很好。小王是個很漂亮的年輕女孩，為人活潑開朗，初搬到這幢樓時，左鄰右舍的人都來拜訪她，對她的印象不錯。

小王的丈夫聰明能幹，他們的日子過得相當幸福。剛搬來時，小王就注意到了這家教育程度很高的鄰居，她待人熱情大方，有空時就去鄰家聊一聊，但總能找到一個「藉口」，一次手上拿件新買的大衣，跟對門的林阿姨熱情地說：「林阿姨，您的審美觀較高，幫我看看這件大衣好看嗎？我該和哪些衣服搭配在一起穿？」有一次她又拿了毛線和針，說：「林阿姨，教教我您那個毛衣上的花是怎麼織的？」從此，老林的家便常有小王的笑聲，這麼一個熱情又好學的女孩怎能不叫人喜歡呢？

她每次去林阿姨家拜訪時都似乎有正當的理由，在言語間也拉近了彼此間的距離。

我們不妨也借鑑這樣的方法，在去鄰家拜訪時，總不能無目的地去，可以從某些話題延伸，無形中，表現出對朋友的欽佩和喜愛，這也是非常有利於處好人際關係的。

還有一點值得我們借鑑的是，在拜訪朋友的同時，讓朋友也參與幫助你決定去做的某件事，這樣可以表現出你對朋友的信任和對朋友意見的尊重。

　　小程一家和小張一家成為鄰居，張家是一個三代同堂的大家庭，程家只住著兩個年輕人，小程就常去張家聊天，張阿姨也把她當作自己家人看待，有時也邀請他們與張家聚在一起吃飯，這樣好的鄰里關係形成關鍵就在於小程常找張阿姨談心。

　　有一次，公司想派小程去長駐外地管理分公司，時間是兩年，她和丈夫商量時，丈夫表示贊同，也支持她去，可她又感到時間太長，不忍心丟下丈夫一個。於是，她就去找張阿姨，問自己該怎麼做，張阿姨為小程信任自己而高興，也鼓勵她趁年輕做出點事業來。小程聽後，也認為頗有道理。最後，張阿姨還說會幫助她，把她的伴侶照顧好，讓她放心地去做自己該做的事。

　　如此融洽的鄰里朋友關係是完全建立在彼此信任的基礎上的，小程的做法是可取的，適時地讓朋友幫助自己做一些決定，表現出了對朋友的極大信任，而朋友接受這份信任，心裡已經對你表示極大的認可。

　　交往之中必須注意相關的藝術，讓朋友對自己留下較好的印象。去鄰家聊天，談心的同時，也可以藉此機會來學習鄰家的長處。

　　兩個畢業於同一所學校的女孩做了朋友，也許因為志同道合，又是同事，彼此間相處和氣，而他們之間後來逐步加深的關係，就是依靠互相學習對方的長處做到的。

　　小馬是國文老師，年輕好學，連續幾年被評為模範教師。小常教英語，也深受學生們的愛戴，兩人的關係一開始十分平淡。後來，有一次學校舉辦教師觀摩講課，小馬在講臺上生動而吸引人的講課方式深深吸引了小常。他想，平時總認為自己比她強，原來小馬的確是一個好老師。回到家中，就急忙到了小馬家，向她請教怎樣在講臺上與學生更好地溝通。小馬最初時怎麼也想不明白，這個平日自命清高的外語系的才子怎麼會主動

向自己請教，意外之餘，也有些高興，這時她才發現他們之間原來是互相欽佩、互相欣賞。後來，兩人之間的聯繫越來越多，彼此也互相信任，而這樣和睦關係的建立，正是共同努力的結果。

這樣做可以一舉兩得，不斷學習朋友的優點。同時，也融洽了彼此間的關係。

朋友之間的交往，不可忽視的一方面是孩子的交往。有一個幸福和睦的家庭鄰里環境對於孩子的成長是非常重要的，所以人們都希望自己有好朋友，孩子有善良可愛的同儕。

我們也可以透過孩子之間的交往，來加深彼此之間的連繫。

孩子之間的交往常常比大人之間的關係要簡單得多，他們往往會受到小朋友的影響比較大。我們要做的是借孩子之間的交往，去展開話題，加深朋友間的人際關係。

例如，一位女士常去朋友家拜訪。由於她們工作性質不同，從孩子聊起，便是比較好的話題。進門之後，她們寒暄幾句，就說起朋友家的小女孩很漂亮，自家的孩子亮亮喜歡跟她在一起玩，兩人在一起做作業，講講班上的新鮮事，最後還不忘記開玩笑地說一句：「我們家小女孩說，見到你家亮亮比見到我的心情好多了！」朋友們都開心地笑了起來，這個女士也笑了，從此兩家之間的關係也在這笑中更加融洽了。

其實，以孩子為話題，借孩子的交往從而促進大人之間的融洽關係，是一種非常自然的方法，效果也很好，值得我們去做。

「有空常去坐坐」是現代聰明人常使用的、讓對方記住自己的方法，但是，在其中我們還應注意的是，交往時掌握分寸，去鄰家拜訪不能過於頻繁，隔一段時間去坐一坐，才會達到非常好的效果。最終達到「親密但有時」，才會產生有一定距離的相互吸引力。

為人情開個「帳戶」

人們在銀行裡開個戶頭，可以儲蓄以備不時之需的錢款。而「人情帳戶」，儲存的則是增進人際關係網中不可缺少的「信賴」，或者說是你與他人相處時的一分「安全感」。人情帳戶中能夠增加的「存款」是禮貌、誠實、仁慈和信用。這會使別人對你更加信賴，在必要時會發揮其作用，即使你不怕犯了錯誤也可以用這筆「儲蓄」來彌補。具備了信賴，即使拙於言辭，也不至於得罪於人，因為對方已了解你的為人，不會誤解你的用意。相反，那種粗野、輕蔑、無禮與失信等，都會降低人情帳戶的「餘額」，甚至透支，那時，人際關係網就會亮起紅色的「警燈」了。

你幫朋友解決一個困難，朋友便欠了你人情，他必定會回報的，因為這是人之常情。有人會覺得，這樣一往一來，彷彿商品交易。其實不盡然。人情的償還，不是商場的交易，銀貨兩訖，那就太沒人情味了。

錢鐘書先生一生日子過得淡泊，寫《圍城》的時候，也經窘迫過一陣子。他家不得不辭退保母，由夫人楊絳操持家務，所謂「捲袖圍裙為口忙」。那時他的學術文稿沒人買，於是他寫小說的動機裡就多少摻進了賺錢養家的成分。一天 500 字的精工細作，卻又絕對不是商業性的寫作速度。恰巧這時黃佐臨導演上演了楊絳的四幕喜劇《稱心如意》和五幕喜劇《弄假成真》，並及時支付了酬金，才使錢家度過了難關。時隔多年，黃佐臨導演之女黃蜀芹之所以獨得錢鐘書先生的親允，開拍電視連續劇《圍城》，實因她懷揣老爸一封親筆信的緣故。錢鐘書是個只要別人為他做了一點事，他一輩子都記著的人。黃佐臨 40 多年前的義助，錢鐘書先生多年後不忘還報。

時刻存有樂善好施、成人之美心思的人，能為自己多儲存些人情的債

權。這就如同一個人為防不測，須養成「儲蓄」的習慣，這甚至會讓你的子孫後代得到好處，正所謂「前世修來的福分」。黃佐臨導演在當時不會想得那麼遠、那麼功利。但後世之事卻給了好施之人一份不小的回報。

很多人都有一本或數本的銀行存摺，如果你一個月存 500 元，到了年底，你會發現，存摺上不只是變成 6,000 元，而且還有利息，這筆錢若提出來，用途還不少。

人際關係的投資也是如此。

我認識一位出版商，他平時即很注意人際關係的建立，不論是大人物還是小人物，他都不吝花費地和他們建立並保持良好的關係。據說有一位與他未曾謀面的作家因為急需，去向他借錢，他二話不說就掏出 2,000 元。他廣建人脈的結果是到處都有人幫助他，他因此而得到很多高品質的稿子。後來他在危急時，有很多人幫他度過了難關。

他就是用在銀行存錢的方式建立他的人脈 —— 先存再提。

先存再提說來有些現實，有「利用」、「收費」的味道，但若從另一個角度來看，和別人建立良好的人際關係，本來就有著這樣的益處，不能光用「現實」的眼光來看；而這些人脈必成為你這一生中最珍貴的資產，在必要的時候，會對你產生莫大的效用。就像銀行存款一樣，少量地存，有急需時便可派上用場。而別人對你的善意的回報，有時是附帶「利息」的，就好比銀行存款會生利息那般。

值得注意的是，生活中經常有這樣的人，幫了別人的忙，就覺得有恩於人，於是心懷一種高高在上，不可一世的優越感。這種態度是很危險的，常常會引發反面的後果，也就是他幫了別人的忙，卻沒有增加自己人情帳戶的存款，正是因為這種驕傲的態度，把這筆帳抵消了。

因此，你在給朋友幫忙時，應該注意下列事項：

第一，不要使對方覺得接受你的幫助是一種負擔。

第二，幫助別人要做得自然誠懇，當時對方也許無法強烈地感受到，但是日子越久越體會出你對他的關心，能夠做到這一步是最理想的。

第三，幫忙時要高高興興，心甘情願不可以被迫而為。

如果對方也是一個會替對方著想的人，你提供他的協助，絕不會像射出去的箭一去不回，他一定會用別的方式來回報你。對於這種知恩圖報的人，應該經常給他些幫助。

總之，人脈往來，幫忙是互相的，切不可像做生意一樣赤裸裸地充滿銅臭氣，一口一個「你幫了我的忙，下次我一定幫你」，這種忽視了感情的交往，會讓人興味索然，彼此的交情也維持不了多長時間。

做足人情，舉重若輕

我們講對朋友要真誠相待，但畢竟達到莫逆之交，或可以深交的朋友還是少數，大部分的朋友不可能深交，與他們之間的情誼是要用感情和人情來維繫的。如果與他們之間沒有人情往來，失去了感情友誼就會淡漠，甚至消失。

維繫人脈的最佳辦法是人情，把人情做足。將人情做足包含兩個含義：一是人情要做完；二是人情要做得充分。

你請求一位朋友幫忙處理事情，對方說：「沒問題。」隔幾天，對方給了一個敷衍的結果，你口頭上雖不能說什麼，但心裡肯定想：「這個傢伙，要幫就幫完整，做一半還不如不做，幫倒忙。」

做人怕只做一半，叫幫倒忙，越幫越忙，非但如此，還會影響被信任度，說話不算數的朋友誰都不願沾著。人情做一半，叫出力不討好。

　　既然答應了人家就要做到底，且不能做得勉強。事情雖然完成了，朋友高興，但你勉強的態度又會讓他在感情上受傷害。比如說你買了一本好書，朋友來借，你先說：「借書啊！我剛買的，我還沒看完呢，給你看吧！」

　　其實前面的廢話又何必呢？最後的結果還是借給人家了，你不說也是借，說了還是借，與其說些廢話還不如痛痛快快借給他，書還是你的，他還回來後你可以看一輩子。所以，人情要做到足，好人要做到底。

　　人情要做足，要舉重若輕，而不能拈輕怕重。

　　舉重若輕，並非叫你像武俠小說裡的一樣，為了朋友，可以兩肋插刀、傾家蕩產，可以慷慨赴死，一派輕鬆的樣子，那是為了「俠義」，而這裡的舉重若輕是為了人情。

　　朋友之間幫助後，常有這樣的應答：「哎呀！真是太謝謝你了。」「我們是好兄弟，小事。」

　　這其實就是舉重若輕，朋友找你辦的事，若他能辦了，也不會來找你了，所以，你若辦成了，你就要學謙虛點，不能以此自誇。應輕鬆點，不放在心上，會讓朋友更加器重和感激你。

　　一個朋友去找你，讓你給他弟弟找份工作，你答應了，也做到了，並且你還必須給予對方特殊關心以及照顧。這種事，在朋友面前你是不應說什麼的，要淡然處之。你不必擔心他會不知道，就算是他弟弟不說，也一定會有人告訴他。

　　舉重若輕，你還要自己送「貨」上門，把人情送給正需要你的朋友，如果你是雪中送炭，一定會讓他萬分感動，銘刻在心。

　　舉重若輕，你就要想友之所想，急友之所急，在他最困難、最需要幫助的時候，你的出現對他來說，就彷彿暗夜裡的一道光芒，讓他難以忘卻。

　　舉重若輕，還有一個意思，就是你欠了朋友的人情，還人情債的時

候，要還足，甚至要多還。你的人情大於他的，他就又記了一份新的人情，朋友之間的帳，永遠也算不清，從某種意義上講，這種算不清的帳，無疑成了與朋友之間連繫的一種紐帶。

不要「投資過度」

我們前面談到「人情要做足」這個問題，但「足」也應有個限度。就像對孩子的愛一樣，過分的愛有時會帶來彼此的傷害。

朋友之間物質上的交往是不可避免的，很多人害怕朋友送禮時的笑臉，尤其是重禮，因為那將意味著一種同情的暗示。如果禮物帶給朋友的是自卑、壓抑或無法回報的沉重，那麼這樣做又是何苦呢！

人際交往要有所保留，初入社交圈中的人常犯的一個錯誤就是總想「好事一次做盡」，以為自己全心全意為對方做事，會使關係融洽、密切。事實上並非如此。因為人不能一味接受別人的付出，否則心理就會感到不平衡。「滴水之恩，湧泉相報」，這也是為了使關係平衡的一種做法。如果好事一次做盡，使人感到無法回報或沒有機會回報的時候，愧疚感就會讓受惠的一方選擇盡量疏遠。留有餘地，好事不應一次做盡，這也許是平衡人際關係的重要準則。

留有餘地，適當地保持距離，因為彼此心靈都需要一點空間。如果你想幫助別人，而且想和別人維持長久的關係，那麼不妨適當地給別人一個機會，讓別人有所回報，並不至於因為內心的壓力而疏遠了雙方的關係。而「投資過度」，不給對方回報的機會，就會讓對方的心靈窒息。因此，適當留有餘地，彼此才能自由平等地交往。

「壞事做絕」是恐怖的，這點大家都知道；但「好事做絕」同樣是恐怖的，這一點希望讀者也能體會到。

危機關頭正是時機

當你和某人一起進行某項工作中發生挫折時，真糟糕，這時你可能因要失信於對方而十分苦惱。實際上，你沒有必要持這種消極的想法。

在危機發生時，你不如積極地去想：「考驗和加深人脈的機會出現了。」人與人之間，在危機發生時會更加深了親密情誼。

當然，如果因為發生挫折導致工作失敗時，不僅無法獲得經濟效益，也會失去社會的信賴。然而，縱使在毫無收穫的情形下，人際關係仍存在著。即使工作以失敗告終，由於一起度過挫折，此時你和同伴之間必將產生共同的感受。彼此都會互相安慰、鼓勵並下定決心下次一定要取得成功。

反過來說，即使在挫折發生時也未離開你，繼續與你交往的人，可以成為真正的朋友。在工作進展順利期間，你無法確知對方是否是真正可以長久交往的朋友。只有在你進展順利時，曾與你一克服困難，共同分享勝利喜悅的人，才會在你失敗之際不放棄你，而是堅定地與你站在一起，這就是「疾風知勁草」的道理。

無法與之交往的人所擁有的特徵是，當工作開展順利時雖然會按部就班完成工作，然而一旦遇上困難挫折時，立即表現出事不關己，推卸責任的態度。不但不主動關心鼓勵你，反而一溜煙地逃走。

對這種逆境表現軟弱的人，在工作上也難以獲得良好的信用。這種人在困難和問題面前推卸責任、逃之夭夭，你永遠不要把他們當成可以長期交往的可靠朋友。

人們和初次謀面的對象，一般都會談論一些溫和的話題。然而有時因情緒激動，也有可能從一開始就爭論起來，或彼此怒不可遏，陷入吵架的僵局。雖然在分手之後有可能感到後悔，「我和對方大概無法交往下去

了」，然而事實上，你根本無須為此過於擔心、悶悶不樂。那些一開始就易產生激烈爭論的人，他們性格一般比較直率，反而更有可能與你成為知己。

所謂言辭爭論，就是雙方相互提出自己的主張。經過一陣爭論後雙方溝通的基礎也隨之形成。因此，只要問題辨清楚，雙方一旦言歸於好，即有可能變成知己。

人們年輕時雖然不應隨隨便便反駁別人，但是在遇上權威人物時，不妨抱著年輕人愛挑毛病的心境，勇敢地對權威提出自己的不同見解，由於對方經常被一群愛奉承的人包圍，所以對那些能大膽說出內心想法頂撞自己的人，反而會出乎意料地產生好感。

如果對方是一位獨斷專行的主管，那些圍在其身邊的人總是盡量迎合他的心情作出反應。幾乎沒有人敢和主管唱反調。因此一旦你被詢問並讓你談談自己的意見時，只要你另有不同的看法，就應該誠實說出來。即使持不同意見，也應該態度平和地在修辭方面下工夫，而以辯論問題的方式表達出來，但是，大膽爭論很可能會產生頂撞的後果，如果不預先想好善後方法，就有可能單純地以爭吵告終，務必注意爭論的方法和態度。

雖然因為想法不同才會頂撞對方，但是反過來說，產生爭論的原因，是因為大家敢於提出許多不同的觀點。倘若是不投緣的對象，互相不屑一顧，恐怕連架也吵不起來。

因此，即使是迫不得已碰上爭吵的情況，不妨將它視作與對方親近的一種機會，彼此可以從中感受到相互爭論頂撞之後那種為搞懂問題不爭則已，一爭到底的痛快感，從某種意義上講，它可以使人脈的向心力獲得強化。

天下沒有沒有矛盾的夫妻，然而大多數夫妻正是在這種吵吵鬧鬧的矛盾中達到和諧與平衡。你的人際關係網也許正是如此吧！

第十一章　人際關係網，精心維護

將人脈調整到最佳狀態

　　與更多的人結交，做人脈投資，就要想著與大家一起合作，為自己的人生添磚加瓦，建造絢麗多彩的美麗人生。

　　無論是生活圈還是事業圈，個人生活品質的好壞都在於一張完美的人際關係網。只有網結得好，才能做人生的贏家。

　　宋朝的才子范仲淹，官至宰相，他的才識智慧在當時是無與倫比的，他雄心勃勃，想成就一番偉大的事業，但卻處處受阻。范仲淹看到當時社會普遍存在的腐敗之風，自己無可奈何，只好發出「唯斯人，吾誰與歸？」的千古悲吟，來表達自己的心情。

　　人類社會經過千百年的發展，人脈更被打上了獨特的烙印。想在社會中生存發展，想在社會活動中遊刃有餘，想在社會發展中出類拔萃，出人頭地，良好的人脈能在你的事業成功路上助你一臂之力。

　　無論是政治家還是商人，都需要良好的人際關係網，古今中外皆如此，決定事業成敗勝負的一個重要因素，就是如何織好並利用這張網了。有的人整天忙碌，認識很多人，網織得很大，但漏洞百出，其中又有許多死結，結果使用起來沒有實效，撒進海裡網不到魚。而有的人就不是這樣，他們懂得在人際關係網中找到最重要的那一個環節。

　　人的精力是有限的，因而要織一張好的人際關係網，必須常常做以下工作。

　　第一項是篩選。把與自己業務有直接關係和間接關係的人記在一個本子上，把沒有什麼關係的記在另一個本子上，這就像是打撲克中的「扣底牌」：把有用的留在手上，把無用的扣下去。

　　第二項是排隊。要對自己認識的人進行分析，列出哪些人是最重要

的，哪些人是比較重要的，哪些人是次要的，根據自己的業務需要進行排隊。這就像打撲克牌中要「理牌」一樣，明白自己手裡有幾張主牌，幾張副牌，哪幾張牌最有力量，可以用來奪分保底，哪些牌只可以用來應付場面。

由此，你自然就會明白，哪些關係需要重點維繫和保護，哪些則只需要一般保持聯繫和關照，從而決定自己的交際策略，合理安排自己的精力和時間。

第三項還需要對所有關係進行分類，知道他們不同的作用。因為你需要的說明不可能只從某一方面獲得，往往涉及到很多方面，你需要很多方面的資源。比如，有的關係可以幫助你辦理有關手續，有的則能夠幫助你出謀劃策，而有的卻只能為你提供某種資訊。雖然作用不同，但對你都可能是至關重要的。所以一定要分門別類地對各種關係的功能和作用進行分析和甄別，依次把它們編織到自己的人際關係網之中。

有了以上的準備，你才可能有效地利用這張網，打好自己手中的牌，並且自己知道在什麼情況下應該打什麼牌。

當然，有了這張網之後，你還得不斷地檢查、修補它。因為隨著部門調整、人事變動，你的網也會常常出現漏洞和空缺。你必須不斷調整自己手中的牌，重新進行排隊和分類，不斷從關係之中找關係，使自己的人際關係網一直有效。

世界上的一切事物，都處於不斷的運動、變化和發展之中。我們的人脈，如果不隨著客觀事物的發展而發展，就會逐步處於落後、陳舊甚至僵死的狀態。因此，一個合理的人際關係網，必須具有能夠進行自我調節的動態功能。動態原則反映了人脈在發展變化過程中前後連繫上的客觀要求。

在實際生活中，需要調整人際關係網的情況一般有三種。

- **奮鬥目標的變化**：也許你的奮鬥目標已經實現，也許你的奮鬥目標已經發生了變化，比如棄政從商吧！這需要你及時調整人際關係網，以便更有效地為新的目標服務。

- **生活環境的變化**：在當今這樣的開放社會，人口流動性空前加快，本來在高雄工作的你，也許會北上到台北去工作。這種工作環境的變動，勢必由工作關係、客戶的變化，引起人際關係網的變化。

- **人際關係的斷裂**：天有不測風雲、人有旦夕禍福，朝夕相處的親人去世了，在悲哀的同時，不能不看到人際關係網的變化。

可見，調整人際關係網有被動調整和主動調整兩種，不管是何種調整，都要求我們能迅速適應新的人際關係網。

為此，我們應該努力為自己建造一種善於進行新陳代謝的開放性人際關係網。這樣做也許有點瑣碎，但其回報是你將擁有一個充滿活力的人際關係網。

努力提升人脈的競爭力

究竟什麼是人脈競爭力？相對於專業知識的競爭力來說，在人際關係中，人際關係網上的優勢就是人脈競爭力。換言之，一個人脈競爭力強的人，他擁有的人脈資源會比其他人更廣更深。在平時，人脈資源可以讓你比別人更快速地獲取有用的資訊，進而轉換成工作升遷的機會或者財富；而在危急或關鍵時刻，人脈資源也往往可以發揮轉危為安，或臨門一腳的作用。

建立守信用的形象

「民無信不立」，一個人的行為必須與自己的言語相符合，不能說一套做一套，言行不一致的人，很難建立良好的人脈。同時，在現代社會中，講誠信也是進行商業活動的基礎，是獲得經濟效益的一種有效手段，信用與效益具有相輔相成的關係。

從個人修養來看，信用也是對人格境界的一種追求。守信用有三個層次，其一是小信，即表裡如一；其二是中信，即在自己言行一致的基礎上，督促他人守信；其三是大信，將個人的誠信服務於全社會。當然要做到這個層次很不容易，這也是守信用的最高境界。

我們普通人，若能做到小信，必能人脈順暢；若能做到中信，人脈的競爭力將會得到大大的提升。

建立守信用的形象，需要從小事做起，哪怕是微不足道的一件小事，都要以守信用為要根本，持之以恆，留給他人的自然就是一個恪守信用的形象了。

增加自己被利用的價值

前面已經講過，人脈存在的基礎在於雙贏，如果自己沒有被人利用的價值，別人也就沒有與你建立人脈的必要。從這一點出發，若想提升自己的人脈競爭力，你必須增加自己能被人所利用的價值，即盡自己一切力量去幫助他人。

你若能為他人做更多的事情，他人就越願意跟你建立人際關係網。這就要求你要不斷地學習各種知識、技能。「滴水之恩，湧泉相報」，你給別人以幫助，別人自然會感激在心，會尋求機會給你以回報。這樣，你能為他人做更多的事，他人給你的幫助就越大。

第十一章　人際關係網，精心維護

樂於與人分享

分享已成為現代社會拓展人脈的利器。不管是資訊、利益還機會，懂得與人分享的人，最終總是比其他人獲得更多。這是為什麼呢？

一個人的涉略畢竟是有限的，可是社會資訊量卻越來越多，要想掌握更多的資訊，只能與大家分享。

有些人很害怕與人分享資訊，認為這樣會把自己的機會都分享走了。從短時間來看，或許是這樣，但是如果將眼光放遠一點，就不會這樣認為。因為你一個人不可能賺走所有的錢，一個人也不可能抓住所有的機會。因此，你要有廣寬的心胸，使自己意識到：你把自己在一段時間內賺不來的錢，或者抓不住的機會與他人分享，使他人都能得到這一切，這個過程就像你把錢存在銀行一樣，在適當的時候，受益的人也會給你提供相應的資訊。

樂於與人分享，是你在處理人際關係網方面的重要一環，與你分享的人越多，你的人脈競爭力就會越強。

增加自己曝光的機會

要多參與一些聚會、公益性質的活動，為自己創造更多的機會。這樣的場所在日常生活中是很多的，關鍵在於你自己去發現。如讀書會、做志工、參加各種培訓班……都可以用來拓展你的人際關係網，而且，在這樣的組織中，要盡量發揮自己的長處去幫助別人，擴大自己的影響力，在別人心中留下你的印象。

認識你的人多了，你的人脈競爭力也會隨之增強。一位建材公司的經理最初是做行銷的，隨著他參加展銷會等各式各樣的行銷活動，認識的人也一天天地多起來。後來他自立門戶，不到半年的時間，他創建的公司就

有了不少的收益，這都是得益於他以前做行銷時建立的關係。他曾經深有感觸地說：「我認識那麼多的客戶，哪怕一個星期與一家做一單，兩年我都做不完。」

讓別人認識你比你認識別人更重要！

把握每個幫助別人的機會

助人者，人恆助之。運氣差時，不找朋友的麻煩；事業有成了，一定要照顧朋友。取得成功很大的程度取決於他人的幫助，別人之所以提供幫助，是因為他們以前都接受過你的幫助。投桃報李，正是人脈的要義。

永遠保持好奇心

一個只關心自己，面對別人、外界沒有好奇心的人，即使有再好的機會出現，也會失之交臂。

我們都知道，認識一個人，首先是從對這個人感興趣開始的，包括對這個人的長相、衣著、行為、所從事的工作，及一切關於他的事物感興趣，而興趣正是好奇心的體現。可以說，好奇心是我們認識別人，拓展人脈的源動力。區別只在於，有的人是無意中受好奇心的驅使，下意識地去結識人；而現代社會中更多的人則是有意識地保持自己對人、對事的好奇心，並在與人的交往過程中認真學習、理解並加以運用。這類型的人更容易建立起人脈，而且建立起來的人際關係網也較具競爭力。

同理心

「以責人之心責己，以恕己之心恕人」，經常站在對方的立場上來考慮問題，是同理心的具體展現。

我們做任何事，在想到自己的同時，也要考慮對方的處境，並提出相

應的對策來給對方方便，如此我們想做的事情必定更容易成功。別人與我們的相處將會更加愉快、輕鬆。相對的，我們的人脈競爭力也會越來越強。

許多人對人脈競爭力的重要性沒有深刻的認知，通常也不願在這上面花更多的時間，往往到了關鍵時刻才發覺自己的人脈資源太少。不妨改變一下觀念，可能就會產生截然不同的結果。

只對某個專業進行耕耘，就只能是「一分耕耘，一分收穫」，若能對人脈進行耕耘，則將是「一分耕耘，十分收穫」。

將人脈的競爭力提升到新的高度，努力在人脈的沃土上耕耘吧！你將發現，人生過得更加輕鬆愜意、心想事成！

打造良好人脈，掃除交際障礙：

點線布局 × 化敵為友 × 細心維護，提升社交價值！

編　　著：蔡賢隆，林凌一

發 行 人：黃振庭

出 版 者：財經錢線文化事業有限公司

發 行 者：財經錢線文化事業有限公司

E-mail：sonbookservice@gmail.com

粉 絲 頁：https://www.facebook.com/
　　　　　sonbookss/

網　　址：https://sonbook.net/

地　　址：台北市中正區重慶南路一段六十一號八
　　　　　樓 815 室

Rm. 815, 8F., No.61, Sec. 1, Chongqing S. Rd.,
Zhongzheng Dist., Taipei City 100, Taiwan

電　　話：(02)2370-3310

傳　　真：(02)2388-1990

印　　刷：京峯彩色印刷有限公司（京峰數位）

律師顧問：廣華律師事務所 張珮琦律師

定　　價：375 元

發行日期：2023 年 02 月第一版

◎本書以 POD 印製

國家圖書館出版品預行編目資料

打造良好人脈，掃除交際障礙：點
線布局 × 化敵為友 × 細心維護，
提升社交價值！/ 蔡賢隆，林凌一
編著 . -- 第一版 . -- 臺北市：財經
錢線文化事業有限公司 , 2023.02
面；　公分
POD 版
ISBN 978-957-680-556-1(平裝)
1.CST: 人際關係 2.CST: 成功法
177.3　　111018835

電子書購買

臉書